捡史

郭德纲 作品

湖南文艺出版社
HUNAN LITERATURE AND ART PUBLISHING HOUSE

博集天卷
CS-BOOKY

喜马拉雅FM 出品

图书在版编目（CIP）数据

捡史 / 郭德纲著 . -- 长沙：湖南文艺出版社，2020.8

ISBN 978-7-5404-9747-7

Ⅰ . ①捡… Ⅱ . ①郭… Ⅲ . ①历史人物—生平事迹—中国—古代—通俗读物 Ⅳ . ① K820.2-49

中国版本图书馆 CIP 数据核字（2020）第 132620 号

上架建议：历史·随笔

JIAN SHI
捡史

作　　者：郭德纲
出 版 人：曾赛丰
责任编辑：丁丽丹
监　　制：邢越超
特约策划：董晓磊
特约编辑：尹　晶
营销支持：秦　声　张婉希
版式设计：潘雪琴
封面题字：桥半舫
封面设计：好谢翔
内文排版：百朗文化
出　　版：湖南文艺出版社
　　　　　（长沙市雨花区东二环一段 508 号　邮编：410014）
网　　址：www.hnwy.net
印　　刷：嘉业印刷（天津）有限公司
经　　销：新华书店
开　　本：700mm×995mm　1/16
字　　数：300 千字
印　　张：20
版　　次：2020 年 8 月第 1 版
印　　次：2020 年 8 月第 1 次印刷
书　　号：ISBN 978-7-5404-9747-7
定　　价：59.80 元

若有质量问题，请致电质量监督电话：010-59096394
团购电话：010-59320018

捡 閦 史

Jian Shi

目 录

肆◇ 两宋春秋 _____ 277

捡 史

Jian Shi

壹

民
国
风
云

01

黄金荣：
论资排辈，他才是上海滩第一教父

黄金荣曾对徒弟们说："我一生中讲义气、重朋友，就连孙中山先生的革命，我也曾出过一些力。"

今天，咱们要聊一位大人物。一说这位人物的名字，大家都知道。新中国成立前您要在上海滩说起这位的大名，仨字一出口，掉地上都能咣当当乱颤——黄！金！荣！

黄金荣，字锦镛，祖籍浙江余姚，清同治七年（1868）生于苏州。黄金荣的父亲名叫黄炳泉，是浙江余姚县县衙门里有名的捕快，在衙门里很是露脸。为什么呢？黄金荣出生前，苏州城有一个大富商，家里丢了三件祖传的宝贝——碧玉如意、彩绿翡翠如来佛和一幅立轴古画《荆轲刺秦王》。这桩大案一时间闹得沸沸扬扬，衙门上下备感压力，全亏黄炳泉精干利索，没多久就把案子给破了，苏州知府对黄炳泉大为欣赏，即刻把他留在府衙并升为捕快班头，黄炳泉也从浙江余姚搬到了江苏苏州。

但是老话说得好啊，常走夜道，没有不遇见鬼的时候。捡便宜是破案，吃亏也是破案，有一次黄炳泉不小心办错了案子，把饭碗给丢了。赶巧儿这时候，黄炳泉的闺女黄凤仙嫁到了上海，全家人打苏州又搬到了上海。

　　黄金荣小时候曾染上过天花，虽然侥幸保住了性命，却落了一脸的麻子，因此得了个"麻皮金荣"的绰号。九岁那年，父亲将他送进一家私塾，他头脑活络，但对读书兴趣不大，只喜欢在茶馆酒肆厮混，听捕快班头们讲破案的故事——他爸爸干这个的呀，这是他家传的本事！所以黄金荣爱琢磨这些。

　　光绪七年（1881），黄炳泉因病去世，黄家失去了唯一的经济支柱，一家老小就靠黄金荣的母亲邹氏给人洗衣服来勉强维持生活。这一年黄金荣才十四岁，为了减轻母亲的负担，他就在离家不远的孟将堂寺庙打点儿杂工，混口饭吃。十七岁那年，为了帮衬家人，黄金荣又进了姐夫黄全浦开的瑞嘉堂裱褙店当学徒。学徒没有正式工资，每个月只挣几十个铜板，将够糊口，每天除了学手艺，还得干杂活儿、伺候掌柜，一天下来累得够呛，可是有什么办法呢？熬着吧！

　　好容易熬到学徒期满，有点儿钱了，黄金荣便时常到街面上去玩耍。瑞嘉堂裱褙店位于豫园路环龙桥下塆，相当繁华，周边遍布着茶楼酒肆、烟舍赌场以及各种商号店铺。黄金荣对茶馆、戏院情有独钟，不是去茶馆瞧热闹，便是去戏院听戏，借此结识了不少流氓地痞，成天一起鬼混。

　　在此期间，黄金荣结识了一个对他未来命运产生重大影响的人物——陈世昌。

　　陈世昌是青帮"通"字辈弟子，乳名福生，绰号"套签子福生"①，平时在上海小东门靠套签骗人为生。陈世昌也是苏州人，黄金荣与他和他的青帮兄弟们一见如故，不仅时常结伴去赌场、长三堂子玩耍，还常常联手盗取裱褙店客户的字画。老话说得好啊，学好不容易，学坏一出溜。经陈世昌这么一"指点"，黄金荣很快就学了一身的新本事，吃喝嫖赌他是样样精通。

　　这时候黄金荣也长大成人了，他偶然认识了一个叫杏花的姑娘，对她颇有好感，两人很快便打得火热。杏花父母早逝，家中只有个哥哥，这个哥哥也是个泼

---

① 所谓"套签子"是一种街头赌博，一只铁筒，里面插着三十二支牌九，形状下尖上方，像签子一样；或者里面插着十六支铁签，分别缠上数量不等的五色丝线。庄家与赌客每人各抽五支。赌牌九则配出两副大牌，比较大小；赌铁签即比谁的铁签上颜色多。

皮无赖，人都叫他"黑皮长贵"。"黑皮长贵"没什么正经工作，每天就在外面鬼混，也不怎么着家。杏花经常独居，所以黄金荣才能顺利得手。未承想这一天黄金荣正在杏花家中厮混，长贵忽然回家了。黄金荣见势不妙，赶紧跳窗户逃跑，长贵向妹妹问清楚前因后果，觉得自己家吃了亏，便找了帮人，把黄金荣堵在道上打了一顿。

挨了人家打，不能就这么算完，黄金荣去找陈世昌诉苦。陈世昌倒也仗义，请在县衙门当捕快的青帮兄弟帮忙，把长贵绑到衙门狠狠教训了一顿。

长贵看出来自己不是黄金荣的对手，不声不响地带着妹妹躲回浦东老家。

对于杏花的不告而别，黄金荣并没有太当回事，但经此一役，他对自己的职业产生了许多不满。

还是在衙门口当差露脸啊，黄金荣想，要是自己能当个捕快，与黑白两道大人物一起谈笑风生，那是何等威风！

好在已经跟衙门中人搭上了线，也算没白忙一场。黄金荣是个敢想敢干的人，立刻借钱准备了一份厚礼，找到帮他收拾"黑皮长贵"的捕快，打点了一番。没几个月，他就如愿以偿，当上了上海县衙门的值班差役。

日子久了，黄金荣又觉得捕快这营生太辛苦了，那时上海县属于松江府管辖，他每天要把公文送到松江府去，一来一回要走一百五十多里道。那年头也没有公交车，黄金荣每天穿着蒲鞋，背着雨伞，提着灯笼，凌晨三四点钟出发，晚上八九点钟才能回到家。虽然捕快这活儿不错，又能仗势欺人，又能挣点儿外快，但毕竟太劳累了，黄金荣又开始琢磨别的出路。

机会来了！黄金荣遇到了自己的"贵人"，此人名叫曹显民，是法国驻上海领事馆副领事兼法租界总监的翻译。黄金荣在老北门当差的时候，每当曹显民路过，黄金荣都毕恭毕敬、客客气气地向他行礼，曹显民对这个会来事的小捕快很有印象。后来法租界推行"以华治华"的策略，需要招募华人巡捕，黄金荣就去报名。结果在报名处正遇上了曹显民，曹显民一看，哟，这人我认识啊，就他吧！

黄金荣就这么顺顺当当地被录取了。

在那个时候，租界的巡捕分为两类：一类是巡捕，包括巡士、巡长和巡官；另一类是密探，俗称"包打听"，包括探员、探目和探长。中国籍的巡捕当年有个简称，叫"华捕"。经过一段时间的训练，黄金荣被分派到十六铺地段值勤。这个地段，油水很大，黄金荣算是捞着个肥差。

黄金荣当差当得与众不同，他常去城隍庙、得意楼一带喝茶，趁机勾结了不少本地的地痞流氓和青帮分子。为了在法国人面前显摆自己能耐大，黄金荣找来流氓头子丁顺华、程子卿，让他们给自己当眼线。黄金荣指使丁顺华、程子卿带着手下的喽啰去法租界打劫，他自己则去向法国人汇报，把眼线们都一网打尽，等到风平浪静，再把他们保释出来。

来回弄了几次贼喊捉贼的把戏，法国人果然上当，觉得这位黄捕头也太厉害了，对他另眼相看。

不光法国人觉得他手段高，当地的商铺也对他敬畏有加，因为黄金荣经常唆使一帮小流氓去商铺里打架、骂街，然后再跑去维持治安，到店主人面前充好人。每次黄金荣一出现，流氓们就跑了，大伙儿不由得对他高看一眼：流氓这么怕黄金荣，一见着他就跟老鼠见着猫似的，可见这人必定是本领高强！

黄金荣又打发人去跟商铺老板们说，不管遇上什么事，都不要害怕，只要求到黄老板身上，准保没事。做生意的人求的是平安，商铺老板们看黄金荣在黑白两道都吃得开，便变着法儿地巴结他，有的给他送礼，有的拜他做"先生"，黄金荣也趁机将丁顺华、程子卿手下的喽啰们安插进各家茶馆、酒肆、赌场、妓院，不但自己名利双收，也给自己的小弟们找好了饭碗。

当然，也有不买黄金荣账的。你不买账，他就绑架你，黄金荣曾经让丁永昌把大富商荣德生给绑架了，跟荣家勒索几十万，不给钱就撕票。荣家没奈何，只好如数支付，才把荣德生赎回来。

后来法租界出了一个"四明公所案"。四明公所本是上海的宁波同乡会存棺材、埋死人的地方，租界建立以后，四明公所就被划进了法租界里头。

法国人不舒服了呀！这租界里头怎么还有坟哪！不吉利！就老想把这些坟

都迁出去。法租界当局找了个借口，说租界里要修医院，坟地得迁走。宁波同乡会当然不干，两边人来回扯皮，结果就打起来了，法国士兵开枪打死十七个中国人！

这一下乱套了，中国人又是游行又是抗议，法租界当局只得妥协，答应给予死伤者赔偿。这时黄金荣得着了准信：法国人交的赔偿款都掌握在一个人手里，此人姓甘，是四明公所的董事。

黄金荣于是指使手下绑架了甘董事，要勒索两千块银圆！

那年月，两千块银圆可不是小数目！黄金荣这种"两边吃"的做派引起了法国人的不满。加上这时又有人向巡捕房总监督打小报告，说黄金荣与流氓盗匪串通一气。总监督听了，就专拣着过年的时候，当着所有人的面问黄金荣，你是不是跟这些个流氓盗匪串通一气啊？

黄金荣顿觉在众人面前失了面子，你这么问就不应该！俩人就矫情起来了，一来二去，黄金荣当众顶撞了巡捕房总监督，然后拂袖而去！辞职！不干了！

辞职以后，黄金荣自己也犹豫了，心说我干点儿什么好呢？思来想去，苏州还有不少父亲的老朋友，上苏州闯荡去吧。就这么着，他来到了苏州。

到了苏州，他还真找到了工作，在天宫戏院坐镇，管理杂务。不到半年，他就摸熟了这一行的情况，自己开了家共和戏院，又当老板，又给自己的戏园子当保镖，生意还算不错。

过了没多少日子，法租界巡捕房人手不足，老同事们又来请他回去，黄金荣从苏州回到上海，官复原职。之前的那些流氓朋友又都回来找他，大家里应外合，倒也破了不少案子，显出黄金荣办案本领的高超。

也是合该他出名，自从回到上海后，黄金荣陆续办了不少大案要案，奠定了自己在巡捕房的地位。

1913 年，宋教仁被袁世凯派人暗杀，袁世凯为了掩盖真相，派人到处造谣，说刺杀宋教仁的幕后主使是革命军沪军都督陈其美。

宋教仁被刺，国民党人已经很悲痛了，一听这个谣言更是义愤填膺，决定抓出凶手，为宋教仁报仇雪恨。他们一面请英、法租界当局缉拿凶手，一面联络各地同志侦破此案件。陈其美本是上海青帮的首领，跟黄金荣有点儿交情，国民党人便请黄金荣出面办案，还悬赏一万块大洋捉拿凶手。

沪宁铁路局也为此事焦头烂额，悬赏五千块大洋缉拿凶犯，里外里就是一万五赏金！黄金荣心动了，不挣白不挣啊！他与英、法租界的探子们联合起来，一起寻找破案的线索。

最先发现线索的是英租界巡捕房。一个古董商人赶到英国巡捕房，说自己名叫王阿法，要指控一个名叫应桂馨的人。王阿法说，应桂馨曾向自己出示过一张照片，要他去刺杀照片中人，答应事成之后付他一千块大洋。王阿法胆小，没敢答应，后来他看到报纸上的新闻照片，才知原来应桂馨要他刺杀的正是宋教仁！

英租界巡捕房的探子得到这个线索，立刻开始寻找应桂馨。黄金荣耳目众多，很快就打听到应桂馨在文元坊一带的住宅。黄金荣便带着探子连夜赶到文元坊去搜查，没找着应桂馨，却惊动了一个操着山西口音的矮个儿男子。这名男子穿过客厅，奔向后墙，蹿上墙头，往外就跳。黄金荣眼明手快，跟着翻墙出去，正砸在那人身上。俩人厮打起来，其他巡捕纷纷赶来，才帮黄金荣把这名男子捉住。

黄金荣细看此人面貌，觉得很有些眼熟，这人之前在黄金荣的巡捕房坐过一个月的牢，是个山西人，叫武士英，本名叫吴福铭。

武士英最早在清军部队里面当兵，后来大清亡了，他跑到上海谋生，在朋友的介绍下认识了应桂馨。有一天，应桂馨找到武士英，给了他一张宋教仁的照片和一把手枪，命他去刺杀宋教仁，并许诺事成之后给他一千块大洋。

黄金荣听到这个消息，立马再次搜查了应桂馨的住宅，顺利地搜出了手枪，枪膛中还留存着三颗子弹，跟从宋教仁身上取出的子弹型号完全一致！黄金荣还搜出了一份密电，证明这桩谋杀案幕后的主谋，竟是当时的政府总理赵秉钧和内务部秘书洪述祖。

这桩案子轰动了上海滩，黄金荣名声大振，甭提多露脸了。

但是，真正让黄金荣发迹的，是侦破山东临城土匪抢劫案。

这是 1923 年 5 月 6 日发生在山东的一起有计划、有预谋的大抢劫案，劫的是浦口开往天津的蓝钢皮列车。这列车由美国制造，设备豪华，车内有美国、英国、法国、意大利、墨西哥等国的四十多名旅客，其中有两个人尤其重要，一位是法籍神甫姚主教，另一位是法国公使馆的参赞。

消息一出，震惊中外，堪称当时最大的新闻。

谁劫的这趟车呢？是当时活跃在山东峄县抱犊崮一带的土匪头子——孙美瑶。

孙家原来是当地的富户，家里良田千顷，骡马成群。可是地方上土匪众多，老上他们家"借粮"，官府非但不管，还不时上门敲诈勒索，孙美瑶和兄弟孙美珠一琢磨，咱们不如当土匪吧！哥儿俩干脆变卖家产，购买武器，以峄县城北六十里的抱犊崮山区为根据地，将附近的土匪集中起来。后来孙美珠在一次同北洋官军的战斗中被击毙，孙美瑶觉得同北洋官军硬拼，无异于以卵击石，于是决定在津浦铁路上打主意。孙美瑶认为，劫持了国际列车，扣押一批洋人在手，北洋官军投鼠忌器，就只能乖乖地与自己谈判。

于是，5 月 6 日清晨，土匪们把铁轨卸下一根，司机来不及刹车，火车的车头及三等客车的车厢齐齐出轨。列车刚一停下，预伏在铁道两旁的匪徒们便破窗而入，整个劫持活动进行得非常顺利。

被劫持的姚主教同法国驻上海领事关系密切，他此次奔赴天津，名义上是传教，实际上是从事间谍活动。负有特殊使命的姚主教被抓，法国领事着急了，督促巡捕房火速破案。

巡捕房也出动了所有人员四处打听，怎奈姚主教如石沉大海，毫无消息，只得高价悬赏：凡提供姚主教下落者，赏银洋三千，有能救出姚主教者，赏银洋一万。

无巧不成书，就在这个节骨眼上，打山东来了一个军官。此人名叫韩荣浦，是大军阀吴佩孚的副官，从山东临城来到上海买东西，不慎把钱包丢了，只好来到巡捕房找同乡帮忙。他找的这主儿姓隋，这位姓隋的巡捕不但帮韩荣浦报了失窃案，还将黄金荣介绍给他认识。黄金荣听说韩荣浦是从山东临城来的，脑筋一动，问他："劫车案你知道不知道啊？"

韩荣浦对山东地面情况很熟悉，当下就把自己了解的情况跟黄金荣说了，黄金荣听完，放声大笑，立马就掏出一百五十块大洋来。"你拿着这钱，回临城以后仔细打听。打听到确切消息，到上海报信！我再给你五百块！破案有功，另有封赏！"

韩荣浦立即赶回临城，打听到姚主教的下落，扭头就回了上海。黄金荣得到情报，乐不可支，打巡捕房预支了两千，其中五百块钱给了韩荣浦，另外一千块，交给韩荣浦，让他去收买看管姚主教的土匪。黄金荣告诉韩荣浦，事成之后，再付两千！

黄金荣这人粗中有细，他让巡捕房的翻译用法文写了一个便条，告诉姚主教，请放心，我黄金荣亲自来救您。

一切安顿好了，黄金荣领着十几个便衣巡捕，由上海直奔临城。

时来天地皆同力！黄金荣该着时来运转，那么多警察、探子费了天大的劲儿，谁也办不成的事，黄金荣不费吹灰之力，只花了几千块大洋就办得妥妥的了。

有了韩荣浦做内应，黄金荣此行十分顺利，他带领人马赶到山东，连夜买通了看守人员，趁着夜色把姚主教救了出来，一行人安然返回上海。

这一事件，使得黄金荣在上海滩出尽了风头，不仅拿了一万块的赏金，还被破格提升为督察长（督察长一职通常只由法国人担任），此外，法国人还给他派了八个安南巡捕①当保镖。在六十岁退休之前，黄金荣一直都担任着法租界巡捕房督察长的职务。

现在我们提到黄金荣，都会强调他"上海青帮三大亨之首"的身份，其实最初黄金荣虽然与青帮分子往来甚密，却并未正式加入青帮，更没有开过香堂，拜过"老头子"。

为了在上海滩进一步扩展权势，黄金荣决定利用帮会广招门徒。但是，按照

---

① 安南巡捕是由法租界从殖民地招募的越南人，在当时的租界警察中地位不高。

青帮的规矩，没有正式加入青帮的人叫"空子"，不得开堂收徒。

但黄金荣却不管这些，他在上海滩黑白两道通吃，气焰熏天，公然开堂收徒，也没人敢说什么。黄金荣公然自称是青帮"天"字辈成员（取其比"大"字辈还多一横之意），但也没有青帮弟子敢去跟他较真儿。

黄金荣收徒的原则只有一个：多多益善。谁想要拜黄金荣做"老头子"，只要写上一张帖子，上写"黄金荣老师"，下写"门生某某某敬拜"，再备一份厚礼，一起送到黄金荣手上，这事就算成了！只要有礼金，黄金荣对上门拜师的弟子是来者不拒。官升法租界督察长以后，他更是大包大揽，曾创下一次收好几百个徒弟的纪录。这些徒弟大多是巡捕房的骨干或者小头目，也有一些演艺界人士，出于自身的安全起见，也被迫拜他为师。黄金荣的弟子当中，军、警、工商、文艺、科技、星相、医卜各色人物一应俱全。

身居法租界督察长的要职，又位列上海青帮三大亨之首的黄金荣，并不以此为满足，他广交名流，攀附权贵，拉拢政客，不断提高自己的社会地位。

20世纪20年代，孙中山先生领导的革命斗争正处在困难时期。1918年，广东政学界与桂系军阀沆瀣一气，在广州非常国会上通过《修正军政府组织法案》，用以排挤孙先生。孙先生愤然辞去了军政府大元帅的职务，离开广州，来到上海，不少革命者也追随孙先生的脚步，赶至上海。

黄金荣的徒弟徐福生是做鸦片买卖起家的，人脉很广，在上海生活的广东人多少都听过此人的大名。孙中山听说徐福生是黄金荣的弟子，便想借助黄金荣的势力，掩护革命活动，于是主动给徐福生题写了一个扇面，请他代为引见，希望能够约见黄金荣。

黄金荣喜不自胜。他历来热衷结交名流，当即答应下来，并约定了见面的日期。不久，徐福生陪着孙中山登门造访，黄金荣十分热情，将孙中山邀至会客室密谈，孙中山向他讲了许多革命的道理，并向他表示，今后如有同志到上海工作，还望多加保护和帮助，黄金荣也满口答应。

后来孙中山还写信给他，指出帝国主义支持军阀之间的混战，导致民生凋敝，使百姓陷于水深火热之中。只有革命才能消除军阀之间的战争，而革命需要人才和经费，希望他可以联系志同道合的朋友，在人力和经济上多加援助。

黄金荣收到信件后，立即拿出一千银圆给徐福生，命他转交孙中山先生。然后，黄金荣还通知自己的老朋友、上海商会会长虞洽卿也拿出一笔钱来支援革命。日后，黄金荣曾对徒弟们说："我一生中讲义气、重朋友，就连孙中山先生的革命，我也曾出过一些力。"

当然，黄金荣结交最多的还是军阀和官僚，这些人是他的保护伞。他先认识了淞沪护军使何丰林，进而又勾结上了警察厅厅长徐国梁，与他们一起贩卖鸦片。从黄金荣拉拢政客的手段来看，这个人的确长袖善舞，精于钻营。但黄金荣之所以名声大噪，还在于他同蒋介石（时名蒋志清）也建立了不寻常的关系。

1911年辛亥革命爆发之后，蒋介石从日本留学归来，在沪军都督陈其美手下担任第五团的团长。1913年"二次革命"时，他加入讨袁军，参加了攻打江南制造局的战役，失败之后被北洋政府通缉，只好逃到上海避难。1916年，陈其美被袁世凯刺杀，蒋介石失去了政治上的靠山。20世纪20年代初，上海证券物品交易所成立，蒋介石进入交易所当小职员，收入微薄。1921年，上海证券物品交易所发生"信交风潮"，蒋介石负债数千银圆，被讨债人逼得走投无路，处境极其艰难，他几度想要离开上海去广州投奔孙先生，可又缺少盘缠。万般无奈之下，蒋介石去找自己的同乡——时任上海商会会长的虞洽卿商量对策，虞洽卿便建议蒋介石去拜黄金荣为"老头子"。

为此，虞洽卿还专门来到八仙桥黄金荣的公馆里，向他详细介绍了蒋介石的情况，并说蒋介石准备到广州去投奔孙中山，前途未可限量，希望黄金荣可以收蒋介石为门徒。虞洽卿当时在上海商界地位极高，黄金荣又想在蒋介石身上赌一把，便立即答应下来。

黄金荣收徒弟的规矩，与别人不同，投拜者必须送贽敬钱，还要填写门生帖子。虞洽卿对黄金荣收徒弟的这套规矩并不熟悉，他带蒋介石上门时，只送了一张写有"黄老夫子台前，受业门生蒋志清"的红帖。黄金荣事先派人了解过蒋介石的情况，知道他要去投奔孙先生，为了讨好虞洽卿，非但不计较他没有送礼这件事，反而赠蒋介石二百块大洋，帮助他去广州。事后，虞洽卿和黄金荣还出面，替蒋介石了结了很多债务。

与孙中山、蒋介石等人的结交，充分展示出了黄金荣的头脑和野心，他知道自己需要什么，也知道该怎么做。

1927年农历十一月初一这一天，是黄金荣六十岁的生日。为了给他祝寿，黄公馆上上下下三十多口人忙作一团。当天黄公馆不但为来宾们准备了丰盛的宴席，还安排了四五桌麻将牌，供嗜赌的宾客消遣。徒弟们知道师父爱钱，纷纷送上厚礼，少则上百，多则数千，一天下来，黄府收到的礼金多得惊人。黄金荣颇为诧异，没想到"过生日"竟是一条来财的大道。打从这天起，每逢黄金荣生日，黄公馆都大操大办，用过去的话说，这叫作"飞帖打网"，门生们想不去都不行。

春风得意、呼风唤雨的黄金荣没有想到，1949年4月21日，中国人民解放军横渡长江，然后占领南京，结束了国民党政权。眼看陈毅率领的第三野战军准备进驻上海，黄金荣明白，自己对共产党人来说，无疑是个有罪的人：他在"四一二"事变当中，曾积极参加反革命活动，屠杀了不少共产党人；后来又为法国租界当局服务了多年，是帝国主义的走狗；在充当青帮头子的几十年当中，他没少鱼肉百姓、危害社会，如果留在上海，共产党肯定饶不了他。

很多人劝他前往香港，但黄金荣已经年迈，担心身体吃不消长途跋涉的劳累，最后还是下决心留在上海。为了解放之后能够平安度日，黄金荣做了两手准备：一方面，他不参加国民党撤离前搞的大搜捕、大屠杀，还主动掩护地下党员，支持他们接管上海。黄金荣命令手下的门生积极搜集帮会头目们的情报，做了一个多达四百人的名单，交给地下党组织，还告诫门生，不得参与国民党逃离前的破坏活动。

但是另一方面，他又让儿媳妇李志清把所有的金银、外汇、财宝带往香港，随时准备逃跑——后来他声称自己对此事毫不知情，但种种证据都表明，李志清不仅从香港汇钱给他，还按照他的指示，在香港、澳门购买了多处房产，甚至还为黄金荣申请了去台湾的证件。

上海解放初期，黄金荣的产业并没有受到太大冲击，大世界、黄金大剧院、荣金大戏院等买卖都照常经营，收入不菲。黄金荣名下还有多处房产，均由门生承包，对外出租，租金相当可观。黄金荣鸦片烟照抽，澡堂子照泡，他的生活基本没有受到影响。

解放初期人民政府之所以没对黄金荣加以惩处，是因为中共中央领导人对于帮会组织已经有过明确方针：只要他们不出来捣乱，不干扰上海解放后的社会治安，老老实实接受改造，就不动他们。特别是对黄金荣、杜月笙这样的帮会头面人物，采取"观察一个时期再说"的方针，目的是"努力使上海不乱"。

1951年初，镇压反革命运动开始，黄金荣的日子才真正开始难过起来。一封封控诉信、检举信雪片一般飞向上海市政府和公安机关，恳请政府对黄金荣加以处理。

在人民群众的强烈要求下，政府开始处理这一批帮会分子。黄金荣不但写了"悔过书"公开登报，老实认罪，生活方式也有所改变，不得吸食鸦片，还要参加劳动。考虑到他已经八十多岁了，身体也不是特别好，政府特批黄金荣在他开的娱乐城大世界门口扫马路。人称"青帮三大亨之首"的黄金荣居然在自己昔日独霸的大世界门口扫地，照片登上报纸，立刻引起了轰动。

黄金荣由于内心惶恐，不久便病倒了。最初还能坐在太师椅上，后来只能在床上平躺。1953年6月9日下午，黄金荣走完了人生的最后一程，终年八十六岁。

黄金荣这一生共结过两次婚：一次是和赫赫有名、江湖人称"阿桂姐"的林桂生，一次是和享誉黄浦滩的京剧名伶露兰春。

林桂生的父亲是做当铺生意的，母亲曾是烟花女子，林桂生出生在农历的八月十五日，正是桂花盛开的时候，因此得名"桂生"。后来父亲去世，孤儿寡母相依为命，时常遭人欺侮，林桂生的母亲看中了苏州衙门里的马捕快，将其招赘为上门女婿，算是娘儿俩的靠山。

马捕快是个胸无大志的人，林桂生素有大志，对自己丈夫的平庸颇为不满。就在此时，黄金荣出现了。

黄金荣在上海县衙当捕快时，与马捕快时常有公务来往。黄金荣到苏州后，便上马捕快家里拜访，一来是探望老友，二来是请马捕快帮忙照应，免得流氓瘪三到自己的戏馆里捣乱。可巧那天马捕快不在家，黄金荣说明来意，林桂生便痛快地替丈夫答应下来。

此后流氓们来到戏馆，不仅大把掏钱，买茶买烟，还邀请了不少朋友去看戏，一开场便大声叫好捧场。黄金荣心里明白，这是马捕快和林桂生在起作用，于是备了厚礼到马捕快家里道谢，并热情邀请林桂生到戏馆看戏。每逢上演新戏，黄金荣便在台前中央给林桂生预留座位，摆满茶点水果，还亲自出来相陪。

作为回报，林桂生也时常邀请黄金荣到家里来吃饭。时间长了，两人便产生了爱慕之情。最初两人还偷偷摸摸，后来干脆赶走了马捕快，光明正大地结为夫妻，一起回到了上海。

林桂生敢想敢做，行事练达，来上海不久，便开起了妓院。精明能干的林桂生把妓院经营得有声有色，才二十多岁，就成了一枝春街最有名的老鸨，江湖人称"阿桂姐"。她一边经营妓院，一边利用自己的人脉帮黄金荣勾结权贵、招徕门徒。在她的谋划下，一个黑社会组织的雏形在十六铺显现，并以凶猛之势蔓延开来。林桂生与黄金荣一起贩毒聚赌，行劫窝赃，绑票勒索，走私军火，两口子在上海滩是要风得风、要雨得雨，唯一美中不足的是林桂生始终未能给黄金荣生儿育女，只能领养了一儿一女，来弥补膝下空虚的遗憾。

林桂生开妓院的时候，身边有个小侍女叫李志清，长相秀丽又聪敏乖巧，林桂生不忍让她接客，便留在身边做了贴身丫鬟，待她如亲生女儿一般。待到领养的儿子长大成人，林桂生便把李志清给了儿子做媳妇，可惜，这个养子命太薄，还不到二十岁就一命呜呼了。

更让林桂生伤心的是，黄金荣竟在晚年移情别恋，爱上了名伶露兰春。

露兰春是上海滩红极一时的女艺人，随养父拜访黄金荣时，被黄金荣一眼看中。露兰春对黄金荣并无情意，也不愿意委身于一个行将就木的老头子，便对来提亲的人提出条件：绝不做妾！黄金荣想要得到自己，就必须明媒正娶，先跟林桂生离婚，再拿八抬大轿抬着她露兰春进自家大门。

这个条件十分苛刻，须知黄金荣是靠着阿桂姐扶持才有了今天。林桂生脾气大、资历深，在青帮中的身份仅次于黄金荣。她不但认识许多上流社会的大人物，网罗门徒的手段更是一等一，这样的女人怎么可能轻易答应离婚？所有人都认为，露兰春提出这个要求，其实就是借故推托，好让黄金荣死了这条心。

谁想黄金荣也是吃了秤砣铁了心，他听了露兰春的回话，竟然真向林桂生提出离婚。

林桂生不愧是个独立自强的女人，大大方方地答应了黄金荣："好，你要是愿意的话，我就跟你分手！"

她只拿了五万银圆，就头也不回地离开了黄公馆。

再说回露兰春。露兰春本是黄金荣的门生的养女，两人初见面时，黄金荣已经五十多了，露兰春才刚十四，但黄金荣就爱看露兰春唱戏，为了娶到露兰春，他费尽了心思。当时浙江督军卢永祥的公子卢筱嘉非常迷恋露兰春，多次给她送花、送钻戒，都被露兰春婉拒了。须知卢筱嘉与孙科、张学良、段宏业等人齐名，时人称为"民初四大公子"。公然被拒，卢公子这口气哪里咽得下?！露兰春再登台唱戏的时候，卢公子便在台下喊倒好儿，黄金荣没搞清楚状况，冲过去啪啪就是两耳光！这可闯大祸了，没过几天，卢公子带着几个便衣闯进戏院，黄金荣还坐在观众席上满心欢喜地看露兰春演出呢，卢公子的枪已经架到他头上了。

黄金荣就这样在自家的戏院被人绑走了。虽然杜月笙出面，到卢府打通关节，将黄金荣救回了家，但青帮大亨为了女人争风吃醋被"收作"，这脸面也是丢得严重。

而露兰春跟黄金荣结婚也不过三年左右，就移情别恋。离婚时黄金荣提出：露兰春今后不许离开上海，不准登台演出。露兰春的艺术生涯遭到扼杀，两人闹得很不愉快。

黄金荣晚年时，曾对杜月笙说："我错了一步棋。我起家在女人身上，败家也在女人身上。"他说的起家，指的是林桂生；败家，指的是露兰春。

为了怀念妻子林桂生，黄金荣在公馆里种了六百棵桂花树，但林桂生再也没有回头。这个把上海滩搅得腥风血雨的女子，最后隐居在上海，就此淡出江湖，再不见任何人。

1981年，林桂生一个人孤独地离开人世，结束了上海滩的一段传奇，享年一百零四岁。

02

杜月笙：

人生开了挂，全凭情商高

上海滩素有"黄金荣贪财，张啸林善打，杜月笙会做人"的说法。正如其秘书胡叙五所说："杜月笙之胜，不在做事，而在做人。"

上一段和大家聊了聊黄金荣。说到黄金荣，有一个人不能不提，那就是杜月笙。

提到杜月笙，就应该先说说青帮。

青帮是干吗的？青帮最早是从清代漕运船帮中脱胎出来的秘密结社，带有互助性质，主要集中在江浙一带。后因海运兴起，漕运没落，大批青帮弟子进入上海，从事各种行业。当时上海的工人十之八九都加入了各种帮会，其中，青帮弟子所占比重最大。

想加入青帮组织，必得拜师，青帮会众以师徒相称，崇尚"师徒如父子"，"一日为师，终身为父"。师父就如弟子的父亲一般，如果徒弟再收弟子，师父就可升级为"老爷子"。不过收徒并不容易，入帮者，要经过"上小香""上大香"及"开山门"等步骤。

青帮中的辈分是怎样排的呢？按照"清静道德，文成佛法，仁伦智慧，本来自信，圆明兴礼，大通悟学"这二十四个字往下排，排进这二十四个字的弟子称作前廿四代，还有后廿四代——万象依皈，戒律传宝，化度心回，普门开放，临持广泰，光照乾坤。还有续廿四代——绪结诚计，昆芮克勤，宣华转枕，庆兆拔魁，宜燕夜存，挽香同流。青帮的辈分是很清晰的。

上海青帮三大亨中，黄金荣仗着自己位高权重，在上海滩只手遮天，竟自称"天"字辈，取其"比大字辈还多一横"之意。张啸林曾投在"大"字辈的樊瑾丞门下，所以算是"通"字辈门徒。杜月笙因拜过"通"字辈的陈世昌为师，所以也只能算是"悟"字辈门徒。

杜月笙出生于清光绪十四年（1888）七月十五日，这天正是农历的中元节，因此父亲为他取名"月生"，意为月圆而生。后来章太炎认为"月生"两字不雅，根据《周礼·春官·大司乐》注疏里的"东方之乐谓之笙。笙，生也，东方生长之方，故名乐为笙也。镛者，西方之乐谓之镛。庸，功也，西方物熟有成功"，把"月生"改为"月笙"，以此为号，并为他取名为"镛"。

杜月笙祖籍浙江海宁，出生在上海浦东的高桥镇，幼年家贫，父亲杜文庆曾在茶馆当过"茶博士"①，码头上干过"扦子手"②，收入微薄，难以养家糊口。杜月笙母亲朱氏不得不时常帮人浆洗衣物，赚几枚铜钱，贴补家用。杜月笙的童年很苦，四岁那年，母亲朱氏再次怀孕，但因长期营养不良，朱氏产后身体极度虚弱，很快就去世了，刚出生的妹妹也送了人。两年后，杜月笙的父亲杜文庆也因贫病交加而死。

四岁丧母、六岁丧父的杜月笙只上过半年私塾就被迫辍学了。十四岁这一年，他背着一个小包袱，来到了上海十六铺闯天下。

杜月笙先是在一家水果店里当伙计，他头脑精明，干活儿利索，在水果店练就了一手削梨的好功夫，还因此得了个外号"莱阳梨"。不过，杜月笙可不是个老实的店伙计，他整天与流氓混混为伍，嗜赌成性。为了能在江湖上立足，杜月笙

---

① 指旧时茶馆里负责煎茶、煮茶、沏茶、泡茶的伙计。
② 查验货物的丁役。

拜青帮"通"字辈陈世昌为"老头子",正式成为青帮的一员。不久,陈世昌的同辈弟兄、绰号"饭桶阿三"的黄振亿受黄金荣之托,要为黄公馆物色个打杂的,他相中了杜月笙。杜月笙的逆袭之路从此正式拉开了帷幕。

杜月笙在黄府一直小心做人,认真做事。黄公馆的女主人林桂生是个狠角色,能力强、资历深,尤其擅长网罗人才,在青帮中的身份仅次于黄金荣,江湖人称"阿桂姐"。这一日,阿桂姐忽然生了一场大病,只能卧床休息,杜月笙一连数日衣不解带,守在榻前服侍病人,面面俱到,十分尽心。林桂生被深深打动,同时她也觉得这孩子是个可造之才,有意扶植杜月笙出头。恰巧此时黄府出了个意外,杜月笙立刻抓住了机会,从一群门徒中脱颖而出。

事情是这样的:有一次黄金荣不在家,有人急急忙忙地向林桂生报告,本该运进黄府的一麻袋烟土,被一名门徒半路拐跑了。可巧那天人手不足,能够执行家法的打手们都外出办事去了,林桂生一时竟无人可用,正束手无策的时候,杜月笙站起来:"我去。"

一句话给林桂生解了围。

他单枪匹马上路,枪还是临时跟阿桂姐借的。杜月笙这个人头脑很清醒,每临大事有静气,他分析:小偷肯定不敢进法租界,因为那是黄金荣的地盘;入夜之后,上海城的城门已经落锁,小偷也出不去,能走的路只剩一条,就是去英租界。想到这里,杜月笙便直奔英租界而去。

刚过孔子路,就见月光下,一辆黄包车正艰难前行,车上放着一个麻袋,拐麻袋这主儿坐在麻袋上东张西望、探头探脑,犹如惊弓之鸟一般。杜月笙追上前去,亮出手中的枪,连小偷带车夫都吓傻了。杜月笙提枪命令车夫:"这个麻包是黄金荣黄老板的,马上掉头,拉到黄府去,给你两块大洋!"

车夫二话不说,掉头就往黄公馆跑。小偷开始哀求:"货给你,放我一马吧!"杜月笙不跟他废话,直接把他押回黄府。

外表文文弱弱的杜月笙居然立下如此大功,不禁让林桂生刮目相看。她决定进一步考验杜月笙。这一次,她带杜月笙去赌场豪赌,赢回的两千多块大洋,全赏给了杜月笙。

在当时的上海，两千块大洋足可以买下一套豪宅。为什么给杜月笙这么多钱呢？林桂生就是想看看他怎么花钱。

如果杜月笙用这笔钱买房置地，说明此人可靠，但不可大用。

为什么呢？

眼界浅。

如果他拿这钱吃喝嫖赌，那便说明他既不可靠，更不可用。

结果，杜月笙用这笔钱还清了早年的赌债，其余的全都散给了从前一起混街头的弟兄。林桂生不由得暗自赞许：此人办事牢靠，不贪财，会花钱，敢交朋友，可堪大用。

经林桂生隆重推荐，杜月笙得以进入黄金荣生意的核心圈。杜月笙办事稳妥，忠诚不渝，不贪财，路子多，为黄家立下了汗马功劳。

上海滩素有"黄金荣贪财，张啸林善打，杜月笙会做人"的说法。正如其秘书胡叙五所说："杜月笙之胜，不在做事，而在做人。"

杜月笙功成名起，但做人做事不敢有丝毫懈怠，始终战战兢兢，如履薄冰，一日三省吾身。

北伐成功后，吴开先担任国民党上海党部负责人。杜月笙多次托人带话想请吴吃饭，可吴看不起杜，屡屡拒绝。到后来连借口都不找了，就先口头答应，然后不声不响地爽约。即便如此，杜月笙依然不放弃，三天两头请人找他。终于有一次，吴被缠不过，心下一横：难道杜月笙还有三头六臂不成，我为什么不能去会会他？便答应了杜月笙的邀请。

这一天，吴开先如约来到杜家豪宅，定睛一看，杜府的大管家万墨林正毕恭毕敬地在大门前等候；走进二道门，又有杜月笙的头号法律顾问、上海名律师秦联奎客客气气上前迎接；进得内厅，只见杜月笙穿着一身长衫正在默默等候。

长衫代表什么呢？长衫代表"文化人"的身份。杜月笙刚发迹的时候，依旧是"白相人"的打扮，所谓"白相人"，就是上海人形容无业游民、地痞流氓的一个特定名词。以"白相人"身份出道的杜月笙最初习惯穿一身短打，纺绸绣缎，衣襟中分，单排纽扣，左胸前挂一条粗金表链，系一个插入衣袋的西洋弹簧金挂表，手指上再配一枚光芒四射的大火油钻。后来有一次参加上流社会的高端宴会，看到身边有身价、有地位、有教养的上流人士的穿着，杜月笙顿感自惭形秽，在桌下不动声色地将自己的大钻戒摘下来，从此再不佩戴。杜月笙一生注重仪表，熟悉他的人都说，他总是穿一双布鞋，麻布长衫加身，所有的扣子都扣得整整齐齐，即使夏天也不例外。

杜月笙双手扶膝，眼观鼻，鼻观口，口观心，正襟危坐于沙发之上，见吴进门，满面春风，起身相接。三道迎宾，层次分明，礼数周全，吴开先不由得心中一动：前几次答应来时，他们也曾这样等过我吧？试想三人一线，大眼儿瞪小眼儿，等了又等，盼了又盼，最后没等到人，该有多失望？抱愧之情油然而生。

杜月笙开口第一句话是："老早想约吴先生过来坐坐，就因为我这里一天到晚人来客往，实在太忙，所以一直拖到今天，您别怪罪。"言语从容，态度平和，就好像此前多次邀约遭吴开先拒绝的事情，压根儿没发生过。

吴一时不知如何应对，只好含糊地说："岂敢岂敢。"

打从这儿起，俩人成为生死之交。

结交吴开先这件事，足以说明杜月笙多会做人，多会结交人脉。

杜月笙不但会做人，而且有识人之能。以往我们提到杜月笙，常会想到黄金荣、张啸林、孟小冬、林桂生这些名人，但还有一位神秘的大人物，曾受过杜月笙的知遇之恩，我们在此不能不提，他就是后来的国民政府军统局局长——戴笠。

戴笠，字雨农。他是国民政府军事委员会调查统计局首长、中国秘密警察领袖，美国《柯莱尔斯》杂志称他为中国近代历史上最神秘的人。

杜月笙和戴笠的关系就很能说明杜月笙的识人之能。1921 年，戴笠在上海还只是一个一天到晚在赌场厮混的小流氓，仗着超群的赌技混碗饭吃。有一次，他去杜月笙的赌场里掷骰子，连连得手，让赌场出血不少，看场子的人怀疑他出老千，将他带进小房间，准备要收拾他一顿。戴笠情急之下，指名道姓，大喊大叫，说自己要见杜月笙。

杜月笙见到戴笠，让他展示一下自己的赌技。戴笠从容表演了一番，杜月笙看在眼中，颇为欣赏。心思机敏，手腕灵活，这些倒不稀奇，但他临危不乱、胆识过人，这个小伙子远非常人可比。杜月笙当场便与戴笠结拜，两人从此以兄弟相称。后来戴笠报考黄埔军校，还是杜月笙出面，求黄金荣给蒋介石校长写了封推荐信，这才有了戴笠日后的飞黄腾达。之后，戴笠掌握了整个军统，更成了蒋介石最信任的心腹将领。杜月笙的发展壮大，很大程度上得益于他和戴笠的这种特殊关系。

1945年8月15日，日寇无条件投降，五十八岁的杜月笙从香港返回阔别八年之久的上海。上海当局事先与他通过消息，说已经为他准备了盛大的欢迎会，不少人准备到车站迎接他，听得杜月笙踌躇满志。

杜月笙以为：自己在抗战中不但没像张啸林一样做了汉奸，还积极参加了各种抗日救国运动，为抗日活动募捐了不少钱款，如今抗战已经胜利，孔祥熙又对自己大力支持，蒋介石理应把上海市市长的位置留给他。

杜月笙留在上海的门徒们也四处吹嘘，声称自家"老头子"杜月笙即将成为抗战胜利后的第一任上海市市长。

可是，蒋介石这时已经不愿让杜月笙这个黑社会老大继续插手上海政务，抢在他到达上海之前，就宣布钱大钧为上海市市长，此举令杜月笙备感失望！更令他难堪的是，列车抵达上海时，不仅没有热烈的欢迎场面，没有前来迎接的政要，上海北站的墙上甚至还出现了大字标语："打倒社会恶势力！""杜月笙是恶势力的代表！""打倒杜月笙！"

惊惶之下，杜月笙临时决定改在上海西站下车。

姜还是老的辣，还没等车停稳，杜月笙已经打听明白了，这一场闹剧的主使不是别人，正是自己嫡亲的门生——吴绍澍。

吴绍澍一直想摆脱同杜月笙的瓜葛，而杜月笙却仍然盼着吴绍澍能来拜见自己这位昔日恩师，怎奈等来等去，始终不见吴的人影。好不容易把吴绍澍盼来，杜月笙大喜，抱病热情接待，不料吴绍澍却态度倨傲，丢下几句官话即扬长而去。杜月笙虽然愤怒，却也只能强压火气，他很清楚自己已是今非昔比，猛虎落平阳，凡事能忍则忍。

就在这时，杜月笙的密友、国民政府军统局局长戴笠为他出头，狠狠地收拾了吴绍澍。

吴绍澍曾私放汪伪税统局局长邵式军以谋取钱财，戴笠抓住他收受贿赂的铁证，以"纵放巨奸、吞没逆产"的罪名呈报蒋介石。吴绍澍闻讯后多次求见戴笠，戴笠置之不理，吴绍澍死缠烂打、苦苦哀求，戴笠才肯接见他。吴绍澍请求戴笠免予追究，戴笠怒斥道："像你这种人，我为什么不办？"吴绍澍又求戴笠对他法外施仁，准许他到南京亲自打点，也被戴笠严词拒绝，并吩咐手下说："通知各航空公司，不许卖票子给吴绍澍！"不久，"严办"的电令下达，先是免去了吴绍澍上海市副市长的职务，接着又罢黜了他兼任的上海市社会局局长一职，改由接近杜月笙的吴开先继任。这一系列严惩，使杜月笙失去的颜面得以挽回，也算出了一口恶气。

杜月笙比戴笠大九岁，两人关系极好。戴笠经常来看把兄弟，每次造访，必会提前来电话，和杜月笙简短寒暄几句。杜月笙一放下电话，便让用人使劲儿闻闻自己身上有没有大烟味儿，特别冲的话，就赶紧喷次最好的法国进口香水。他还让用人把鸦片烟枪和其他烟具都藏在卧室床底下，并特别叮嘱把卧室门锁上，没有他允许，谁都不能打开。约莫着戴笠快要到了，杜月笙还得反复洗脸，用热腾腾的湿毛巾把脸擦了又擦，哪怕有一点儿烟味儿，他都得再洗一次，如果让戴笠闻出来了，就会责备他，"你怎么又抽烟了"。可见两人交情之深。

1946 年杜月笙得知戴笠的死讯时，呆若木鸡，定定地坐着，不动、不哭、不说话。家人大声喊他，他才如梦初醒，放声大哭，哭得热泪滂沱，如丧考妣，这是杜月笙平生最伤心悲痛的一次号啕！痛哭引发了剧烈的哮喘和咳嗽，但见杜月笙青筋直暴，泪与汗俱下，脸孔涨得绛紫，被哮喘和咳嗽折磨得死去活来！戴笠一死，杜月笙失魂落魄，很久都难以从巨大的心理打击中平复。

杜月笙有一句著名的口头禅，历经半个世纪至今仍是上海市民的口头禅，就是"言话一句"，意思是"你这个事情就是一句话的事，我知道了，我会替你办妥"。

另一句脍炙人口的名言，叫作"别人存钱，我存交情"。

当时上海的工潮，十之八九是通过杜月笙居间调停才得以平息的，"杜先生"的口碑由此深入民间。

这位上海滩的中国版教父，一生仗义疏财，世人都以为他家大业大。正因如此，黎元洪的秘书饶汉祥曾为杜月笙写过一副对联："春申门下三千客，小杜城南五尺天。"杜月笙很喜欢，将这副楹联挂在自己公馆的客厅里。这副楹联将杜月笙与战国四公子之一的春申君并举，以称赞杜月笙"散尽千金之财，广结天下之友"的做派。当杜月笙临终前，躺在病床上亲口说出自己的遗产只有十万美元时，在场的家人无不为之震惊错愕。

谁也想不到，一辈子挥金如土的杜月笙，留给庞大家族的遗产，居然如此之薄。这笔钱要分给四位太太和四儿三女，一个人能到手几文呢？难怪清高如孟小冬者，也忍不住当场脱口而出："这么一点儿钱，怎么活？"

杜月笙就靠这点儿钱，走到了人生尽头，他的晚年生活十分简朴。传说在他逝世的前一天，杜月笙预感到自己大限将近，命大女儿杜美如去银行拿来一个保险柜，召集家人，在众人面前亲手打开。只见保险柜里满满都是借条，最少的一张借了五千美元，最多的一张借了五百根金条，向杜月笙借钱的有商界大亨，有政界大员，也有青帮子弟，借款总额接近十亿元。正当众人惊叹时，杜月笙亲自将借条一张张销毁。

销毁的全都是钱啊！儿女们非常不解，都很诧异。此时，杜月笙才开口说话："借出去的看上去是钱，实际上是交情。感恩的，会永远记住杜家的好。不感恩的，你们去要，会给自己带来杀身之祸。我不希望我死后家里人还要碰刀斧。"

他毁掉借条，别人欠的账也就在尘世一笔勾销了。1951 年 8 月 16 日，杜月笙病逝于香港，终年六十四岁。

杜月笙一生的传奇，也最终落下帷幕。

03

阮玲玉：

死都不怕，她究竟在怕什么

做艺人得有什么与众不同的特点呢？

您记住了：状元才、英雄胆、城墙厚的一张脸。

民国时期的旧上海，繁华不输今天。当时上海集中了中国的电影产业核心，号称"东方好莱坞"，十里洋场，流光溢彩。飞速发展的电影工业不仅为广大市民提供了最摩登的消闲娱乐方式，也造就了最早一批国产电影明星。

太阳之下，没有新事。早期电影女明星的故事，其实和今天电影圈的故事也相去不远，金钱、名利、情感纠葛、艺术坚持和资本钳制……一直都没变过。

这一章先给各位讲讲阮玲玉吧。

阮玲玉的一生十分短暂。十六岁进入演艺圈，次年出演了自己的首部电影并引起轰动。年仅二十五岁，便自杀身亡，死后身边还留下一张字条，写着"人言可畏"。

后经研究者分析证明，这张字条并非出自阮玲玉之手，而是阮玲玉的同居男友唐季珊为了掩盖自己的无赖行为，转移大众视线，找人写的假遗言。但是这件事也反映出当时的娱乐八卦对明星的生活干扰程度不亚于今天，就连鲁迅都在

《论"人言可畏"》一文中写道："她的自杀，和新闻记事有关，也是真的。"

做明星，在哪个年代都要忍受这些骚扰，内心必须强大，说句不好听的，脸皮得厚。

你愿意站在舞台中心成为万众瞩目的中心，享受被镁光灯照耀的浮华快感，就要能忍受私生活被八卦、隐私被侵犯的可能。

做艺人得有什么与众不同的特点呢？

您记住了：状元才、英雄胆、城墙厚的一张脸。

这些对明星们来说，都是必修课。阮玲玉经历的那些事，胡蝶、周璇她们同样经历过，甚至更夸张，但有的明星选择积极面对，有的明星脸皮薄一些，好比阮玲玉，就困在情绪中没能挺过去，在艺术创作的巅峰时期结束了自己宝贵的生命，很是令人惋惜，这也是中国电影的巨大损失。

阮玲玉是一个矛盾综合体：即便在中国默片银幕史上留下了那么多经典的独立新女性形象，骨子里却始终是一个依赖男性、感情被动保守的旧时代女性。她非常爱惜自己的名誉，这个特质，最终要了她的命。

阮玲玉的早年生活是比较凄凉的，这也养成了她悲观、消极、敏感的性格，如果你仔细看她早期的银幕作品，就会发现，即使已经成为大明星，阮玲玉的眼神中还是时不时透露出一种飘忽不定的自卑气质，一种骨子里的悲伤。

阮玲玉，原名阮凤根，1910年4月26日出生于上海，祖籍广东中山县。小凤根的父亲阮用荣是浦东亚细亚火油栈的工人，老实本分，对女儿十分疼爱。一家人虽不富裕，倒也生活得和乐融融。

好人不长命，阮用荣不幸患上了肺痨，也就是我们今天说的肺结核，在那年头儿，这就是要命的病啊！阮用荣没熬过去，才四十四岁，就撇下孤儿寡母，撒手人寰。

那一年小凤根才六岁。

这一家人本就是在社会最底层讨生活，因为家庭支柱的崩塌，经济状况更是雪上加霜，小凤根的母亲独自拉扯年幼的女儿，靠在一家姓张的大户人家做女用人维持生计，艰难的程度可想而知。

生活虽然艰苦，小凤根已经表现出了乖巧可爱、千伶百俐的一面。母亲看在眼里，喜在心头，她不愿意女儿和自己一样做女用人，一辈子仰人鼻息、永无出头之日，便决定让女儿去读书。小凤根八岁时，母亲将她送到附近一家私塾念书，并取学名为阮玉英。一年以后，母亲觉得女儿在私塾里读的那些陈旧的《三字经》《女儿经》太过时，想让孩子进洋学堂崇德女校读书。但当时的洋学堂学费昂贵，一般的穷人子弟是进不起的，阮母打听到东家张老爷就是崇德女校的校董，便找到东家苦苦哀求，总算让阮玲玉以砍掉一半学费的优待进入了崇德女校，这也成为她命运改变的转折点，为日后从影表演积累了内涵和修养。

阮玲玉渐渐长成美丽的少女，她的底子很不错，丹凤眼，瓜子脸，身材匀称，读书让她更有自信更有魅力了。后来有电影公司的人这样形容十四岁的她："婷婷长成，琼葩吐艳，朗朗照人，虽荆布不饰而韵致俨然。"

还在读崇德女校的阮玲玉，有一天在张家后院与四公子张达民相遇了，张达民对她一见钟情，开始追求阮玲玉。

要说这位张达民先生，高挑的身材，白净的脸上架着一副黑边圆框眼镜，看上去文质彬彬，似乎也是个颇为可靠的对象，这位少爷渐渐赢得了涉世不深的阮玲玉的好感。她一直生活在单一的女性世界之中，青春期情窦初开，读过不少鸳鸯蝴蝶派小说，那些缠绵悱恻的爱情故事也令她产生向往，张达民是她感情生活的第一个闯入者。

两人的关系被张家知道，遭到了张家人的极力反对。阮氏母女被赶了出去，张达民背着家里给母女俩安排了一处住所，两人开始了同居生活。

那一年，阮玲玉才十六岁。

张达民渐渐暴露了他的本质：一个公子哥儿，除了会花钱，什么本事都没有。习惯了花天酒地的张少爷没过几个月的安分日子，便又回到了以前的生活圈子，母女俩拿到的生活费越来越少，阮玲玉被迫退学，走上社会打工。

阮玲玉的运气很不错，当时上海最大的电影公司之一明星影片公司导演卜万苍正筹拍新片《挂名夫妻》，他向公司总经理张石川提出一个建议：在畅销大报上登广告，用公开招考的办法海选女主角。阮玲玉闻讯前去试镜，顺利成为这部默片的女主角。

拍摄期间，阮玲玉对导演言听计从，展示了自己的天赋和灵性。在这部影片中她塑造了一个被封建伦理道德毁灭的弱小女子，导演对她评价很高，称她为"难得的悲剧演员"，谁想到一语成谶，这一句话竟预言了阮玲玉的命运。当然，这是后话了。

处女作之后，阮玲玉又出演了明星公司的一些影片，开始在电影界小有名气。这时候她出演的多是一些花瓶类的角色，在社会伦理片、风花雪月片甚至武侠神怪片中和观众混个脸儿熟。直到 1930 年，著名的联华影业公司成立，老板罗明佑邀请阮玲玉参演由著名导演孙瑜执导的电影《故都春梦》，紧接着又出演孙瑜导演的《野草闲花》。这两部影片打破了当时国产影片的卖座纪录。阮玲玉在两部影片中扮演的角色迥然不同，一个是蛇蝎荡妇，一个是纯洁天真的少女，差别很大，但是她演绎得细腻准确。在中国电影早期默片时代，演绎角色没有对白，只有表情和肢体动作，阮玲玉却能展示出属于自己的独特气质和表演风格，当时的电影女演员戏路这么宽广的也没有几个。

阮玲玉的电影事业站稳脚跟了，感情生活却失去了平衡。张家家道中落，张达民本就好吃懒做，游戏人间，还染上了赌博的恶习，他彻底赖上了阮玲玉。

此时的阮玲玉，接触到了很多文艺圈的精英人士，收入也大大增加，新女性的独立自强意识也在日益觉醒。对于张达民，她是无奈的。但性格中软弱和不坚定的成分，令她无法下定决心与张分手。据传闻，张达民曾经要挟过她，如果不满足他的经济和情感要求，他就要爆料给黄色小报，题目也起得很震撼："著名影星十六岁就与人上床"，等等，这题目放在今天都能引起轩然大波。阮玲玉是多么爱惜羽毛、看重名誉的人，她不愿意自己的私生活被那些闻腥起舞的苍蝇逮住，七炒八炒变成街谈巷议的材料。眼见不少同行私生活被黄色小报报道之后再难翻身，阮玲玉生怕自己也步他们后尘，因此对张达民能忍则忍，甚至通过各种社会关系给张达民安排职位，彻底供上了这位祖宗，留下了无穷的后患。

阮玲玉在联华公司逐渐成了台柱子，甚至被认为与"电影皇后"胡蝶不相上下。1932年，"一·二八"事变在上海爆发，日本人把侵略的战火烧到了上海。很多上海富商为了人身安全纷纷躲避到了香港，联华等电影公司也整体搬到了香港。阮玲玉带着张达民一起来到香港，在那里，阮玲玉遇到了她生命中的第二个男人，这个人跟张达民不一样，张达民要钱，而这一位呢，几乎要了她的命。

这位爷叫唐季珊，是东南亚有名的富商，做茶叶生意。因为他很有钱，所以联华公司拉他入股。在一次酒会上，阮玲玉见到了他，可以说她给这位绅士留下的第一印象是十分美好的。

酒会上的唐季珊并不孤独，身边也有一位赫赫有名的女明星陪伴，她就是阮玲玉的前辈、中国默片史上的著名女星张织云。张织云当时已经息影，一心一意与唐季珊同居。唐季珊在广东老家是有原配夫人的，而且岳家资本雄厚。唐季珊的事业能做得那么大，很大程度上也是仰仗岳家的势力。他既没打算娶张织云，也没打算娶阮玲玉。

唐季珊知道阮玲玉喜欢跳舞，便经常邀请阮玲玉去最豪华的舞厅跳舞。唐季珊和张达民相比，就显得非常成熟了，有事业的中年大叔，懂女人懂生活，感情方面一片空白的阮玲玉渐渐爱上了他。

这时张达民提出：分手可以，要支付他费用，每月一百元，以二年为期。一个男人，分手了还向女人要钱，这位张先生也真是没救了。阮玲玉以为这样便可以摆脱张达民，和唐季珊开始新的生活，就答应了这个荒唐的要求，并和唐季珊住在了一起。

最初，阮玲玉应该是幸福的：生活上，和唐季珊的感情生活处于蜜月期；事业上，这段时间她出演了《三个摩登女性》《小玩意》《神女》等默片经典名作，奠定了她在中国电影史上的艺术地位。

看过这些经典默片你会发现，这段时间阮玲玉的角色性格有了一些变化：前期在明星公司，阮玲玉多主演通俗社会片、武侠片、神怪片，饰演低下阶层的堕落女性，如妓女一类人物，或是在旧社会受欺压而不反抗的弱女子；后期在联华公司的时候，阮玲玉受新兴电影运动（又称左翼电影运动）影响，表演风格有所转变，开始饰演一些有独立意识的新女性形象，转折点就是在卜万苍导演的《三个摩登女性》中饰演对旧社会觉悟的女工周淑贞。

这些电影以人道主义的立场，同情被侮辱被损害的女性，鞭笞社会的黑暗。《神女》可以称为阮玲玉表演的巅峰之作：她是那个时代极少数经得起大特写的女明星。她的眼神，她对表情的控制，都令广大观众耳目一新。无论喜悦还是悲伤，昂首还是低头，她所流露的情感思绪，全都充满了那个时代特有的中国女性魅力，充满含蓄复杂的内敛美，从容不迫、落落大方。相比同时期演员们较为夸张和招摇的表演，阮玲玉克制、自然的表演风格，令观众们回味无穷。《联合画报》评价阮玲玉："各导演言，演员拍戏时，重拍最少者，女为阮玲玉，阮玲玉拍戏极能领略剧中人地位，临摇机以前，导演为之伸说一二句，即贯通了解，拍时，喜怒哀惧，自然流露，要哭，两泪即至，要笑，百媚俱生，甚有过于导演所期水准之上者，斯阮之所以独异于人欤。"

好景不长，同居半年后，唐季珊渐渐露出了花花公子的本性，他厌倦了阮玲玉，又开始了新的猎艳。他不但公然与新女友梁赛珍出双入对，回家后还对阮玲玉朝打暮骂。

身心俱疲的阮玲玉失望至极，连续两次所托非人，让她对感情失去了期待。就在这个时候，蔡楚生导演送来了自己正在筹拍的电影《新女性》的剧本，力邀阮玲玉出演女主角。

《新女性》深入探讨了封建社会里独立女性的生存之路。女主角韦明出身书香门第，受过良好的教育，为了追求自由恋爱而脱离家庭，与情人同居。涉世未深的韦明很快便被情人抛弃，只得独自奔赴上海，在一家私立学校做音乐教师。韦明结识了邻居进步女工李阿英，两人成为好友。李阿英加入了工会，努力学习进步，韦明却被校董王博士构陷，一步步踏入堕落的深渊。为了拯救身患肺病的女儿，韦明忍辱负重出卖色相，结果既没有留住女儿的性命，也没有保住自己的名声。最终，身败名裂的韦明服毒身亡。

《新女性》实现了五四时期以"个性解放"为中心的"自由女性观"到左翼时期无产阶级"革命妇女观"的意识形态转变。影片叙事流畅、情感细腻，运用质朴的现实主义手法，入木三分地揭露了剥削阶级的荒淫无耻和阴险卑劣，具有强烈的艺术感染力。

阮玲玉仔细研读了剧本，发现自己的命运与女主角韦明的十分相似，她被韦明这个人物形象深深地吸引了，毫不犹豫地接下了《新女性》的片约。

这并不是蔡楚生首次向阮玲玉抛出橄榄枝。1932 年，蔡楚生独立编导个人首部电影《南国之春》，便邀请阮玲玉出演女主角，彼时蔡楚生还是个名不见经传的影坛新人，一贯爱惜羽毛的阮玲玉婉言谢绝了他的邀请。

蔡楚生并不气馁，同年他又执导了《粉红色的梦》，并再次向阮玲玉发出邀请，因剧本没有达到阮玲玉的标准，再次被婉拒。

两次邀约未能成功，蔡楚生的创作热情反而更加浓烈了。1933 年，蔡楚生执导了家庭伦理片《都会的早晨》，影片用对比的手法写贫富生活的悬殊，表现了"当时中国都市生活尖锐的阶级对立"，在上海首映时连映十八天，受到广大观众的热烈欢迎。

1934 年，蔡楚生导演的新片《渔光曲》大放异彩，创下了当时中国影片卖座的最高纪录——连映八十四天，并在莫斯科举办的国际电影节上获得荣誉奖，成为中国第一部在国际电影节上获奖的影片。女主角王人美一举成名。

蔡楚生对阮玲玉仍然念念不忘，他筹拍《新女性》时，为阮玲玉量身打造了"韦明"这个形象，这个角色果然打动了挑剔的阮玲玉。在拍摄《新女性》过程中，阮玲玉全身心投入角色，真正做到了人戏合一，在拍韦明自杀身亡的一场戏时，全场潸然泪下，阮玲玉也因入戏太深而失声痛哭，拍摄结束后仍在饮泣。眼看阮玲玉一时不能平复情绪，蔡楚生便默默陪伴在她身边，静静听她倾诉。

阮玲玉一生中不曾得到这样的尊重和温暖，两人在拍摄过程中情愫渐生，但是蔡楚生此时已有家室，面对阮玲玉的期待，蔡楚生始终发乎情、止乎礼。两人的关系没有再进一步。《新女性》上映后，"自强、独立的新女性被社会扼杀"的话题触及了利益群体，阮玲玉作为风头无两的当红女明星，第一个遭到了小报的攻击，记者含沙射影，矛头直指阮玲玉，说她人品和生活作风有问题，不配去演新女性。

此时，张达民又开始了新一轮的纠缠，眼看不能从阮玲玉身上敲诈出更多钱财，张达民索性把阮玲玉告上了法庭，指控阮玲玉与唐季珊通奸。唐季珊为了自保，对小报记者大爆阮玲玉的隐私。小报记者们立刻一拥而上，批评阮玲玉贪慕虚荣、无耻下流。

女明星的绯闻历来是街头巷尾讨论的笑柄，渴望平静的阮玲玉彻底绝望了。就在出庭的前一天晚上，阮玲玉出席了好友金焰的生日聚会，据友人回忆，当天晚上阮玲玉一反常态，与朋友们谈笑风生，纵情畅饮，只是临行时抱住好友王人美流泪道别，令友人困惑不解。

当晚回到家中，阮玲玉就服药自杀了。

唐季珊害怕惹上麻烦，竟然带着阮玲玉去找私人医生抢救，耽误了最佳救治时间，次日，阮玲玉去世，一代巨星就此陨落。

唐季珊令人模仿阮玲玉的字迹，伪造了一份遗书，刊登到了报纸上，这份遗书也就是流传至今的那句"人言可畏"。唐季珊伪造遗书的目的，是希望公众相信，阮玲玉的死完全应该归咎于舆论的压力。但经过学者多年研究，阮玲玉真正的遗书在1993年被发现，这份遗书被刊登在1935年4月26日发行的《思明商学报》上，将阮玲玉的遗书交给《思明商学报》发表的那个人，正是后来良心发现的梁赛珊——唐季珊情妇梁赛珍的妹妹。

《思明商学报》是一份非公开发行的内部报纸，且发行量极低，因而并未引起人们的关注。当时报纸上同时刊登了一篇题为《真相大白，唐季珊伪造遗书》的文章，文中说阮玲玉的原遗书"篇幅极短，文字不甚流畅，而且涂改多处……"。在这份遗书中，阮玲玉控诉唐季珊如何一次又一次虐待她，笔端充满了不甘和痛苦。唐季珊当然害怕这样的真相流露出去，影响他的形象。一代巨星不仅活着的时候饱受屈辱，死也死得不瞑目。

阮玲玉去世后，好几位影迷为她自尽，留下"阮玲玉既然已去，我们也没有理由活在这世上"的遗书。殡葬当天，有三十万民众到场吊唁，送葬队伍长达三里。美国《纽约时报》报道了她的葬礼，称其为世界上最伟大的哀礼。

也有一种观点认为，导致阮玲玉自杀的，还有一个很重要的现实原因，那就是默片时代的结束，有声电影的产生。阮玲玉是默片时代的大明星，但是她的台词功力不行，很多默片时代的演员在迎来有声电影的时候迅速过气，这让阮玲玉在事业上面临着巨大的压力。一个优秀的演员往往是高度敏感的，不论是对幸福的感受还是对悲痛的领悟，都比一般人来得更深刻。加上拍摄《新女性》后，阮玲玉始终没有彻底从电影角色中走出来，被戏中的叙事逻辑所牵引，改变了自己的人生轨道。但不论感情、舆论、事业上面临多大压力，阮玲玉的悲剧命运还是她软弱、保守的性格造成的。

与阮玲玉形成鲜明对比的是"电影皇后"胡蝶，当年上海滩这两位最红的女明星，人生际遇和结局却截然不同，真是令人感慨。

04

胡蝶:
中国第一位"电影皇后"的传奇人生

"我一向比较达观,视人生如演戏。我时常安慰自己,苦戏总会演完。"

20 世纪 30 年代的上海滩,阮玲玉和胡蝶毫无疑问是最当红的两位女明星,但是她们的人生境遇和结局却截然不同。阮玲玉年仅二十五岁便不堪重负香消玉殒,胡蝶虽然也有很曲折的人生经历,却用乐观积极的人生态度把自己的人生活成了传奇,八十一岁安然离去,留下了"蝴蝶要飞走了"的美谈。

一个人的原生家庭可以对他的性格和人生产生多大的影响?胡蝶和阮玲玉就是位于两个极端的例子。

胡蝶出生于 1908 年,这一年发生了一件大事,就是慈禧太后驾崩。胡蝶生于上海,祖籍广东,她的家庭温馨幸福,父母开明宽厚,对女儿十分疼爱。胡蝶幼时,父亲胡少贡在北洋政府总理唐绍仪的提携下出任京奉铁路总稽查。胡蝶幼年曾跟随父母迁居天津、北京、广州等地。在这些奔波中,胡蝶不但增长了见识,还学会了北京话、广东话、上海话等多种方言,相比阮玲玉薄弱的台词功力,这些都为她日后由无声电影向有声电影事业转型提供了帮助,当然,这是后话。

胡蝶幼年时体弱多病，不爱吃饭。为了引起她的食欲，父亲购买了各式各样的彩绘瓷器，每一幅彩绘都描绘了一个小故事，每到开饭的时候，父亲便指着栩栩如生的精美彩绘给女儿讲故事。胡少贡不但富有童心，口才也十分了得，总能把故事讲得妙趣横生，小胡蝶听得格外高兴，不知不觉就比往常多吃了许多。

胡蝶的妈妈是一位出身名门的大家闺秀，人际关系复杂的大家庭培养出来的子女，自幼耳濡目染，在为人处世上很有一套，母亲经常教导小胡蝶如何为人行事，这也是胡蝶拥有高情商的重要原因。

我们之前谈到阮玲玉的童年，阮玲玉幼年丧父，母亲是上海大户人家的帮佣，儿童时代的阮玲玉只能寄人篱下，谁都可以指责、蔑视，幼小的心灵已经感受到社会的势利，难免会有些敏感、缺乏安全感。

相比之下，家境富裕，又有高情商的父母呵护，在这样阳光、温暖的环境下长大的胡蝶，就更加自信、独立、会做人。

胡蝶很小的时候，家里就请了一位先生为她启蒙。八岁时，胡蝶进入天津天主教圣功女学就读。九岁时，全家移居广州，胡蝶进入广州培道学校读书。培道学校毕业后，胡蝶转入北平公立女子第一师范。可以说，良好的教育背景不但使胡蝶增长了学识，而且培养了她独特的气质、健全的性格和健康的人生观、世界观。

1924 年，胡蝶十六岁，已经出落得亭亭玉立落落大方，俊俏的小脸儿上含着一对深深的酒窝，这就是她的标志。胡蝶的美，与阮玲玉的妩媚不同，是一种富贵华丽的气质。作家张恨水这样评价她："胡蝶落落大方，一洗女儿之态，性格深沉、机警、爽利兼而有之，如与《红楼梦》中人相比拟，十分之五六若宝钗，十分之二三若袭人，十分之一二若晴雯。"从这评价就可以看出，胡蝶不但貌美、情商高，还有一种真诚直率的性格。

机缘巧合，中国早期的电影演员训练学校——中华电影学校也于同年开始招生，喜爱电影的胡蝶精心备考，顺利进入电影学校深造。当时电影刚从国外传入中国，普罗大众对"女明星"这种职业的看法不一而足，有人觉得是新时代的新形象，有人则觉得低三下四，与高级妓女没有区别。胡蝶的父母都很开明，并没有对她的职业选择提出反对，母亲只是提醒她，要洁身自好，认认真真演戏，踏踏实实做人。

进入了时代最尖端的职业培训学校，胡蝶开始系统学习影剧概论、戏剧史、导演、表演、化装、舞蹈、唱歌等多门课程，同时也越来越展现出新时代新女性的特质，甚至学会了开车。那个时候学开车可不是件容易事，因为当时根本没有汽车驾驶学校，女孩学开车就更少见了。这难不倒胡蝶，她叫了一辆出租汽车，一路开到郊外，司机略加指点后，便被请到后座上，胡蝶自己上手练车。司机收到了加倍的车费，也乐得休息。就这样，胡蝶学会了开汽车。在那个年代，她真是一个很酷的女孩。

作为一个敢做敢闯的时代新女性，胡蝶在恋爱上自然也有自己的想法和坚持。

电影学校毕业后不久，胡蝶接拍了人生中第一部主演影片——《秋扇怨》，这是一部才子佳人式的悲剧。在戏中，胡蝶与男主角林雪怀饰演一对恋人，戏外两人也假戏真做，从相恋一直走到订婚。

初恋的感情总是冲动的，胡蝶以为可以和林雪怀厮守终身，相处后才发现并不是这样。而且，这位林先生为顺风顺水的胡蝶带来了她人生中的第一个大挫折。

在《秋扇怨》中的出色表演，让胡蝶迎来了更多的机会，她加入了邵逸夫的哥哥邵醉翁创办的天一影片公司，成了当家花旦，并接连拍摄了《梁祝痛史》和《珍珠塔》等电影。

但是《秋扇怨》之后，林雪怀却一蹶不振，再无作品，两人出入公共场合时，林总会被人称作"胡蝶的男朋友"，乍一听还以为是胡蝶养的小白脸儿，林心里是十分别扭的。他决定放弃做演员，到商场上去试试运气。胡蝶对此非常支持，还用自己的钱赞助林雪怀开百货商店、开酒楼、开照相馆。无奈林也不是经商的料，屡次尝试，屡次失败。与胡蝶地位的落差令林雪怀心情低落，竟然开始公然与妓女厮混。

胡蝶念及两人已经订婚，再三忍耐。然而林雪怀认为自己吃定了胡蝶，彻底开启了"作"的模式：他要单方面与胡蝶解除婚约！

他没想到的是，胡蝶不但经济独立，情感方面也不拖泥带水。见林雪怀不珍惜自己，胡蝶爽快地同意了，并要收回所有自己投资门市、酒楼的钱。两个人不得不靠走法律途径解决问题，官司打了一两年，闹得满城风雨。

这一段经历对两个人都产生了很大的影响，林雪怀在此之后彻底一蹶不振，晚景凄凉。对胡蝶来说，这是她人生的第一次失败，而且这场风波闹得众人皆知，也很伤胡蝶的面子。这种经历要是搁到一般的女影星身上，事业正处于上升期时遭遇情感纠葛，甚至惹上官司，往往会星途就此黯淡，生活状况也会急转直下，但胡蝶不是寻常女子，她没有被感情上的挫折打败。斩断了与林雪怀的纠葛，她便将全部的精力投入到电影事业之中。

即便是在和林先生闹得灰头土脸的时候，胡蝶也没有停止对电影事业的思考，她在回忆录里说："天一太过于从生意眼出发，影片娱乐性功能多于艺术性，并且多数影片停留于宣扬旧道德，不合时尚潮流，虽拥有一定观众，但并不留给观众足以回味的印象。"

1928 年，胡蝶主动与天一解约，加入明星影片公司。进入明星公司后，胡蝶拍摄的第一部影片就是大名鼎鼎的《白云塔》，该片的演职人员包括张石川、郑正秋、胡蝶、阮玲玉……可谓当年的全明星阵容。在片中胡蝶反串翩翩公子，鼻梁上架一副圆边眼镜，阮玲玉演一个小鸟依人却行为不端的小姐，这是两位影星第一次也是唯一一次合作，遗憾的是影片拷贝已经丢失了。

谈起与阮玲玉的比较，胡蝶是很谦虚的，她说："论演技，我是不如阿阮的。"但是她的付出和努力却是阮玲玉比不了的。为什么这么说呢？当时中国电影已经进入了转型期，有声电影取代默片已经是时间问题了。胡蝶本来就很有语言天赋，不但会说好几种方言，为了学习普通话、锻炼台词功力，她还专程跑去北京拜梅兰芳为师，而这个时期的阮玲玉却在情感泥潭中身不由己。

不仅有天赋，还这么努力，胡蝶成为影坛一姐也是理所当然之事。

1930 年，胡蝶拍摄了中国第一部有声电影《歌女红牡丹》，影片由蜡盘唱片配音，于 1931 年在上海新光大戏院公映。她饰演了一个忍受丈夫虐待而毫无反抗、心地善良又有几分愚昧的女性角色，配音的时候，胡蝶在录音室里一待就是七个小时，全心投入。这部在中国电影史上永久留名的经典彻底成就了胡蝶，当时的影评人激动地说："我们的胡蝶开口说话了！"相比阮玲玉，胡蝶顺利完成了事业的转型。

1932 年，胡蝶又出演了中国的第一部彩色片《啼笑姻缘》，宣传语是"有声有色"，胡蝶娇美的仪态和表演越来越深入人心。怎奈国难当头，广大观众厌恶这些脱离生活逃离现实的鸳鸯蝴蝶派作品和武侠神怪影片，因此当时票房收入惨淡。

为了吸引观众，在新题材拓展上一筹莫展的电影公司开始积极与左翼文人合作，1933 年胡蝶出演了明星公司第一部左翼电影《狂流》，在中国电影史上创造了好几个"第一次"。在这一年，胡蝶事业获得了巨大丰收：上海《明星日报》发起选举活动，她以高票当选"电影皇后"；主演的电影《自由之花》，被中国教育电影协会评为优秀影片，在意大利万国电影赛会参赛获奖；主演了表演艺术的代表作——《姊妹花》。

胡蝶是个目标非常明确的人，不仅在事业上掌握自己的命运，在情感上，她也进行了积极的思考。在经历了与林雪怀的失败感情后，胡蝶更加明确自己想要什么了。她知道嫁入豪门要面对怎样的未来，只想找个真正对自己好、靠谱、简单的男人，过平静美好的小日子。所以，她选择嫁给在洋行里卖茶叶的小商人潘有声，并生养了两个孩子，两人生活得很幸福，日子简单美好。

然而安稳的生活敌不过时代的动荡，1937 年，卢沟桥事变爆发，11 月 12 日，上海失守，明星影片公司毁于战火。胡蝶和家人不得不逃到香港，可是不久后香港也被日本人占领，日本人要求胡蝶出演《胡蝶游东京》，来宣扬所谓的中日友善。胡蝶很有气节，以怀有身孕的理由拒绝了日本人。

得罪了日本人，香港也待不下去了，1942 年，胡蝶一家跟着游击队翻山越岭一路跑到了广西，然后又逃到大后方重庆。在这个过程中，胡蝶丢了自己多年的积蓄——大概三十箱的金银细软。

在这兵荒马乱的年月，丢失的财物上哪儿找去？胡蝶无奈，只好去找神通广大的特务头子——戴笠戴老板。戴笠不仅是全国信息掌握最全、亲信网络遍布全国的情报头子，同时也是胡蝶的狂热粉丝。当戴笠还是个不起眼的小军官的时候，就一天到晚泡在电影院看胡蝶的电影，胡蝶是他心中绝对的女神。眼下女神竟然主动跑来求他帮忙，戴笠知道表现的时候到了。虽然三十箱珠宝根本无迹可寻，但是戴老板有钱啊——他一掷千金，按照胡蝶提供的清单原样买了三十箱珠宝，送还给胡蝶。

胡蝶开箱一看，便明白了戴老板的心意，难说是出于爱慕虚荣，还是害怕得罪戴笠，胡蝶竟然默不作声，收下了这份厚礼。

这还得了？戴老板一看有戏，立刻对胡蝶展开了狂热的追求，管你有没有老公，反正我有钱有势。

要除掉胡蝶的老公潘有声，对戴笠来说，简单得如同捏死一只蚂蚁。但是为了安抚自己的女神，他选择低调处理：把潘有声远远地支到了昆明做生意，还给他发了商人梦寐以求的专员委任状和滇缅公路通行证。潘先生知道自己斗不过戴老板，只能乖乖走人。

戴笠为胡蝶筑了一座爱巢，取名"神仙洞"。说起来戴老板是真宠胡蝶，对于她的任何要求，都会无条件满足：胡蝶觉得窗外风景不好，那就马上建花园修洋房；觉得花园路不好走，那就立即修路，不让穿高跟鞋的胡蝶多走一步；想吃水果，马上从国外采购回来。有人说胡蝶是被戴笠软禁，但也有人说胡蝶是被戴笠的真情感动，自愿和他生活在一起。总之戴笠是决定迎娶胡蝶为妻的，胡蝶也答应了戴笠的求婚。至于胡蝶是真的爱戴笠，还是只是经历了沧桑后，做了相对稳妥的人生选择，我们就不得而知了。

眼看大局已定，无奈又生变故。戴笠飞机失事，结束了一切可能。胡蝶又回到了潘有声身边，潘也很开明，两人继续一起过着低调而幸福的生活。新中国成立后，胡蝶跟着老公和儿子一起去了香港，潘有声去世后，她又去了加拿大定居，直到寿终正寝。

胡蝶一直是一个乐观、健康的女人。在她有生之年，很多人去采访她，想了解当年她与戴笠在一起的那段往事，但胡蝶始终保持沉默。她很好地保护了自己，保护了潘有声，也保护了曾经对她用情至深的戴笠。

胡蝶一直没有停止最爱的电影事业，1960年，五十二岁的她凭借为邵氏公司拍的影片《后门》获得第七届亚洲电影节最佳女主角奖，展现了常青的艺术生命力。

胡蝶这一生，千回百转，有过极为风光的时候，也有极为暗淡的时候。老天爷赏赐给她非凡美貌，让她从来不缺爱她的人，虚荣心可以轻易地获得满足，而她的美貌也给她带来了许多常人体会不到的麻烦甚至苦难，可她从未消沉过。她曾说过："我一向比较达观，视人生如演戏。我时常安慰自己，苦戏总会演完。"这位"电影皇后"将自己的一生活成了传奇，真正是人生如戏、戏如人生。

05

赵丹：

颜值和演技留得住流量，留不住最美的女人

"一个家庭已经破坏了，我不能再破坏第二个家庭。"

之前讲了民国电影界的两位女神——阮玲玉和胡蝶，有读者朋友就问了，民国电影界有没有男神呢？有！咱们就讲讲民国电影界的男神。

我们演出的时候，隔三岔五地，有热心观众捧我们："哎呀！男神！"我心说：我们算哪路男神啊？谁家男神长我们这样儿啊！男神得是什么样儿的呢？您往下看。

1945 年，九岁的小赵青记事以来，第一次在上海见到自己的爸爸，小丫头当时就看呆了，心里呼啸过一万个赞——像电影里的美男子一样。

可不嘛，小赵青的爸爸还真是电影里的美男子。

谁啊？赵丹！

提起赵丹，那可是民国时期数一数二的大明星！他与白杨共同主演剧情电影《十字街头》，在片中饰演呆头呆脑的失业大学生老赵；与周璇共同主演剧情电影《马路天使》，在片中饰演机灵诙谐的乐队吹鼓手陈少平。这都是民国电影史上的经典名片。那时候电影可是个稀罕玩意儿，有闲钱、有品位的人才上电影院去看片儿呢，电影明星们当时也没有微博、微信、粉丝团什么的，普通老百姓只能通过电影、画报看到他们的信息。这样一来，明星身上就有了神秘感。

神秘感一产生，光环也就随之产生了。老年间的艺人，甭管是曲艺界的还是影视界的，都很注意保持自己身上的神秘感。旧社会那会儿，老相声艺人演出结束之后回家，如果兜里没钱，雇不起黄包车，宁可走着回家也不能坐电车。为什么呢？电车上人太多，你这一上去，一大帮观众都跟你坐在一起，大家觉得你和普通人也没啥两样儿，慢慢就对你失去兴趣了。我们这行有句行话，叫"相不游街"，最忌讳的就是失去神秘感。

艺人该不该保持神秘感，暂且不谈，在那个年月，明星们确实都神秘感十足。赵丹也是如此，尽管他本人十分平易近人，但他的一举一动都会在影迷中引起轩然大波。

赵丹第一次结婚的时候，婚礼办在了杭州六和塔底下。三对影坛恋人（赵丹和叶露茜，唐纳和蓝苹，顾而已和杜小娟）一起举行集体婚礼，取的是"六人百年好合"的彩头。

集体婚礼是当时国民政府刚开始倡导的舶来品，也是西风东渐造成的新鲜事物，报纸杂志对这场婚礼十分关注，从新娘的礼服到宾客名单，都成了老百姓街头巷尾茶余饭后的谈资。一周后，六人举办茶点婚宴，来宾有胡蝶、金山、王莹、陈波儿、舒绣文、龚稼农、尚冠武等当红明星。郑君里、施超担任招待。宴席尾声，全体来宾合唱孙师毅作词、吕骥作曲的《六和婚礼贺曲》，这段歌词实在是太好了，我给大家念念：

"偎情郎，伴新娘，六和塔下影成双；决胜在情场，莫忘胡虏到长江。喝喜酒，闹洞房，五月潮高势正扬；共起赴沙场，同拯中华复沈阳。"

1936 年，正值国难当头，大家都豪情万丈，欲与祖国共存亡，即使是在婚礼这样喜庆的场合唱的贺曲，也一样饱含着壮志凌云的气概。

在婚礼上，叶露茜不慎摔坏了一个盘子，赵丹心里就有点儿别扭，觉得这是一个不祥之兆。果然，三对新人的婚姻都没能维持长久。杜小娟早逝，蓝苹、唐纳婚变，叶露茜改嫁。几年后的桂林文艺戏剧界聚会上，众人谈起这次六和塔婚礼，有人还说了句俏皮话："六和塔下六不和。"

用今天的眼光来看，赵丹不但是美男子、大才子，还是一个标准的话题男神。他的感情生活每当出现大的变动，必然会在媒体上闹得沸沸扬扬，放在今天，也是一个动辄就霸屏头条、上热搜的主儿。

赵丹的母亲是有名的扬州美女。父亲在南通开影戏院。赵丹从小在影戏院长大，受到家庭熏陶，酷爱艺术。中学时就与好友顾而已、钱千里、朱今明等人组织"小小剧社"，演出过一些进步话剧。1931年，赵丹考入了由刘海粟创办的上海美术专科学校，师从黄宾虹、潘天寿等一众名家，专攻山水画。

艺术是相通的，赵丹画画非常有灵气，画家陆俨少曾赞美他的作品，说他"零纸整幅，杂置案头，乱抽一帧，随手涂抹，笔墨狼藉，顷刻而成。看似极不经意，而图成之后，奇趣横生，章法谨严，似有宿构者，通幅真气流转，不可羁勒，放浪恣肆，时或明有，皆各自具一种天机灵变之致，非人所及"，中国美术馆还曾为赵丹开过画展。

虽然学的是美术专业，赵丹却对表演产生了更大的热情，求学期间就参加了美专剧团、新地剧社和拓声剧社。1931年"九一八"事变后，赵丹经郑君里介绍加入了"左翼剧联"，多次深入工厂、市井、学校等地，演出抗日救亡剧目。

真金子在哪儿都会闪光，明星影片公司著名导演李萍倩慧眼识珠，发掘了新星赵丹，请他在自己导演的无声片《琵琶春怨》中出演了一个纨绔子弟的角色。赵丹年仅十七岁便步入影坛，并在之后四年内演了二十多部电影。

赵丹的第一任夫人名叫叶露茜，素来爱好文艺，在上海商业学校有"校花"之称。上海商业学校业余剧团的指导老师金山与赵丹交情深厚，剧团为水灾难民募捐，演出话剧《奇迹》时，金山邀请赵丹去看新戏，并将叶露茜介绍给了他。

年轻的赵丹对正处于豆蔻年华的天才女演员一见倾心，立刻展开追求。不过他的追求方式很霸道：在《奇迹》中，演叶露茜弟弟的王为一要热烈地亲姐姐的脸。散戏后，大伙儿到后台庆贺，赵丹朝王为一胸口就是一拳，咬牙切齿地说："阿王，你怎么可以亲她的脸？"

王为一听出弦外之音，故意激他："你懂不懂演戏，因为我爱她，所以要亲她。"

赵丹更来气了："反正我不准你亲她的脸！"

赵丹的无理取闹惹得王为一和朋友们哄堂大笑。王为一卸完装，又想拿他俩打趣，一扭头，欸？叶露茜不见了，再一细看，赵丹也不见了！

这种闪电式的进攻虽然鲁莽，却很奏效，不久，叶露茜便与赵丹陷入热恋。赵丹幸福极了，他对外声称："我成了快乐王子，因为我拥有一个世界上最美最美的女人。"叶露茜嫁给赵丹后便不再抛头露面，生下女儿赵青和儿子赵茅后，更是一心一意回归家庭、抚育儿女。

1937年是赵丹事业上的丰收之年，他先后拍摄了《十字街头》与《马路天使》，这两部故事片在中国电影史上堪称经典，上映后立刻引起轰动。

七七事变后，赵丹以极大的热情投入了抗日宣传活动，他和妻子叶露茜参加了上海救亡演剧三队，演出《放下你的鞭子》《三江好》《塞上风云》等进步话剧，沿沪宁线，从上海一路演到了苏州、南京、武汉、重庆等地，并在重庆主演了由沈西苓执导的《中华儿女》。但日本人从1938年3月起，就开始轰炸重庆，赵丹的演出受到了极大干扰。

1937年，夏衍创作了三幕悲喜剧《上海屋檐下》，赵丹出演了男主角匡复。剧情大意是：被捕入狱八年的匡复被释放了，他到好友林志成家探询自己妻子彩玉和女儿葆真的下落，却得知妻子已与林志成同居，因为他们早就听说匡复已死，于是三个人都陷入难以解脱的内心矛盾和痛苦之中。

当时赵丹并没有想到，命运会和自己开一个无比残忍的玩笑。正可谓一戏成谶。

兵荒马乱的重庆不利于艺术创作，国统区被日军反复轰炸，赵丹每天跑警报，无法正常地工作、生活，内心很是苦恼。在这段时间，他开始阅读一些介绍斯坦尼斯拉夫斯基表演体系的书籍和资料（您听见这个名字耳熟吗？对，周星驰在《喜剧之王》里抱着睡觉的那本《演员自我修养》，就是斯坦尼斯拉夫斯基写的）。赵丹对斯坦尼斯拉夫斯基的学说极感兴趣，他决定，要去苏联求取真经。

怎么才能去苏联呢？1938年4月，他看到了杜重远写的《盛世才与新新疆》。天真的赵丹以为盛世才真如同书中所说那样开明、求贤若渴，便对新疆产生了向往。他以为新疆是抗日的大后方，又是国际交通要道，而且当时茅盾先生在新疆主持文化工作，有许多苏联专家帮助新疆搞建设，每年还会派留学生去苏联学习，自己到新疆后，一定有机会去莫斯科，学习斯坦尼斯拉夫斯基表演体系。

赵丹是个行动派，说干就干，他立刻托邹韬奋先生给茅盾去了一封信，表达了自己也想去新疆工作的愿望。

茅盾隔了一段时间，才回了电报，电文主要表达了两个意思：

一、此事已经向盛公（盛世才）汇报了，盛公表示欢迎；

二、新疆生活艰苦，望慎重考虑。

文人说话，总归委婉含蓄一些。单纯的赵丹不理解政治的残酷，看完这封话里有话的电文，他丝毫没有多想。演戏怕什么艰苦呢？自己去新疆就是为了吃苦的！赵丹登高一呼，召集了好友徐韬、王为一、朱今明、易烈等人，带上妻子和孩子，浩浩荡荡向新疆迪化（今乌鲁木齐）进发。

在迪化，心事重重的茅盾见到赵丹，不喜反惊，待到身边没有旁人，茅盾才悄悄告诉赵丹：电文中不便直说，"望慎重考虑"其实是"不要来"的意思！盛世才这个人捉摸不透，非常多疑，你们要谨慎。既然来了，先安下心来，工作一段时间后，再找机会回去吧。

赵丹听完十分后悔，但已经来不及了。

出了迪化城就是戈壁滩，没有人烟，更没有交通工具，想溜也溜不了，出个门都被特务盯着。赵丹和朋友们成立的"新疆实验话剧团"只过了八个月的太平日子，刚演了几个抗日救国、揭露汉奸卖国贼的话剧，盛世才就疑心是在借戏剧讽刺自己，将剧团主要演员抓起来投入大牢，赵丹吃尽了严刑拷打之苦，受尽了逼供诬陷之冤。

这一关，就是五年。

赵丹觉得很冤，便给盛世才写信，解释说自己来到新疆的目的很简单，只是想开展戏剧艺术工作。但盛世才不像赵丹这样单纯，他派了一个又一个特务来审讯，有的还伪装成狱友，在他身边卧底，这些特务一会儿客气一会儿瞪眼，连蒙带唬，就想让赵丹他们交代，来新疆到底有什么阴谋。

监狱里没有肉，没有菜，只有萝卜缨子和新疆的馕，还有数不清的蚊子、苍蝇、跳蚤、虱子，囚犯被绑在条凳上审问，又是灌辣椒水，又是坐老虎凳。监狱长知道赵丹是大明星，还说："你们没事可以写一个剧本哪，呃，将来出去可以演嘛，演一演，表现一下你们对盛世才的仇恨什么的。"这段牢狱之灾的切身体会，日后被赵丹用在了电影《烈火中永生》的创作中。

赵丹在自传里写道，自己最痛苦的时候，心里只想着叶露茜。为了排遣望不到头的牢狱时光，他开始回忆自己演过的每一部戏、扮演过的每一个角色、说过的每一句台词、走的每一个台步，不停地在回忆中再表演、再创造。

其实，在赵丹去新疆之前，周恩来曾想拦阻他，无奈晚了一步。为了保住赵丹的性命，叶露茜多方找人施救，甚至趁着宋美龄视察新疆之际，上门用英语申冤。遗憾的是，叶露茜非但没救出赵丹，自己反而被赶上了飞机，被迫离开了新疆。在周恩来的帮助下，叶露茜回到重庆，不久后，新疆方面传出"盛世才清洗监狱，赵丹一帮人被活埋"的消息。叶露茜痛不欲生，一度有过殉夫的打算，在朋友的劝慰下，才放弃了轻生的念头，带着两个孩子另谋生路。

多年后，赵丹出现在叶露茜面前时，赵丹满怀着劫后余生的欢喜和庆幸，叶露茜却是左右为难。在她心里，丈夫已经死过一次。她已经在心底告别了过去的岁月，和他们共同的朋友剧作家杜宣同居在一起，还怀了杜宣的孩子。

赵丹希望叶露茜打掉这个孩子，和自己开始新的生活。

说到这里，我们不得不承认，赵丹这个人不懂女人，更不懂叶露茜。叶露茜与赵丹生过一儿一女，后来又与杜宣生下七个子女，加上杜宣的前妻留下的两个女儿，一共有十一个孩子管叶露茜叫妈妈，每个孩子都很爱她。赵丹眼中"最美的女人"已经蜕变为"最美的母亲"。多年以后，叶露茜任教于上戏导演系，因为给生病的学生送巧克力，还在"三反五反"时被打上"把学生当成自己的孩子"的罪名，在那个年代，这算是"用资产阶级思想腐蚀革命接班人"，但从这个细节也可以看出，叶露茜是一个充满了母性情怀的女人。

叶露茜最终给赵丹的回答是："一个家庭已经破坏了，我不能再破坏第二个家庭。"

整个文艺界都被这件事轰动了，赵丹又一次上了头条，不过这次不是"晒幸福"的姿态，而是变成了苦情男主：革命者回家，老婆以为自己死了，和好友好上了。这不就是《上海屋檐下》里的匡复吗！这算是赵丹提前预演了他的人生，还是命运这个导演抄袭了戏剧？

有人为这段凄美的故事落泪，也有人为赵丹鸣不平，漫画家丁聪宣布与杜宣断交，几句话就交代清楚原因："赵丹本来儿女都有的，结果老婆肚子里有杜宣的种，赵丹也就算了。"

也有人持相反感受，剧作家田汉曾作诗一首《赠露茜》，写了这样四句："转战归来气为疲，春风吹起草离离。蓬头粗服红花巷，争羡新人叶露茜。"

赵丹是万人瞩目的大明星，又是一个极其感性的演员，为这段往事肝肠寸断之余，难免对孩子们讲起这段感情，后来赵丹还将这个故事写进自传里。大家读完这段往事，自然会站在他的角度，为他感到难过。

那么，叶露茜和杜宣过得幸福吗？

其实是非常幸福的。

杜宣是个诗人，剧作家，毕业于日本大学法律系。听起来似乎是一个纯粹的文人，其实，他的工作不那么简单。他曾打入美国陆空辅助勤务战地总部担任顾问，其间，以民主教授的身份，带着两个美国情报人员完成了与新四军接头的绝密任务；日军投降后，他随美军飞往广州、香港，与日军交涉接收战俘事宜……杜宣的大女儿杜未明（那个差点儿被赵丹打掉的胎儿）回忆说，她父亲有一个身份，叫"国际特使"，这个工作的特质是：隐姓埋名，上飞机可以佩枪，自己带水，不吃飞机上任何食物，遇事自己处理，甚至自杀殉职。

赵丹与叶露茜的女儿赵青曾问过母亲，这一生更爱谁。叶露茜的回答是：杜宣。

叶露茜去世后，杜宣像孩子一样失声痛哭，他对儿女说："妈妈不在，我们都成孤儿了呀……"杜宣去世前，儿女决定要把他安葬在宋园，他对女儿说："妈妈也要去，死了也要浪漫主义。"

故事讲到这里，其实还有一个角色，杜宣的前妻：蒋婉如。

1931 年，蒋婉如遇见了比自己小三岁的九江少年桂苍凌（杜宣的本名），二人一见倾心，不久结婚。桂、蒋二人热衷于参加左翼文艺运动，并先后秘密加入了共产党。蒋婉如给桂苍凌生的孩子被送到乡下亲戚家寄养，以便夫妇二人参加社会活动。桂苍凌为了方便写小说、散文、剧本、评论文章，给自己起了个笔名：杜宣。

1934 年，由蒋家出资，二十三岁的蒋婉如带着二十岁的杜宣，去了日本留学。1937 年，蒋婉如、杜宣夫妇回到祖国，参加救亡活动，蒋婉如奔赴昆明教学，直到 1942 年才辗转回到上海。这时她才发现，杜宣已和叶露茜同居，并且有了孩子。蒋婉如气得发疯，扇了杜宣两记耳光，抛下两个女儿给杜宣和叶露茜，径直走了。

那一边，赵丹面对决绝的叶露茜，也没有办法，他领回了女儿赵青、儿子赵茅，黯然神伤回到上海。

1948 年后，赵丹与小自己十岁的黄宗英结婚。婚事又上头条。

人这一辈子的事很难说，聚散离合，只有当事人知道其中的苦辣酸甜。我们作为旁观者，只能扼腕叹息。

06

合肥四姐妹①：
选对幼儿园，不如选对娘

合肥四姐妹，这四位中国最后的大家闺秀的代表人物，从此只能成为纸上的传奇，被人们缅怀传唱了。

常有观众找我聊天，跟我说："特别羡慕你们这些讲故事的人，是不是每个故事你都得先背下来呀？"

真要那样的话，我就什么也干不了了。死记硬背，那得背到哪年去啊？说话有说话的技巧。尤其干我们这行的，得对自己有要求，不是说你今儿学成了手艺，以后一辈子都能指着这点儿手艺吃饭。我想，其实各行各业都是同一个道理，无论您从事哪一行、哪一业，想把事做好，就得经常学习。

我这几天看书，就充满了感慨，尤其是最近看到几个清朝地方官的事，把我给乐坏了。

清代道光年间，通州有一个知州，名叫周焘——这里说的"通州"是指南通州，也就是现在的南通，不是北京的通州——这个周大人最擅长治贼。以往官府拿

---

① 本篇部分资料参考金安平著《合肥四姐妹》(生活·读书·新知三联书店，2007 年 12 月版)

住了小偷，应对措施就是打板子，或者关上三个月，诸如此类。但是这位周焘周大人与众不同，每次捉到贼，只要证据确凿，他就"断其脚胫"，把贼的脚筋挑了。

当地小偷都特别害怕他，但也不是没有刺儿头。有一天，通州府捉到一个贼，这个贼还挺硬气的，受审的时候直接质问周焘大人："小的做贼多年，现在您拿着我了，我认头①！可是我得问一句，《大清律例》我也读过，'挑脚筋'在律例里哪一条？"

周焘听完，乐了："我也想问你，三百六十行，行行吃饭穿衣裳，你在哪一行？"

这个官做的，真是与众不同。

还有一个善于治贼的官，比周焘的年代还早：康熙年间的嘉定县令陆陇其擅长治贼，每次抓到小偷，就打发小偷去学习纺棉花，盗贼如果学会了，就当场释放。

为什么要学纺棉花呢？陆大人说了：纺棉花这个生意很好，厚利，而且人人都能学会，你做贼是因为穷，我现在教你养活自己的办法，你学会了，不就不用偷了吗？

那有的人说了，我就不学！

不学可以呀，打板子，刑期加倍，让你好吃懒做！

这么一对比，小偷们肯定愿意学纺棉花。这个手艺不难，一般来说，三五天就学得有模有样了。释放小偷之前，陆大人告诉他："你这几天纺棉花挣来的钱，刨去你的饭钱和这几天在监狱里的挑费②，剩下的这些你拿回去，这是留给你做生意的本钱。"

好多小偷都被感动了，捧着钱热泪盈眶地感谢陆大人。不少人还真就此金盆洗手，再也不偷鸡摸狗的了。但是，也有那死性不改、偏要做贼的人，这些人如果再被逮住，就直接送到衙门里打板子，打完也不让走。陆大人有令：二进宫的惯犯，打完以后，还要锁在衙门里纺棉花，纺整整一个月，才准他出门。

---

① 北京方言，表示不情愿而勉强承受，认吃亏。
② 京津冀方言，指家庭日常生活开支。

如果这个贼屡教不改，打完板子、纺完一个月棉花，出去还要偷盗，怎么办呢？

对于这种屡教不改的贼骨头，陆大人另有高招儿，不打不骂，让官差追着贼猛跑。眼看俩人越跑越快，跑到精疲力竭的时候，众官差一拥而上，将这个贼一把摁住，端起一大碗热醋，给贼往下灌。灌到一半，猛拍贼的后背。打从这一天起，这贼算是落下干咳的毛病了，也别惦记偷人东西了——走到哪儿都咳个没完，怎么偷啊？

这个招儿虽然挺损，但也确实让不少小偷彻底死了贼心。大家老老实实纺棉花过日子，地方上也安宁了不少。

我看的书杂，尤其偏好历史类的书籍，每次读《三国演义》《三国志》的时候，就时常想起我们这一行的一句老话："宁学桃园三结义，莫学瓦岗一炉香。"

为什么这么说呢？桃园三结义，讲的是义气，刘关张哥儿仨好得跟一个人似的！瓦岗英雄就不行了，为了各自的利益分崩离析。有人说了，这也没办法，毕竟不是亲兄弟，早晚都有这么一天。

这话对吗？不好说。过去讲究"多子多福"，认为儿孙满堂是洪福齐天的事情，旧小说里动不动就有八姐九妹、七郎八虎、十一格格、十五阿哥……一听就是家里孩子多。兄弟姐妹多，有它的好处，死了大哥，还有老二顶上去，绝不了后。后宫里面那些妃子争宠，谁要是有个掌握兵权的哥哥，上位就容易。有道是打仗亲兄弟，上阵父子兵。自己人抱团儿，很容易出名。您看历史上有"三曹"：曹操、曹丕、曹植爷儿仨；有"三苏"：苏洵、苏轼、苏辙；到了民国，有"宋氏三姐妹"，家里两个女婿当过总统，人家老爷子才真正称得上国民岳父呢。

这里咱们讲的也是孩子多的一家人——"合肥四姐妹"。

这是四位美女＋才女的组合，"最后的大家闺秀"，说的就是她们。大教育家叶圣陶曾很羡慕地说："九如巷张家的四个才女，谁娶了她们都会幸福一辈子。"

我们来看看合肥张家四姐妹都嫁了什么人：

大女儿元和，丈夫顾传玠，昆曲名家；

二女儿允和，丈夫周有光，语言学家；

三女儿兆和，丈夫沈从文，作家；

四女儿充和，曾被诗人卞之琳暗恋了许多年，卞之琳为充和写下了很多情诗，其中不乏脍炙人口的名作。我们耳熟能详的《断章》就是因充和而起："你站在桥上看风景，看风景人在楼上看你。明月装饰了你的窗子，你装饰了别人的梦。"

这首诗大家都在课本里读过，意境优美，回味无穷。这里面"站在桥上看风景"的"你"，指的就是张充和。不幸的是，最后充和决定嫁给一个外国人——耶鲁大学的教授傅汉思。但是卞之琳是个痴情种子，充和婚后，他仍然保留了为女神写诗的习惯，一直写到了九十岁。

张家这四姐妹在民国时期可谓大名鼎鼎！为什么呢？首先，人家生得好，合肥张家——名门之后；其次，长得也好——兰心蕙质，秀外慧中；最后，嫁得也好——丈夫都是数一数二的文艺巨匠。张家姐妹伸出脚跺一跺地，整个民国文化圈都得抻长脖子打听发生了什么事。

当年沈从文任教于中国公学时，认识了就读于中国公学的三小姐张兆和，对她一见倾心，写下了无数诚挚的情书，连胡适先生都被惊动了，劝说兆和接受沈从文："他顽固地爱你。"

兆和回绝说："我顽固地不爱他。"

胡适先生也碰了一鼻子灰，只能给沈从文留下一句忠告："不要让一个小女子夸口说她曾碎了沈从文的心。"其实沈先生哪有那么玻璃心呢，后来他不但努力娶到了兆和，还给充和拉了红线，将傅汉思介绍给了小姨子，成就了一对佳偶。

19世纪50年代之前，四姐妹的祖上还只能算是普通乡绅，虽然家族中也有读书的风气，但祖祖辈辈都没能通过科举获得功名，直到四姐妹的曾祖父张树声以军功入仕，才成就了名声显赫的合肥张氏。

张树声自幼受家庭熏陶，治学以实行为先，侧重于经世济时之务。太平天国运动爆发，张树声与弟弟树珊、树屏、树槐四人一起兴办团练，对抗太平军，后来李鸿章组建淮军，哥儿四个又一起投入李鸿章麾下。战功赫赫的张树声深得李鸿章的赏识，一路从布政使升到了山西巡抚、江苏巡抚、两广总督、直隶总督（署理）……这是人生开挂的节奏啊！张树声还和李鸿章结了亲，张家的儿子娶了李鸿章四弟的女儿，这位儿媳妇后来收养了张氏四姐妹中的小妹充和，被尊为养祖母。

张树声在家乡，与周盛波、唐定奎等淮军将领一起捐资建了肥西[①]书院。书院建好后，李鸿章亲题"聚星堂"三个大字，高悬于正厅，左宗棠也为书院题写过牌匾。

张树声常年征战，在与太平军对峙的过程中，他不断接触到西方先进军事技术和武器装备，受到极大震撼，因此，他对"师夷长技以制夷"的观点接受度很高，还倡导手下练兵制器。担任两广总督期间，他不仅高度重视海防建设，还着手培养实业人才，并亲自在广东筹资，督建了一所西式学堂。为了让大清朝富强，张树声甚至冒天下之大不韪，向朝廷大声疾呼，建议改革科举制度，这在当时是非常需要勇气的。

张树声虽然是以军功起家，但他依然要求后人认真读书，希望他们能够参加科举考试，获取功名。到了合肥四姐妹的父亲张武龄这一代，张家子弟身上已看不出多少"尚武"的痕迹。张武龄出生十八天时即被过继给了家族长房，养父极为欣慰，说自己"年逾四十始知抱子之乐"，遗憾的是养父并没有享受多久抱子之乐，八年后，养父过世，张武龄便成了家中独子。

张武龄性格内向，听力、视力都不好，但是福报很好：生在富贵之家，坐拥万顷良田，每年名下有十万担租。妻子陆英貌美能干，为他生下四女五子。陆英过世后，续弦夫人又为他生下一子，生活和美。

张武龄的爱好与众不同，他不吸烟，不饮酒，不赌博，不纳妾，对科举、仕途的兴趣也不大，最愿意做的事是读书和藏书，据元和回忆："爸爸到上海……从第一家书店买了书，拎到第二家，第二家买的书，拎到第三家，如此类推，回到

---

① 合肥下辖的一个县。

旅馆再着男工去各书店取回，因此衣橱变书橱了。"

张武龄思想开明，热爱教育，为引导儿女读书，特意将藏书按照内容分门别类摆放。天长日久，不但孩子们手不释卷，就连家里的丫鬟、老妈子也都染上了书卷气。多年以后，兆和嫁给了沈从文，娘家的保姆去看望三小姐，顺便就将沈家书房里收藏的巴金、茅盾的新作读完了，走时还点评说："不过如此。"

张武龄与蔡元培等教育家时有往来，他热心教育，一生最大的理想就是办学，最大的愿望就是让中国的青年免费受到最好的教育。1921年，张武龄自费创办了乐益女校，女校日常维护所需的资金、老师们的工资，都要用他的私人财产支付。这可不是小数目！乐益女校的理念非常先进，在1921年建校不久，就拥有西式教学楼和宽阔的操场，还购置了许多理化仪器、钢琴、运动器械等教学用品。学校定期举办运动会，组织各种话剧演出。而且，乐益女校十分尊重学生的个性，并为家境窘迫的优秀学生提供免费入学的机会。

自负盈亏也有好处：张武龄万事不求人，可以完全凭自己的理念，办当时最新最好的女校。张家的四个女儿先后也在乐益就读，可见张武龄对自己一手办起来的学校是非常有自信的。

在张武龄的悉心栽培下，乐益女校的师资力量日益强大，著名文学家叶圣陶、诗人柳亚子、后来两度出任南京大学校长的匡亚明、弘一大师李叔同的弟子叶天底都曾在乐益任教，后来一度成为中共领导人的张闻天也曾在乐益教国文，张允和晚年还曾专门写过一篇回忆文章《张闻天教我国文课》。据允和回忆，父亲从不干涉老师教学，也不干涉子女的兴趣爱好。但他也有底线：厌恶赌博。

有一年除夕，张家小姐妹和家里的女用人一起玩儿骨牌，掷骰子，每一盘只下几分钱的注。张武龄深恐女儿误入歧途，便将孩子们召集起来，和她们谈条件："如果你们不玩儿骨牌，我就请老师教你们学昆曲，等到可以上台唱戏了，就给你们做漂亮衣服。"

小姑娘们一听可以学昆曲，又有漂亮衣服的诱惑，立刻就答应了。

张武龄说到做到，过了两天，果然请了苏州昆班"全福班"的演员尤彩云来给孩子们上课，从此，小姐妹们每星期都在爸爸书房里学唱昆曲。这一唱，便与昆曲结下了不解之缘，对昆曲的爱好贯穿了孩子们的一生。她们还成立了自己的剧社，老大元和负责编写剧本，把角色一一分配给妹妹们。

这个小小的家庭剧社上演的第一出戏取材于《百家姓》，只有四行：

> 赵钱孙李——把门开，
> 周吴郑王——请进来，
> 冯陈褚卫——请客坐，
> 蒋沈韩杨——倒茶来。

介绍过了四姐妹的父亲，我们再看孩子们的母亲陆英。陆英自幼在扬州生活，祖籍也在合肥，因为父亲做盐务官，才举家搬到扬州的。张武龄的父亲为儿子选择配偶时，听说扬州陆家的二小姐贤良能干，小小年纪在家就协助母亲料理家事，便托媒人定下了这个媳妇。

张家是有名的官宦人家，迎娶的又是名门之女，婚礼自然非常隆重。陆英的母亲极其钟爱女儿，用了一年时间为女儿置办嫁妆，据说娶亲时，送嫁妆的队伍足足排了十里，光是紫檀家具就有好几套，珠宝首饰不计其数（因为陆英喜爱翡翠，母亲便为她准备了多套满绿翡翠饰品），就连扫帚和簸箕这种小件家具都是配套的，上面还拴着小银链。新郎张武龄想走近一点儿，看看新人的花轿，怎奈嫁妆太多，竟然不能靠近。

陆英的美貌比她的富庶更加惊人，掀盖头时，新娘子羞怯怯抬眼观望，一双光芒四射的凤眼震惊了张家人。

张武龄与陆英感情极好。婚后，陆英共怀孕十四次，最后活下来的孩子共有九个。前四个是女儿元和、允和、兆和、充和；后五个是儿子宗和、寅和、定和、宇和、寰和。张家四姐妹元和、允和、兆和、充和的名字，都是带着两条腿的，父亲的用意，是希望她们独立自强，能够走出闺房，看一看广袤的世界。而宗和、寅和、定和、宇和、寰和的名字都是顶着宝盖头的，寓意是男孩子一定要成家立业，做家里的顶梁柱。

据说按照面相学的说法，眼睛明亮的人必有过人的才能，这话在陆英身上应验了。她不但要掌管家庭内部的家事长短，还要负责处理家族生意。有一次，在分配财产时，现金不足，她瞒着婆婆，偷偷把张家保存在银行保险柜里的金锭换成现钱，几个月后，金价暴跌，陆英再将卖出去的大部分黄金买回来，再悄悄放回银行……全家人都纳闷儿，少奶奶哪儿来这么大的能耐？短期内竟然筹到了这么大额的现金！

陆英不但精于理财，也善于用人。在大户人家当家可不轻松，张家光奶妈就雇了三四个，加上保姆、女用人、管家、厨子、门房……每天吃饭的有三四十人。既要赡养婆婆和几个婶婆婆，又要管理日常银钱出入、人情往来，这个女主人不好当，但是陆英在张家口碑极好，她了解家中每一个保姆的长处，知人善用。

合肥方言中，管保姆叫"干干"，张家有一位高干干，虽然不识字，但精于计算，而且记忆力惊人，能够记住张家所有亲朋好友的生日和其他重要的纪念日。亲友生日，当家的少奶奶得有所表示呀！在高干干的配合下，陆英把各路亲朋好友照顾得无微不至，礼数周到，中规中矩，同时又显示出自己家族的良好品位，因此深受族人的赞赏。

带着兆和长大的朱干干，忠诚可靠，待兆和如同自己的亲生骨肉一般，处处留心，但又不溺爱孩子，兆和犯错误时能够合理管教。陆英对这位忠于职守的保姆颇为感激，经常与她一起交流教育孩子的技巧，从不把她当作下人看待。

二小姐允和天性倔强，率真固执，母亲陆英喜欢说："这二猫子，谁也管不了她。"允和的保姆叫窦干干，来自肥东撮镇，厨艺精妙，陆英夫妇的早饭是她一手料理。小允和是窦干干的心肝宝贝，有一次允和闯祸，被罚闭门思过，窦干干伤心极了，竟然哭着下跪，定要太太把二小姐放出来，可见主仆之间情分深厚。

陆英允许保姆们的亲戚来家里串门，也允许保姆把自己家的孩子带来，与小姐少爷们一起玩耍，还亲自教孩子们识字。这样的女主人自然深得人心，保姆们对陆英极其忠诚，对小姐少爷们也是感情至深。

可惜世间好物不坚牢，彩云易散琉璃脆。婚后第十六年，陆英拔牙时不慎感染病毒，早早离世。去世之前，她将剩下的嫁妆全部送还给了娘家，又从私房钱里给每个孩子的保姆拿了二百大洋，一是对她们精心抚育的报答，二是为了求个安心，确保孩子们在自己死后仍然能得到保姆的保护。陆英没有给孩子们留遗产，她担心他们年纪太小，对钱没有概念，留钱给他们，反而让他们养成依靠家庭的惰性，无法独立。

陆英在世时，非常喜欢看京剧，每当有梅兰芳或尚小云的演出，她都会带着保姆、抱着孩子，偷偷溜出去看戏，如果婆婆问起来，家人就会掩护说，少奶奶在楼下洗脚。渐渐地，除了老太太，全家上下都知道了"洗脚"是什么意思。

元和还是个婴儿的时候，就和母亲看了不少戏。作为家中的长女，元和享尽了来自奶奶和双亲的宠爱，也是全家最老成持重的孩子。在家时，元和和两个妹妹组成三人组，一起玩儿，也一起闯祸。到上海念大学时，据说她又和三个女同学结成死党，被戏称"四大金刚"。"四大金刚"每个周末都结伴去游乐场看戏，看的都是日场，因为日场的票价比晚场便宜一半，而且花样繁多：昆曲、京剧、话剧、歌舞剧、魔术、滑稽戏、弹词，甚至还有爵士乐。有一次，这"四大金刚"合写了一封信，寄给舞台上挂头牌的昆曲演员顾传玠，请他演出《牡丹亭》里的《拾画、叫画》这一出。

戏班里有些固定的剧目，不是人人爱唱的，比如评剧，当年我在剧院唱戏的时候，就听过"男怕《回杯》，女怕《开店》"的说法，因为《回杯记》和《马寡妇开店》都要求演员大段大段地唱词，要是没点儿底气，还真顶不下来。所以演员一般将其视若畏途，很少上演。

《拾画、叫画》这出戏也是如此，长达三十多分钟的时间里，小生一人要从头唱到尾，难度极高。但顾传玠大大方方地答应了这四个小女孩的要求，将这出戏认认真真地唱了下来。

唱昆剧的艺人在旧社会不受重视。张家四姐妹的昆曲老师尤彩云，按照当时的规矩，是不能和她们同桌吃饭的，但张家是个例外，张武龄不在乎这些规矩，经常把尤彩云请到家里一起享用晚餐，老师吃着炸虾米喝着小酒，给孩子们讲他在外漂泊的江湖故事。所以，当元和决定嫁给顾传玠时，社会各界都很震惊，报纸标题大字写着"张元和下嫁顾传玠"，其实当时顾传玠已经离开昆曲舞台多年，他先后卖过烟草，做过股票，还想开创蘑菇种植场，自创品牌啤酒……尽管这些生意都不太成功，但没人能劝得动顾传玠重新登台演出。他偶尔在家中唱戏，也只肯演给太太元和一人看。

张家二小姐允和出生时，脐带绕颈三周，因长时间缺氧，身体十分虚弱，体重仅有四斤，还没有一只小猫沉。允和从小像韭菜一样瘦，亲友把她比作林黛玉，又因为她鼻梁高挺，还曾被人误会是外国人。

允和柔弱的外表后面是与生俱来的坚毅与刚强，她不喜欢林黛玉，认为自己与关公一样侠肝义胆、疾恶如仇，因此经常自比为关公，《麦城升天》也成为允和最喜欢看的一幕戏。带允和的保姆也很心直口快，主仆二人联手，在张家几乎是所向披靡。还是个孩子的时候，允和就经常和妹妹兆和打闹，两人一个打，一个逃，母亲心知肚明，只要出面责备允和，她必定又哭又闹，谁也拿这个小霸王没有办法。

允和进入乐益女校读书后，迷上了几何学，教几何的先生姓周，对这个得意门生十分宠爱，每个礼拜天都带她回家吃饭，拿她当自己亲女儿一样照顾。但是允和的脾气还是一样暴躁，几何考试没得到满分，她会当场撕碎卷子。

除了关公投她的脾气，允和还很喜欢杨八姐，过去陆英经常唱《杨八姐游春》给女儿听："杨八姐，去游春，皇帝要她做夫人。做夫人，她也肯，她要十样宝和珍：一要猪头开饭店，二要金银镶衣襟，三要三匹红绫缎，南京扯到北京城……九要仙鹤来下礼，十要凤凰来接人。皇上一听纷纷怒：'为人莫娶杨八姐，万贯家财要不成！'"

允和觉得，杨八姐怎么就娶不得了？八姐要是有了中意的对象，一定会结婚。

果然，允和有了中意的对象，说结婚就结婚了。

她的意中人是自己同学的哥哥，比自己大数岁的周有光。

不过，周有光有点儿心虚，结婚前不久，他突然写了一封长信给允和，说自己很穷，怕不能给允和幸福。

允和不以为意，提起笔便写了一封长信给周有光，大意是幸福不是你给的，而是我们一起创造的。

允和家中的保姆们也不放心小姐嫁给穷书生，私下拿了他俩的生辰八字找算命先生合婚，算命先生说，他们两人都活不到三十五岁。允和对此付之一笑，说："我相信旧的走到了尽头就会是新的开始。"

1933 年，两人举行了简单的西式婚礼，从此风雨兼程、相濡以沫。周家有四个妹妹，加上老母亲，七口人生活在同一屋檐下，允和作为大嫂，负担自然不轻。1937 年，日寇发动了全面侵华战争，她带着一双儿女与周有光辗转逃到重庆，女儿小禾不幸患上了盲肠炎，在病床上辗转挣扎了两个月，终因救治无效而去世，对一个母亲来说，这无疑是人间至痛。带着儿子迁回成都后，小平又被流弹打中肚子，肠子穿了六个洞，昏迷了整整三天，幸亏手术及时，才算保住了性命。

允和怀过五次孕，最后只有小平活了下来。中间又经历了母亲陆英去世，允和经受了一场又一场磨炼，性格沉稳了许多。

丈夫周有光先生是语言专家，精通英文，兴趣广泛，连襟沈从文给他取了个外号，叫"周百科"。新中国成立后，急需展开文字改革，周有光之前发表、出版过一些关于拼音和文字改革的论文和书籍，被邀请到北京参加全国文字改革会议。会后，他被留在中国文字改革委员会工作，参加制订汉语拼音方案。这一变动无意中帮助周有光躲过了 1957 年开始的"反右运动"，也算是意外之喜。

在"反右运动"中，允和手中的一些信件被抄走了。后来她硬着头皮去要，信件居然被还了回来。允和知道自己性格太直率，为了避祸，她将以前家人往来的信件、日记和散文全部烧毁，回家做起了家庭主妇，一肚子的才华，彻底不施展了。

说完二小姐，就该说三小姐兆和了。

小时候，每逢受了二猫子允和的欺负，老三兆和就垂头丧气的，保姆朱干干和她说："别想了！没什么了不起。去喝你的粥，吃腌豇豆吧，吃完就没事了。"

所以兆和从小就觉得，吃腌豇豆是非常有骨气的表现，因为这样就不需要向旁人乞求。

在姐妹们眼中，兆和打小儿就长得黑黑胖胖的，头发也总是剪得短短的，像个男孩子，一点儿也不秀气。谁料十九岁以后，突然冒出来很多男孩子追她，还给她起了各种绰号，"黑牡丹""黑玫瑰""黑凤凰"……家人觉得不可思议，她自己更是莫名其妙。

追她追得最厉害的，是大名鼎鼎的作家沈从文。当时，兆和还是中国公学的大二学生，沈从文是她的老师。后来学校里起了风言风语，说沈从文因追求不到张兆和要自杀。张兆和情急之下，拿着沈从文的全部情书去找校长胡适理论，并在日记中记下了这天会面的细节：

"于是我说了沈先生的事。他也把他由沈先生那里得知的事情报告点给我。他夸沈是天才，中国小说家中最有希望的什么，及至我把我态度表明了，他才知道我并不爱他。"

胡适对沈从文的才华非常了解，他虽然也觉得老师追求学生不大妥当，但还是好言好语为沈从文说情，年轻的兆和对此极为不满，在日记中说："他又为沈吹了一气，说是社会上有了这样的天才，人人应该帮助他，使他有发展的机会！他说：'他崇拜密斯张倒是真崇拜到极点。'谈话中这句话他说了许多次。"

张兆和坚持拒绝沈从文，甚至在胡适面前撂下一句狠话："这样的人太多了，如果一一去应付，简直没有读书的机会了。"

胡适沉默了，他写了一封信给沈从文，劝他放弃这段感情，并将副本录给张兆和看：

"我的观察是，这个女子不了解你，更不了解你的爱，你错用情了。我那天说过，'爱情不过是人生的一件事（说爱是人生唯一的事，乃是妄人之言），我们要经得起成功，更要经得起失败'。你千万要挣扎，不要让一个小女子夸口说她曾碎了沈从文的心。""此人太年轻，生活经验太少，故把一切对她表示过爱情的人都看做'他们'一类，故能拒人自喜。你也不过是'各个人'之一个而已。"

张兆和看到这封信后，自然大为愤怒，要知道张兆和裙下之臣无数，她把这些追求者编成了"青蛙一号""青蛙二号""青蛙三号"。二姐张允和还取笑沈从文，说他大约只能排为"癞蛤蟆第十三号"。现在胡适为了"癞蛤蟆第十三号"说她只是"一个小女子"，这让骄傲的兆和如何咽下这口气。

兆和在日记中写道："胡先生只知道爱是可贵的，以为只要是诚意的，就应当接受，他把事情看得太简单了。被爱者如果也爱他，是甘愿的接受，那当然没话说。他没有知道如果被爱者不爱这献上爱的人，而光只因他爱的诚挚，就勉强接受了它，这人为的非由两心互应的有恒结合，不单不是幸福的设计，终会酿成更大的麻烦与苦恼。"

沈从文得知此事后，并无动摇，仍然坚持写信给张兆和："我行过许多地方的桥，看过许多次数的云，喝过许多种类的酒，却只爱过一个正当最好年龄的人。"

"想到所爱的一个人的时候，血就流走得快了许多，全身就发热作寒，听到旁人提到这人的名字，就似乎又十分害怕，又十分快乐。究竟为甚么原因，任何书上提到的都说不清楚，然而任何书上也总时常提到。"

"你是还没有害过这种病的人，所以你不知道它如何厉害。有些人永远不害这种病，正如有些人永远不患麻疹伤寒，所以还不大相信伤寒病使人发狂的事情。"

三年来，沈从文写了一封又一封信，走到哪里就写到哪里。张兆和逐渐为这些信所感动，她在日记中写道："看了他这信，不管他的热情是真挚的，还是用文字装点的，我总像是我自己做错了一件什么事因而陷他人于不幸中的难过。我满想写一封信去安慰他，叫他不要因此忧伤，告诉他我虽不能爱他，但他这不顾一切的爱，却深深地感动了我，在我离开这世界以前，在我心灵有一天知觉的时候，我总会记着，记着这世上有一个人，他为了我把生活的均衡失去，他为了我，舍弃了安定的生活而去在伤心中刻苦自己。顽固的我说不爱他便不爱他了，但他究竟是个好心肠人，我是永远为他祝福着的。我想我这样写一封信给他，至少能叫他负伤的心，早一些痊愈起来。”

1932 年夏天，张兆和大学毕业，回到苏州家中。沈从文前去拜访，恰逢兆和上图书馆去。二姐允和出来招呼这位不速之客，让他进门稍坐，沈从文只说了声“我走吧”，就匆匆溜走。允和心中暗笑，等到妹妹回家后，允和劝妹妹大大方方地把老师请到家里来，兆和才终于鼓起勇气，在家中见了沈从文一面。

得到了二姐的支持，沈从文心潮澎湃，回青岛后立刻写信给二姐，托她探问张家父母对女儿婚事的态度。这年寒假沈从文同张兆和去上海看望张武龄，在此之前对张兆和说：如爸爸同意，就早点儿让我知道，让我这个乡下人喝杯甜酒吧。

张武龄思想开明，认为儿女婚事理应由孩子们自理。二姐便给沈从文发了一封电报，内容只有一个字：“允。”兆和怕沈从文不明白，又补发了一封电文：“乡下人，喝杯甜酒吧。”这可能是中国最早的一个白话文电报了。

婚后，沈从文继续给妻子写信。但是他发现，比起日夜厮守来，妻子似乎更喜欢他从千里之外写信给她，他抱怨说：“你爱我，与其说爱我为人，还不如说爱我写信。”

真正叫人不放心的，其实是沈从文，他的热情和绝望都是极致的，后来，他不再写文章了，转而搞起了收藏。

老四充和生下来时，母亲陆英一看又是个女孩，很是伤心。那个时候，母亲还不知道，未来她要生五个儿子呢。

陆英因为家务太过操劳，身体虚弱，奶水不足。一天，陆英给女儿喂奶，充和吃不饱，便大哭起来，年轻的陆英手忙脚乱地照顾女儿，最后也不禁放声痛哭，一大一小哭得一塌糊涂，惊动了楼上的叔祖母，这位叔祖母我们在前面提到过，就是李鸿章的侄女。

叔祖母提出收养充和，带她回到了祖籍合肥。叔祖母信佛，又喜欢小孩，对小充和更是溺爱有加，她花重金延请吴昌硕的高足、考古学家朱谟钦为塾师，悉心栽培充和。充和天资聪颖，悟性很高，四岁就会背诗，六岁就能背诵《三字经》《千字文》。养祖母去世后，十六岁的充和才回到苏州，进入乐益女校读书，后来又进入北大学习。

充和经常直言不讳地讲别人的缺点，所以得了一个绰号叫"铁口张"，但她聪颖、大方、热情，又精于书法和昆曲，在文化圈中得到了很多好评。梁实秋夸她"多才多艺"；沈尹默说她的书法是"明人学晋人字"；章士钊赠诗给她，把她誉为才女蔡文姬；而戏剧家焦菊隐称她为当代的李清照。卞之琳更是如痴如醉地对她恋慕多年，但充和最终选择了姐夫沈从文介绍的傅汉思。

傅汉思是世居德国的犹太人，精通德、法、英、意等多种语言，在加州大学获得博士学位后，来到中国工作。1948 年，两人按照基督教仪式举行婚礼。婚后，夫妇俩双双去了美国，一起在耶鲁大学教授中国诗词和书法。

从九如巷出来的张家四姐妹，后来一个去了美国定居，一个去了中国台湾，两个留在了中国大陆。各自命运沉浮，从此再也难得聚齐。

北京时间 2015 年 6 月 18 日凌晨一点，小妹充和在美国纽黑文去世，享年一百零二岁。

合肥四姐妹，这四位中国最后的大家闺秀的代表人物，从此只能成为纸上的传奇，被人们缅怀传唱了。

07

西南联大：

入学不军训，组团暴走小半个中国

这场旅行历时六十八天，三千两百里路，近三百人，跨越湘、黔、滇三省，翻过雪峰山、武陵山、苗岭、乌蒙山等崇山峻岭，这样的"文军长征"，确实值得骄傲。

说相声这行，不需要演员有多高的文凭，但是，您得有文化。

我是个只有小学文凭的人——幼而失学，粗识文字，后来学了相声，就更不可能回到学校了。只好靠着后天多学习、多看书，把知识补起来。有时在台上开玩笑，我故意说"想起我的大学生活……"，大伙儿听了，都乐。

虽然对于校园不熟悉，但我挺羡慕上过大学的人，愿意听人家讲大学里面的事。包括亲戚朋友家的小孩，谁上大学了，谁去军训了，我听着也觉得怪新鲜的。虽然我没赶上过军训，但是看着孩子们入学前，先来一两个月的军训，去去公主病、少爷病，脸也晒黑了，胳膊腿也有劲儿了，开始好好读书，我就觉得，军训是有它的积极意义的。

最近读到一些资料，讲的是民国时期一所非常特别的大学，他们的新生入学，是走着去的，而且一走就是三千里，横跨中国三个省，途经最美的诗和远方，还有最凶悍的土匪窝。

有人就说了，怎么可能？哪儿有这样的大学？

列位，这就是大名鼎鼎的西南联大。

前段时间有部电影《无问西东》，就有西南联大的事。

民国时有那么多大学，为什么只有西南联大那么出名呢？原因如下：

一、联大的前身很牛。清华、北大和南开大学三所高校合并而成的学校，这还了得！

二、师资力量强大。南开大学校长张伯苓、北大校长蒋梦麟、清华大学校长梅贻琦三位校长共同担任西南联大校务委员会主席。负责主持实际校务的，是最年轻、资历最低的梅校长。这位梅校长，生性沉静寡言、遇事谨慎，他的学生曾作打油诗打趣他："大概或者也许是，不过我们不敢说；可是学校总认为，恐怕仿佛不见得。"

此君不轻易发言，但他只要一发言，就让别人没话说。

梅校长曾说过："所谓大学者，非谓有大楼之谓也，有大师之谓也。"就是说，大学好不好，不在于学校里的楼高不高，而在于学校里有没有大师。这话说得太有道理了！梅校长是个知行合一的君子，他主持的学校都非常注重师资，西南联大的教师名单更是足以"碾压"中国现代史上所有高校。

以文学系来说，教师名单上有朱自清——《背影》的作者，这篇散文大家都在中学课本里读过，影响力之大，到今天还有坏小子们在网上互相开玩笑："我买几个橘子去。你就在此地，不要走动。"这是从人家朱先生文章里拿出来的词儿，意思是"我是你爸爸"。

有胡适——不用多解释了，大师中的大师。

有沈从文——之前我们讲合肥四姐妹的时候提过，中国现代文学史上耀眼的明星之一，老三张兆和就嫁给了他。

有刘文典——他自称全中国懂《庄子》的人有两个半，一个是庄子本人，一个是他自己，他还看不上沈从文先生。

甚至还有《围城》的作者钱锺书先生，钱先生在联大教过半年学。

还有吴宓，中国比较文学第一人，研究红学的大家。

以外文系来说，老师有叶公超，人称民国才子，风度翩翩，脾气耿直，世人都说"文写叶公超，武写孙立人"，这是多么高的评价。

还有英国诗人燕卜荪，他在联大时，凭记忆打出莎士比亚的《奥赛罗》全文，油印之后，让孩子们阅读。

以历史系来说，教师团队中有大名鼎鼎的钱穆——大思想家、教育家、历史学家，当之无愧的一代宗师！

还有陈寅恪——陈先生的父亲陈三立是"清末四公子之一"，陈寅恪本人与钱穆并列"史学四大家"，是泰斗级大师。

还有傅斯年先生——傅先生有句名言："谁都没有资格骂胡适之，只有我可以骂，只有我才有资格骂。"他的祖上傅以渐是清朝第一任状元，父亲是光绪二十年（1894）的举人，他本人和胡适一样，是个"誉满天下，谤满天下"的复杂人物。

历史系还有一位不可不提的吴晗，他是现代明史研究的开拓者之一，写过《海瑞罢官》。

以哲学系来说，有冯友兰先生——他用英文写作的《中国哲学史》，到今天依然是一部大作。

有金岳霖——著名逻辑学家，一辈子爱才女林徽因，人家结婚了，新郎不是他，便搬到她家隔壁住。

还有沈有鼎——他在清华读哲学时是该系唯一的学生，这个系唯一的老师是金岳霖，两人专攻逻辑学，可以说，中国的逻辑学，差不多就是这师生二人建立起来的。金岳霖对爱徒的直爽性情非常包容。据说在一次逻辑学研究会上，有人提起哥德尔工作的重要，金岳霖便说，要买一本书看看，沈有鼎对金先生说："老实说，你不懂的。"金先生闻言，"哦哦"了两声，说："那就算了。"可见金先生长者雅量，也是常人莫及。新中国成立后，中科院哲社部成立逻辑所，金先生与沈有鼎都在这里工作。20世纪60年代精简机构时，所长去找沈有鼎。上午去了，看他在睡觉，下午去了，他仍在睡觉，所长就说了，这样的人留他干什么？一天到晚净睡觉，把他精简下去吧。金岳霖先生赶紧拦住，这不行这不行，离了谁都可以，沈是不能动的，这才把沈留了下来。

说完老师了，咱们再说说在联大毕业的学生名单：

西南联大办学八年，三千八百八十二名学生由此毕业，其中出了两位诺贝尔奖获得者、四位国家最高科学技术奖获得者、八位"两弹一星功勋奖章"获得者、一百七十一位两院院士及一百多位人文大师。

在这些学生中，有享誉世界的物理学家杨振宁，获得诺贝尔物理学奖的大科学家李政道，号称"两弹元勋"的邓稼先，"中国科技众帅之帅"的朱光亚，散文大家汪曾祺……大师教出大师，造就了一所群星闪耀的大学。能进入这么厉害的大学学习，别说三千里，走几万里都愿意呀！

西南联大始建于抗战时期。华北事变后，北京、天津的局势日益紧急。1935年7月，日军进驻天津，并向南开大学开炮。同年冬天，清华大学开始秘密将图书、仪器等教学用品运出北京。1937年7月，南开大学再次遭到日机轰炸，大部分校舍被焚毁。这一年8月，国民政府教育部分别授函南开大学校长张伯苓、清华大学校长梅贻琦和北京大学校长蒋梦麟，指定三人分任长沙临时大学筹备委员会委员，三校在长沙合并组成长沙临时大学。

1937年11月1日，长沙临时大学正式开课，无奈没过多久，战火就烧到了内陆。偌大的湖南，竟然摆不下一张安静的书桌。梅校长经过一番苦心谋划，多方斡旋，最终选定了西南边陲昆明作为新校校址。国民政府对于这次迁校也很重视，湖南省主席张治中派出人手护送，云南省主席龙云负责接应。

抗战时期，想要从长沙南下到昆明，一共有三条路线：

第一条是乘火车，经粤汉铁路到我国的广州，坐船到我国的香港，进入越南，再到我国的云南。

第二条是乘汽车，沿湘桂公路，也要绕道越南，进入我国的云南。

最后一条，要靠步行横穿湖南、贵州，进入云南。这是最耗时、最辛苦，但也最省钱的路线。

1938年2月中旬，长沙临大开始集体向昆明迁徙。为保障师生安全，学校决定：女同学和体弱男同学由粤汉铁路到广州经香港入滇；也有部分同学选择了乘汽车沿湘桂公路到桂林，经柳州、南宁入滇；最后，二百八十八名体格强健的男同学组织了步行团，准备步行横穿湖南、贵州、云南三省去上学。

师出必得有名，大家为这个步行团取了个名字"湘黔滇旅行团"，湘是湖南的简称，黔是贵州，滇是云南，"湘黔滇"谐音"向前颠"，听起来仿佛妙趣横生，"旅行团"三个字似乎也给这次迁校带上了一丝轻松的度假感觉，其实这支队伍一路上风餐露宿，学生们都吃了不少苦头。

但是，这一走，也走出了世界教育史上一段壮举美谈。后来西南联大的校歌《满江红》中，就浓墨重彩地写到了这段旅程：

> 万里长征，辞却了五朝宫阙。
>
> 暂驻足，衡山湘水，又成离别。
>
> 绝徼移栽桢干质，九州遍洒黎元血。
>
> 尽笳吹，弦诵在山城，情弥切！
>
> 千秋耻，终当雪，中兴业，须人杰。
>
> 便一成三户，壮怀难折。
>
> 多难殷忧新国运，动心忍性希前哲。
>
> 待驱除倭虏，复神京，还燕碣。

至于校歌，作为委员会主席的冯友兰先生写下一首现代诗体的歌词：

> 西山苍苍，滇水茫茫。
>
> 这已不是渤海太行，这已不是衡岳潇湘。
>
> 同学们，莫忘记失掉的家乡，莫辜负伟大的时代，莫耽误宝贵的辰光。
>
> 赶紧学习，赶紧准备，抗战建国，都要我们担当，都要我们担当。

同学们，要利用宝贵的时光，要创造伟大的时代，要恢复失掉的家乡。

　　1938 年 2 月 19 日，联大师生在长沙韭菜园的圣经学院召开誓师大会。旅行团对全体学生实行军事化管理，统一穿土黄色军服，绑裹腿，穿草鞋，随身背干粮袋、水壶和油布伞一把，每个人只能打包带八公斤行李，行李由汽车运送。

　　为防止流行病发生，全体团员都注射了防疫针。旅行团团长是黄师岳，由湖南省主席张治中亲自委任。另有十一名教师同行，组成辅导团。湘黔滇旅行团指定了三名同学作为日记参谋，全面记录旅行团活动。随团还配有炊事员和大夫，两辆卡车运送行李。

　　一切就绪，接下来要做的，就是鼓舞士气了。

　　团长黄师岳已是半百年纪，军姿整肃，他很懂这帮娃娃的心理，一上来就将此次征途比作张骞通西域、玄奘西游、郑和下西洋……学生们听了，果然精神大振。

　　闻一多先生用他的文人情怀，给这趟征途的意义加盖了一个金边："火车我坐过了，轮船我也坐过了，但对于中国的认识其实很肤浅。今天我要用我的脚板，去抚摸祖先经历的沧桑。国难当头，我们这些掉书袋的人，应该重新认识中国了！"

　　千里之行，始于足下。学生们的双脚很快走出了水疱。第一天，二十多公里行程；第二天，三十多公里……要知道，这些学生穿的不是跑鞋、登山鞋，是草鞋呀！黄师岳团长还派教官来教学生怎么挑水疱。好在走到后来，大家脚底板都走硬了，再没有人起水疱了。

　　有学生的地方就有学霸。

　　湘黔滇旅行团的学霸主要分两类：一类是走到哪里都埋头学习。旅行团中一个叫查良铮的学生，是武侠小说家金庸的堂兄，笔名叫穆旦，后来被誉为现代诗歌第一人。这一次他也参加了步行团，临行前，查良铮买了一本英文小字典，边走边背，背一页撕一页，到昆明时，字典没了，单词全吃在肚子里了。

另一类学霸则趁机来了一次乡野调查，做社会学、民俗学和文学调查。其中最有名的，是哲学心理教育学系的学生刘兆吉组织的一个诗歌采风小组，沿途采集到两千多首民谣，在老师闻一多先生的指导下，诗歌采风小组精选了七百七十一首民谣，编成《西南采风录》，由商务印书馆出版，这本书后来被学术界誉为"现代诗经三百篇"。其中不乏直抒胸臆、体现民间生活疾苦的佳句，比如：

天上星多月不明，

地上坑多路不平，

河中鱼多搅浊水，

世上官多不太平。

还有一些学生，不是学霸而是吃货。这也正常，学生们还在长身体，又要天天赶路，肚子容易饿，想吃东西也是情理中事。整个步行团分成两个大队，每个大队有一百来人。大队下再分几个小分队，每个小分队有十来个人。在每个小分队里，所有人同吃、同住、同睡、同走路。步行日子久了，队伍也越拉越长，有时首尾相差十余里。为了照顾掉队的同学，每个小队的炊事员、后勤人员下午五点就开始买菜、搭锅烧水，准备晚餐了。给同学们准备的饭菜都是一锅煮好的，直接摆在地上，大家围成一圈，站着吃饭。先到者可以先吃，但伙食有限，每人只能吃属于自己的那一碗。晚上九点以后，队长清点饭碗，只要饭碗都空了，就说明人数齐全了。

后来有同学回忆起这次步行，认为当时伙食其实还不错，远胜于后来联大食堂提供的饭菜。这些学生长途迁徙，三省的官民都很给面子。走到贵州时，地保沿街敲锣，说："乡民们注意了，今天联大的老师同学们要从这儿路过，今天集市不许涨价。"于是同学们能买到很多当地物美价廉的土特产，荤的有鸡蛋，素的有木耳，都是当地很有名的土产。路过平彝县（今富源县），县长杀了几头猪招待师生。事后，黄师岳听说招待费用是县长按照每家一元的标准收上来的，很是生气，给了县长三百元，要他把钱退还给百姓。经过贵阳时，贵阳的清华同学会给步行团开了一个欢迎会，送了大家一些当地特产：松子。大家都很高兴，一路走一路嗑松子，没过多久同学们发现嘴里发苦，携带的水不够喝。后来才知道，松子含的脂肪多，会大量消耗水分。

这些都还是小事，真正的困难还在后面。孟子说："天将降大任于斯人也，必先苦其心志，劳其筋骨，饿其体肤，空乏其身，行拂乱其所为，所以动心忍性，曾益其所不能。"在这次中国教育史上有名的"长征"中，学生们既苦且劳，也没少挨饿，最后也确实挑起了建设新中国的重任。

学校配了统一的汽车运送行李，学生们每天专心赶路即可。每天五更，鸡一叫，大家就起床赶路，司机将烧饭的炊具和学生们的行李都装车运走，赶在学生前开到下一个落脚点，帮学生们安排住处，购买食材，烧饭做菜。学生们赶到，便可以舒舒服服地吃饭、休息，待学生们都睡了，司机等后勤人员才能休息。

这套后勤制度主要参考了当时军队后勤的管理方式，队伍开拔前，就提前规划好第二天的行程和住宿地点，让学生们心里有数。

这么看来，似乎长途跋涉就像春游一样轻松。其实参加过步行团的人都知道，这趟旅行全程不设休息日，无论阴晴雨雪，哪怕狂风怒吼，大雨倾盆，队伍都不会停下，五更一到，大家照旧出门赶路。这也含有让学生们磨炼心志的用意。

大部分时候，学生们是借住老乡的房子。在湖南境内，沿途百姓相对富庶，找当地的农户借住一宿，也不算太难，待队伍进入贵州，住宿条件好坏就看运气了。有时找不到房子住，就找个庙，二百多个小伙子在庙里凑合睡一晚上，有时连庙也找不到，就找乡下停棺材的空地，大家往棺材旁一躺，和死人睡一晚。因为行路太疲惫了，大家也不觉得恐惧，铺一点儿茅草躺下，就觉得是人间天堂了。有的时候，连停棺材的空地都找不到，大家就睡在老乡家的猪圈旁。

沿途居民都收到过政府发布的公告，对路过的学生都尽自己所能地提供帮助，队伍到达贵州省平彝县时，县里小学停课一天，腾出教室给旅行团的师生们住宿，地方官员还带着县里小学的孩子们夹道欢迎步行团。

西南联大化学系教授曾昭抡，出身世家，曾祖父曾国潢是曾国藩的胞弟。他也加入了步行团，并留下了珍贵的文字记录："联合大学步行团路过贵州省安南县的时候，在那里我们接到消息，说国军已经克服济南。当时步行团的团员向县长建议，召集一次民众大会，庆祝胜利。得着县长热心的提倡，当天下午，傍晚的时候，这会果然开起来。散会以后，接着又一次大规模的游行，有警察，有公务员，有民众代表，有各级的学生。那时天已昏暗，为着预防火警，我们只着少数几盏灯。但是我们一腔的热诚，把全城点照起来，沿途看见路旁民众的表情，这次举动，似乎对他们发生了深刻的印象。其中尤其最动人的一幕，是参加游行的男女小学生，许多都只有七八岁，他们跟着大人'走'，事实上是不可能，结果一连'跑'了好几里。"

当然，也有意外发生。步行团途经贵州的盘江时，江上铁索桥断了，好在有惊无险，没有造成伤亡。全团人只好排队坐小木船过江，但是船小人多，水流湍急，行动极其不便，很多学生人过了江，但是行李迟迟过不来。

步行团炊粮已断，安南县城街上只有烘红薯可以充饥，找不到合适的房屋供旅行团夜宿，县长一筹莫展，只得把饥寒交迫的学生们带到安南县政府，大家在大堂内坐了一夜。为防万一，县长和衙役们也没敢走，和学生们同在大堂内坐了一夜，血气方刚的青年们半夜差点儿打起架来，县太爷还跑去拉架。

随同学们一起步行的有十一位老师，其中包括著名的爱国诗人、联大中文系教授闻一多先生。行军途中，闻先生一直蓄着胡子，多长都不刮，他说，一天不把日本人打出去，他便一天不刮胡子。[①]这趟旅行中，闻一多先生精神极好，一路带领学生考察各地风土人情，他学识广博，谈吐风趣，深得学生喜爱。

路过盘江的时候，闻一多也不吃不喝地陪学生们在县政府坐了一夜，为防意外，闻先生整夜不敢安眠，直到第二天曾昭抡送来几块米花糖，闻先生才休息了

---

① 遗憾的是，抗战胜利一年后，闻一多先生就遭到了暗杀。

一会儿，吃了一点儿东西。

曾昭抡——我们之前已经交代过了，他是联大化学系教授，曾国藩的曾侄孙——虽是世家子弟，但一贯醉心科学，不修边幅。联大学生蔡孝敏说："曾先生有两事令人难忘，其一为在途中，完全沿公路行走，即走汽车之路线，绝不抄近路，颇有曾文正公脚踏实地，实干苦干遗风。犹忆步行至黔西'二十四盘'时，所有团员均走小路，由上而下，瞬息即达。而曾先生以不变应万变，仍沿公路，循车行轨迹而下，用时多达十数倍。其二为每到中途休息或营地留宿，如时间许可，曾教授必自其背包中取出防毒面具戴在头上，向当地民众讲解防毒防空常识。"

旅行团的团员高小文也回忆说："曾老师行程中可说是最不修边幅的了。身上那件长衫固是'破绽百出'，就是纽襻也很少纽准，于是衣襟不是有时前短后长，便是有时前长后短。鞋、袜也破得难以蔽足。腋下夹着一把油纸伞，手拎一小瓶墨水，小憩时从干粮袋中取出日记本和一支蘸水钢笔，缓缓拧开墨水瓶盖，蘸着墨水写上一阵。这就是一位当时在国内外业已成名的我国教授。"

为什么曾昭抡只走公路不走小路呢？其实这是他多年来养成的习惯，目的是为了亲自测量里程。曾昭抡是一个事必躬亲的人，对公路里程碑的记录不完全放心，只要有条件，必定要亲自验证一下。他后来出版的《西康日记》《大凉山夷区考察记》等著作中详尽地介绍了全程所到站点的日期，以及各站间的里程，这都是他一步一步测量出来的结果。

曾昭抡热心教育，平易近人。在玉屏县，他应邀给小学生做演讲；到了镇远师范学校，校长邀请他上台讲国防工业问题，谈及枪炮制造、原料供给、人才培养等等。队伍开到炉山县，县政府组织当地苗族同胞与旅行团联欢，歌舞酣畅中，曾昭抡与苗民喝酒祝愿，被灌得大醉。他就是这么一个可爱的人。

此外教生物的李继侗、吴征镒先生，一路也带领学生采集了许多动植物标本；地质学家袁复礼十分忙碌，几乎一路都在不停地敲石头，向学生讲述地质地貌，并要求学生每天写日记。

西南联大能够创造中国高等教育的奇迹，很大程度上得益于它拥有这样一支优质的教师队伍，闻一多、曾昭抡、李继侗、吴征镒、袁复礼等诸位先生，理性、沉稳、宽容，同时又刚毅、坚韧、独立，他们的人格魅力和学识魅力，为学生们树立了优秀的榜样。三千里路日夜熏陶，老师们通过自己的言传身教，给学生们上了一堂最特别的课程。

说了这么久，最刺激的土匪们也该登场了。

出发第十天，旅行团到了桃源县，桃源县有著名的"桃花源"景点，当时正是早春时节，大家兴致勃勃，赏玩美景，且歌且行。

由桃源县到沅陵县的路上，黄师岳团长集合学生训话，要求大家行军要队伍整齐，不要掉队。因为此地时常有土匪出没，当初校方为了便于军事管理，给学生们统一穿了军装，这本是为了保护学生的安全，殊不知在此地，军装很可能起到副作用，被土匪误会成国军。为保障学生的安全，黄师岳还给土匪头目写了信，希望对方是愿意讲面子的。

根据学生回忆，由桃源到沅陵这一路上的氛围十分恐怖，路边的矮旧木屋子全紧关着大门，屋檐下挂满了一层层的蛛网。偶尔有一两声狗叫，似乎也比平常凄惨。一个宽大的院落，只有一两个老年人或者看家的妇女，沉默不语地站在角落里，像在等候着什么。

当地保安队送了学生们一程，队伍走到沅陵县的时候，忽然天降大雪，大雪让团员们破例停了几天，因为当地好心人劝告学生们：千万别在雪天赶路。下雪无车，如果步行，恐怕土匪会误认团员是国军过境，前来袭击夺枪。全团师生都吓了一大跳，后来还是黄师岳设法联系到卡车，把全团人装了进去，这才敢上路。

除了"走了吃，吃了睡，睡了走"这么单调苦劳的行程，旅行团也不是完全没有乐事。导火索是抗战以来最振奋人心的台儿庄大捷。1938年4月13日晚，为庆祝台儿庄大捷，师生们在安南县举行了游行大会。游行的人唱着救亡歌曲，惊动了整座小县城。衙门里的警察、公务员都加入进来了。这是苦旅中唯一的欢乐机会，学生在日记上写道："我的布鞋和袜子全湿了，精神上却异常快乐。"

1938 年 4 月 28 日，湘黔滇旅行团一早离开大板桥，步行二十里，来到距昆明四公里处的贤园，准备归校。很多同学已经开始怀念这趟艰苦的行程。这场旅行历时六十八天，三千两百里路，近三百人，跨越湘、黔、滇三省，翻过雪峰山、武陵山、苗岭、乌蒙山等崇山峻岭，这样的"文军长征"，确实值得骄傲。

午后，全团整装出发，仅用半个时辰便抵达昆明城下，由东门入城，在拓东路受到清华大学校长梅贻琦、北大校长蒋梦麟和其他几位负责人的欢迎，在热烈的气氛中，有人用一首爱尔兰民歌的曲调填上词，向师生们祝贺。

旅行团队伍沿着石板街道，从滇越铁路车站大门进入绿荫掩映的金碧路，过金马坊、碧鸡坊，进入正义路到近日楼，最后，旅行团在圆通寺集中，梅贻琦致欢迎词，全体点名后，黄师岳将全团花名册交给梅贻琦，全团师生在雨中合影纪念。至此，北大等三校南迁昆明画上圆满的句号。

5 月 2 日，全团在昆明大观公园举行答谢会，欢送旅行团团长黄师岳。这位年届半百的军官，一路和学生们一起风餐露宿，尽心尽职地打点行程中的一切难题。联大官方为表谢意，赠黄师岳金表一块、大洋五百元。黄将军原封不动，完璧归赵，并致函表示："虽云跋涉辛苦，为民族国家服务，与数百青年同行三千里，自觉精神上痛快与光荣。"

08

王亚樵：

斧头帮帮主在此，杀手只是我的副业

五次策划刺杀蒋介石，蒋介石悬赏百万光洋通缉他；

把日军驻华最高司令长官白川义则送上了西天；

财政部长宋子文在上海北站被刺；

国民政府常务委员会主席兼军事委员会主席汪精卫在南京中央党部身中三枪；

直系军阀任命的淞沪警察厅厅长徐国梁在上海温泉浴室前中弹身亡；

国民政府外交部常务次长唐有壬在上海被杀……

这些历史事件，都是王亚樵一手策划和实施的。

　　历史上有这样一类人，他们的身份标签，往往自带一种神秘冰冷的气质，让人听着就觉得很冷酷无情，而且，他们往往身份多变，标签和技能都很多，他们就是——刺客、杀手。

　　历史上各个时期都有关于刺客、杀手的传说，这里要说的是一位在民国乱世之中叱咤风云的神秘人物。相传他武艺精湛，轻功卓绝，专门策划暗杀上层社会的达官要人及日军高官，许多社会名流听到他的名字便不寒而栗，可谓"杀手界的传奇，刺杀界的扛把子"。据说蒋介石提到他假牙就发酸；戴笠听说这个人露面了，第一个反应就是检查门窗是否关好；上海滩青帮三大佬黄金荣、杜月笙、张啸林，遇见他也得绕道而行……

　　这个人是谁呢？

　　他就是斧头帮的帮主，民国第一杀手王亚樵。

　　王亚樵，字九光，1889 年出生于合肥。他本是一个地地道道的读书人，在清末最后一次府试中名落孙山，后做过短期的乡村老师。王亚樵生性好勇斗狠，自然不会甘心做一个孩子王。他先是从事秘密反清活动，逐渐与革命党人搭上了头，辛亥革命爆发后，王亚樵遭到了当时军政府的通缉，被迫流亡。

王亚樵为何会被通缉？历史上历来众说纷纭。

有一种说法是，江亢虎在南京组织中国社会党，王亚樵觉得与自己志趣相投，便主动加入。王亚樵文武双全，长于演讲，极富组织能力，很快获得了社会党高层的信任，并被委派负责安徽支部。王亚樵回到合肥后，为了发展社会党不遗余力，四处奔走。他生活朴素，但处世接物，非常诚恳，所以各县加入社会党的人很是不少。当地军政府觉得这个人煽动能力太强，不能留，便下令通缉。

也有一种说法是，王亚樵想吞并李鸿章在合肥的产业，结果失败了，遭到通缉。

总之，为了保命，王亚樵将目光投向了鱼龙混杂的上海，十里洋场风云变幻，初来乍到的王亚樵只能混迹于劳工之间，每日在码头卖苦力，晚上睡马路、盖报纸。但这段底层生涯也为王亚樵日后的崛起埋下了伏笔。民国初年，上海滩黑白两道的关系极其复杂，王亚樵很快以过人的组织领导能力，将数千安徽工人拧到一起，组成一个全新的帮会——斧头帮。

他给手下的兄弟一人配备了一把雪亮的斧头，靠着一百把利斧在上海滩开辟了一片天地，因为他字九光，江湖习惯尊其为"九爷"。王亚樵的能力之大，连青帮大佬黄金荣都要避其锋芒，还嘱咐手下门徒："以后碰上斧头帮的，尽量离远点儿，他们都是不要命的，我们惹不起。"

响当当的斧头帮帮主，怎么就成了民国头号杀手呢？

缘起于一次暗杀行动，暗杀的对象，是当时上海淞沪警察厅厅长徐国梁。

徐国梁腰杆子极硬，他是直系军阀头子齐燮元的嫡系，齐燮元又是大总统曹锟的得力干将，在上海滩只手遮天。徐国梁手底下有七千多警察，平时深居简出，极难行刺。

为什么要暗杀徐国梁呢？原因众说纷纭，有人说王亚樵被皖系军阀卢永祥用利益收买。卢永祥想要吞并徐国梁的势力范围，所以，通过王亚樵的安徽同乡找到他，奉重金，并承诺事成之后，将湖州地面划给王亚樵。也有人说，徐国梁曾杀害了王亚樵的挚友，后者怀恨在心，为报兄弟私仇，才千方百计刺杀徐国梁。

总之，王亚樵召集斧头帮兄弟，摸清了徐国梁的生活习惯和经常出入的场所。有一次，王亚樵得知徐国梁在温泉浴场，立刻命手下赶往浴场埋伏起来，徐国梁刚一出浴场的门，王亚樵的得力干将便手疾眼快地冲着徐国梁的头部开了枪，斧头帮其他成员也迅速跟上，徐国梁当场被乱枪打死。

此事在民国的上海滩轰动一时，王亚樵和他的斧头帮名声大振，卢永祥也信守诺言，将王亚樵派往湖州，担任浙江纵队司令一职。

王亚樵洗白得十分彻底，一夜之间，黑帮老大摇身一变成为军队要员。他在湖州招兵买马，为自己积蓄力量。这次转型不但是王亚樵刺客生涯的转折点，也是他一生中最重要的人出现的时刻：戴笠来到了他身边。

王亚樵善于汇集八方人才，组织能力极强，在他的管理下，湖州八雀寺的司令部生气勃勃，这段时间，戴笠、胡宗南、胡抱一等人皆来参军，三人皆任编队队长职位。王亚樵与他们几个意气相投，在胡抱一的建议下，王亚樵、戴笠、胡宗南、胡抱一四人义结金兰，成了兄弟。

但是好景不长，王亚樵随卢永祥参加直皖大战，兵败后回到上海，加入国民党。眼见蒋介石大肆追杀不同政见者，甚至倒行逆施，发动"四一二"大屠杀，王亚樵对蒋介石这种同室操戈的行为颇为反感，走上了反蒋的道路。

而戴笠、胡宗南等人则与王亚樵分道扬镳，后来戴笠经过层层推荐，被蒋介石重用，还受命组建专门的特务组织军统。戴笠逐渐得势，成了蒋介石的左膀右臂，他以蒋介石为师，与王亚樵形成对立。

自此，结拜兄弟反目成仇，分道扬镳，成了不共戴天的仇人。

为了反蒋，王亚樵派手下在庐山刺杀蒋介石，虽然三枪均未命中目标，但把蒋介石吓得失魂落魄。他还在上海虹口花园炸死了侵华日军的陆军大将白川义则，并组织过针对宋子文、汪精卫等要员的刺杀活动。刺杀宋子文的时候，因宋子文与其秘书唐腴胪均穿白色西装，同戴白色拿破仑礼帽，身高年龄相仿，王亚樵手下的刺客误将秘书唐腴胪击毙。汪精卫虽没有直接死于刺客的枪口，但子弹深陷体内，无法取出，铅毒逐渐扩散，最终汪精卫的死亡，也与这枚子弹有很大的关系。

蒋介石对王亚樵，那是恨得牙根儿都痒痒。刺汪案发生后，蒋介石极为恼怒，下令戴笠："限期擒王亚樵归案""捉不到活的也要打死""否则再不要见我"，并且悬赏百万大洋，责令戴笠尽快执行此命令。

军令难违，戴笠顾不得往日的兄弟义气，派出了大量干员，在海内外四处缉拿王亚樵。王亚樵为躲避戴笠的追杀，由上海去香港，又跑到广西梧州避险。梧州位于广西与广东的交界处，而当时广西实际的统治者是李济深，李济深与蒋介石关系若即若离，广西基本处于一种半独立的状态，戴笠能耐再大，对远在梧州的王亚樵也鞭长莫及。

就在这个特殊时期，王亚樵派人前往延安，与共产党接头，如此一来，戴笠就更容不得王亚樵了，他将王视为眼中钉肉中刺，处心积虑想要除掉这位"好兄弟"。但"民国第一杀手"王亚樵也绝非浪得虚名，戴笠暗杀几次都没成功，屡屡被蒋介石痛斥。

戴笠痛定思痛，最终找到除掉王亚樵的关键人物——余婉君。

余婉君本是王亚樵的副手余立奎的小妾，余立奎在香港被捕，余婉君就留在香港，时常接受王亚樵的经济接济。戴笠找到余婉君，许诺只要她肯做内线，协助自己逮捕王亚樵，便将余立奎释放，并送余婉君十万大洋。

禁不住利益诱惑，余婉君借口生活困难，从香港来到梧州，并将王亚樵约到自己的住所，王亚樵刚一进门，特务便劈头盖脸向他脸上扔了一把石灰，接着一拥而上，想要活捉王亚樵。王亚樵身手敏捷，困兽之斗，犹有余勇，特务们只好向他开枪。

赫赫有名的暗杀大王王亚樵身中五枪，当场殒命。

王亚樵的威望极高，"暗杀王亚樵"的名声传出去，身为结拜兄弟的戴笠势必要丢面子。为了掩人耳目，也为了向蒋介石交差，特务们用刀将王亚樵脸上的皮剥去，以掩盖这段丑史。

民国第一杀手王亚樵最终还是败在了兄弟和女人手中，一代传奇杀手终成传说。

说起女人，在叱咤风云的民国时期，也不乏非常具有传奇色彩的女杀手。这其中就有被称为"民国第一女刺客"的施剑翘。施剑翘是一个自幼养在深闺中、熟读诗书的大家闺秀，这样一名弱女子为何会成为冷酷的女刺客呢？我们且听下回分解。

09

施剑翘的刺客信条：

为报杀父之仇，十年磨一"枪"

这么一个血腥的暴力案件，竟被她做得如此优雅、从容，也算是奇事一件。

　　说到女杀手，可能好多人脑海里想到的就是电影里那些身世凄惨、美貌动人、十八般武艺样样精通、怎么打也打不死的女特务形象。其实那都是编剧虚构出来的人物，现实中的女杀手往往出乎您的想象。比如"民国第一女刺客"施剑翘，就是一个文弱的大家闺秀。

　　施剑翘，原名施谷兰，其父亲施从滨曾任山东兖州镇守使，后为山东督办张宗昌部第二军军长。

　　施家祖籍安徽桐城，施谷兰自幼在济南生活，五个姊妹兄弟中，身为长女的施谷兰最受父亲宠爱，十三岁起便当家管事，十八岁时毕业于天津师范学校。施谷兰是个非常传统的大家闺秀，还缠过足。这么一个弱质女流怎么会成为刺客呢？

　　其实造就刺客的原因只有两条，一个是家仇，一个是国恨。

　　具体到施谷兰，她行刺的目的，是替父报仇。

1925 年 10 月，奉浙战争爆发，施剑翘的父亲施从滨受到委派，南下迎击孙传芳的军队。在蚌埠战役中，施从滨因轻敌而战败，被孙传芳俘虏。孙传芳为了杀鸡儆猴，震慑施从滨背后的张作霖，竟然在蚌埠车站南侧将施从滨斩首，并暴尸三日。

消息传回家中，年仅二十岁的施谷兰伤心欲绝。巨大的打击没有摧毁她的意志，施谷兰决心为父亲报仇，并写下一首诗"言志"："被俘牺牲无公理，暴尸悬首灭人情。痛亲谁识儿心苦，誓报父仇不顾身。"

一个二十岁的小女子，如何杀得了如日中天的大军阀孙传芳呢？施谷兰决意要为自己寻找一个帮手，她将眼光投向了堂兄施中诚。

施中诚时任烟台警备司令，施谷兰将报仇的希望寄托在他身上。刚开始，施中诚还满口答应为施从滨报仇雪恨，但随着职位的升迁，他改变了想法，开始劝说施谷兰放弃复仇，施谷兰一气之下，和堂兄断绝了兄妹之情。

1928 年，在施从滨遇害三周年的忌日上，施谷兰结识了同乡施靖公。此人时任山西军阀阎锡山部的谍报股长，是施中诚的军校同学。施靖公对施谷兰颇为动心，为了娶到她，施靖公表示愿意替施谷兰报仇。

施谷兰报仇心切，毫不犹豫地答应下嫁，两人草草完婚，施谷兰随夫迁居山西太原。七年过去，施谷兰已经有了两个儿子，但施靖公一直闭口不提报仇之事。几次请求遭到拒绝后，施谷兰心灰意冷，与丈夫一刀两断，带着两个儿子回了娘家。

施谷兰很喜欢写诗，这时她又写了一首诗，表达自己为父报仇的决心："一再牺牲为父仇，年年不报使人愁。痴心愿望求人助，结果仍须自出头。"

靠山山倒，靠人人跑。施谷兰下定决心，哪怕得不到任何帮助，自己也要独立完成复仇计划。她写下了"翘首望明月，拔剑问青天"的诗句，把自己的名字从"施谷兰"改成了"施剑翘"，从此专心寻找仇人孙传芳的下落。

施剑翘做的第一件事，是确定孙传芳的住所。九一八事变后，孙传芳隐居天津，日本在津势力代表冈村宁次屡次拉拢孙传芳，都被拒绝了。为了躲避日本人的骚扰，孙传芳索性皈佛诵经，去天津佛堂当了居士。他自知自己戎马一生，积怨甚多，为了保障人身安全，孙传芳对自己的身份和行动严格保密。

施剑翘花了整整两年时间，才打听到孙传芳隐居在天津的消息，她立即前往天津，寄居在英租界 10 号路 166 号，继续搜索孙传芳的下落。

在偌大的天津，寻找一个隐居的人，无异于大海捞针。施剑翘从未见过孙传芳，该如何寻觅仇人的踪影呢？施剑翘屡屡去天津各大书店询问，想购买孙传芳的照片，可惜孙传芳的保密工作实在做得太好，施剑翘白跑了很多趟，一无所获。后来施剑翘偶然间在一个算命先生那里看到了一张照片，照片背后写着"孙传芳"三个字。施剑翘心中一动，谎称这个人是她的亲戚，高价把这张照片买了回去。

踏破铁鞋无觅处，得来全不费工夫。施剑翘苦苦查访孙传芳的行踪，搜寻多日，一无所获。这一天，她不经意间听到一位僧人在仁昌广播电台讲经，这位智圆大师操着一口山东口音，施剑翘疑心顿起，当即租车前往仁昌广播电台，在门前守候。没多久，就见智圆大师从电台内走出，施剑翘一眼认定：智圆就是孙传芳！

找到了孙传芳的下落，施剑翘报仇的决心更加坚定。她从一个不相识的退伍军人手中购得勃朗宁手枪一支，子弹六颗，悄悄带回家中，藏在自己的箱子里。为实施复仇计划，施剑翘还忍受着巨大的疼痛，多次接受手术，放开自己缠了多年的双足——解放双足，可以使行走更加灵活方便，万一孙传芳遇刺时试图逃走，她就更有把握击毙仇人。

眼看双脚可以行走，她便瞒着家人，偷偷开始训练枪法。

在那个年代，一个妇道人家要完成这些工作，几乎是不可能的。但施剑翘品性刚毅、意志坚定，竟然把这些男子汉都未必能做好的准备工作，完成得滴水不漏。

1935 年 10 月 3 日，是施从滨十周年的祭日，施剑翘在日租界花园街观音祠举行悼念活动，并请居士林住持富明前来诵经超度。施剑翘就问富明：人死后超度是否有效果。

富明说，非常灵验，孙联帅（孙传芳）、靳总理（靳云鹏，曾任民国国务总理）等每周三、周六都来参加诵经。

施剑翘趁机向富明了解孙传芳在居士林的活动规律，并请求参加诵经，住持表示同意。

据施剑翘后来在法庭上的供词，此时她已经做好了各项准备工作，还起草了《告国人书》和传单，分别给母亲、弟弟、妹妹及其亲族写了遗书。施剑翘是一个心思缜密、考虑周详的杀手，她每周都去居士林诵经，以便摸清孙传芳的活动规律和他身边的人手配备。

在此期间，她多次在居士林与孙传芳相遇，但苦于教友甚多，怕伤及无辜，施剑翘没有下手。

11月12日晚上，施剑翘将手枪用毛巾包好，在父亲灵前焚香默祝："爸爸，十年大仇今天要报了，爸爸要助我一点儿勇气，勿使我手发颤，或脸色更变，以致被别人看破机关。"

13日下午，天下起了小雨，施剑翘以"董慧"之名办理卡片，来到居士林。这一天诵经的人很少，她认为有机可乘，但在居士林绕行数周，都没有见到孙传芳。

正在她和别人攀谈之际，孙传芳的汽车来了，施剑翘目送孙传芳下车，走进院子。她转身便雇车回家，取出手枪、子弹和写好的《告国人书》，以及父亲的遗像和传单，随身携带。

下午三时四十分，她返回居士林，借口后面炉子太热，挪到孙传芳身后，悄无声息地坐下。

眼前就是追访多年的杀父仇人了！趁着孙传芳聚精会神地诵经，毫无防备之际，施剑翘迅速从怀中摸出枪，先瞄准孙传芳的头颅连开两枪，接着又朝孙的背部补了一枪。孙传芳当场毙命。

佛堂乱作一团，施剑翘高喊："大家不要害怕！我是替父报仇！"然后走出讲堂，开始散发《告国人书》及按有自己指纹的传单。在《告国人书》中，施剑翘详细地交代了自己的报仇始末，传单正面则印着一首诗：

"父仇未敢片时忘，更痛萱堂两鬓霜；纵怕重伤慈母意，时机不许再延长。""不堪回首十年前，物自依然景自迁；常到林中非拜佛，剑翘求死不求仙。"

《告国人书》的背面写着一篇文章，原文是这样的：

"各位先生注意：一、今天施剑翘（原名谷兰）打死孙传芳，是为先父施从滨报仇。二、详细情形请看我的《告国人书》。三、大仇已报，我即向法院自首。四、血溅佛堂，惊骇各位，谨以至诚，向居士林及各位先生表示歉意。报仇女施剑翘谨启。"

这么一个血腥的暴力案件，竟被她做得如此优雅、从容，也算是奇事一件。

施剑翘嘱咐身边的和尚报警，然后来到电话室与家人通了电话。值班的警察赶到的时候，施剑翘已经等在那里，准备投案自首了。被扣押至警察局的路上，施剑翘嘴里还高兴地说"痛快已极"。

天津地方法院一审判决施剑翘有期徒刑七年。在法庭上，施剑翘详细陈述了自己艰难的复仇历程，最后说道："父亲如果战死在两军阵前，我不能拿孙传芳做仇人。他残杀俘虏，死后悬头，我才与他不共戴天。"

在狱中，施剑翘也没忘记她作为国人的使命与责任，写了一篇《亲爱的同胞，赶快奋力兴起吧》的文章呼吁大家奋起爱国抗日。这篇文章发表后，刺杀案再次引起人们的关注，报纸、杂志争相报道，称赞她为"女中豪杰""巾帼英雄"。社会团体也开始纷纷声援施剑翘。

1936 年 8 月 1 日，南京最高法院认为施剑翘"论法虽无可恕，衡情究有可原，原审量处徒刑七年，情罪尚属相当"，终审裁决驳回上诉，维持原判。

消息一出，全国妇女会，南京、扬州、江都妇女会等各个团体都纷纷通电呼吁为她减刑。冯玉祥与施剑翘的叔父、辛亥革命先烈施从云也曾一起并肩战斗过，感情也很深，所以冯玉祥也联合一些国民党元老出面救援，呈请国民政府对施剑翘予以特赦。

各地请求特赦的电函，一方面认为孙传芳为军阀余孽、民国罪人，施剑翘刺杀孙传芳是为国除奸，包含着孙传芳死不足惜的味道；另一方面认为施剑翘报仇举动，其志可哀，其行可悯，所表现出的忠孝之气，亦能振奋世风，在民德堕落之际，甚是可贵。总之，各方函电认为施剑翘非但无罪，反而应该是挽救世风的道德典范，基于法律条文而被规定出的"罪"，全然不被社会接受。至此，传统伦理所认同的正义，同近代法律所规定的公正，在施剑翘一案中，以激烈的对立方式呈现出来。

当时的政府抵御不了如此强大的舆论压力，将施剑翘特赦。施剑翘被特赦后，积极投身抗日救亡运动，担任过湖南抗敌后援总会慰劳组主任。后来她又发起捐献飞机的倡议，募集到三架飞机的资金。她还在苏州创办私立从云小学，为了解决办学经费，还曾到上海多次组织募捐，拜访了周恩来、邓颖超、董必武等中共领导人。1957年，施剑翘当选政协北京市委员会特邀委员。1979年，施剑翘病逝于北京，享年七十三岁。

由施剑翘的案例，我们可以看出，神秘冷酷、血腥无情的杀手，有的内心也是有血有肉、充满感情的。动荡不安的时代背景让他们不得已走上了这样一条路，也是可怜可悯。国仇和家恨交织的年代，个人再努力，也难以掌握自己的命运。所幸我们生活在和平年代，希望大家都珍惜来之不易的幸福生活吧！

10

民国NBA：
出球星算啥，出将军！

"打篮球，日本人不行。打仗，日本人更不行！"

老辈儿传下的单口相声里，有个关于军阀张宗昌的段子。说民国时张宗昌视察齐鲁大学，看见一帮学生打篮球，看了半天，他看不下去了，找到校长就是一通训斥："教育经费都让你贪污了吧，十几个学生抢一个球玩儿，成何体统？明天上我府上支点儿钱，多买点儿球，一人发俩，让他们玩儿个够！"

当然这是大家编出来的笑话。民国早期，篮球还不叫篮球，叫筐球。会玩儿的人不多。

为什么叫筐球呢？

因为这项运动最早就是要把球投到一个筐里的！筐球场上挂着的筐有底，球投进去以后就留在里面了，球员必须得登上梯子，把球从筐里取出来，非常麻烦。

筐球是美国一个教会学校的体育老师在清光绪十七年（1891）发明的，这位老师看到孩子们总聚在一起，玩儿一种把桃子投进筐里的游戏。这个游戏启发了他，他结合足球和曲棍球的特点，自编自玩儿，弄出了一个筐球游戏。

这个游戏推广开以后，大家把桃筐改成了铁圈，又增加了中线、中圈和罚球线，规定了参加人数为每队五人，开始有了后卫、中锋、前锋这些位置的区别。

玩儿得久了，竞赛规则也越发详细，不允许拿着球跑，不允许有抱人、推人、绊人、打人等行为。筐球不但在全美国普及，还传到了墨西哥和法国、英国等很多国家。筐球传到我国是 1895 年，很快就从天津、北京等大城市普及到全国。

20 世纪 30 年代的时候，黎莉莉主演的电影《体育皇后》特别火，讲的是爱好体育的富家女成为短跑运动员的故事，这部电影提出了一个口号："为了体育的真精神，我们只有奋斗。"

在这之前，中国电影流行的女性形象多半像阮玲玉那样纤弱、幽怨，《体育皇后》上映后，黎莉莉矫健的身姿立刻引领了时代风潮，阳光、健美、充满生命力的明星们开始备受追捧。其中代表人物有在电影《大路》中扮演筑路工人的朝鲜裔演员金焰，用今天的话说，那就是"行走中的荷尔蒙"，还有在《渔光曲》中扮演女主角小猫的王人美，野性不羁、热情似火，也深受观众喜爱。

这些电影在 20 世纪 30 年代掀起了一股体育救国的风潮，《体育皇后》的女主角有一句著名的台词："我知道为什么中国不强了，第一个原因就是身体不强！"

这句话很容易让我们联想到小时候看过的《霍元甲》，一句"东亚病夫"戳了多少国人的心！五四运动之后，中国人就像筛米一样，要找出落后、挨打的原因，"教育救国""科技救国""音乐救国""医学救国"等口号层出不穷。孙中山先生就曾提出过"富国强种"的主张。伟大领袖毛主席也在 1917 年，以"二十八画生"的笔名在《新青年》杂志上发表文章《体育之研究》，认为体育具有"强筋骨、增知识、调感情、强意志"，使人"身心并完"的作用。毛主席说，国家提倡体育，对个人来说，则可以"养生"；对国家来说，则可以"卫国"。他主张通过发展体育，走救国救民的道路。

举国上下统一共识：必须强健体魄。

怎么强呢？

有功夫的人开武馆、学武术；没功夫的人，就踢足球、打篮球。

1914 年举办的第二届全运会上，篮球被列为男子正式竞赛项目，1924 年，篮球在第三届全运会上被列为女子正式竞赛项目①。清华大学、南开大学、北京高等师范学校，这三所高校不但培养出许多科技、文化方面的人才，还培养出不少优秀的体育人才。

1947 年，上海商务印书馆出版了《最新篮球术》，作者董守义是我国历史上第一个篮球专业的留学生。1923 年至 1925 年，董守义赴美国斯普林菲尔德学院，专攻篮球学科；后师从"篮球之父"奈·史密斯，进一步学习篮球知识，成为后者的得意门生。回国后，董守义受聘于南开大学，一手培养出了"南开五虎"。遗憾的是，中国首次参加奥运会时，"南开五虎"正在南洋参加表演赛，错过了选拔赛，未能成行。几十年之后，"南开五虎"之一的唐宝堃任八一篮球队的第一任教练，唐宝堃也因此被誉为八一男篮之父。

唐宝堃旗下有一名了不起的队员，名叫余邦基，余邦基效力八一队多年，并于 1959 年开始担任八一男篮的主教练，带领当时的八一男篮多次获得冠军。

由于成绩出色，贺龙元帅还指定让八一队代表国家队出战，余邦基也就顺理成章地从八一队教练变成了国家队的主教练。贺龙元帅当时笑称："全国有十大元帅，现在又多了你一个篮球元帅。"从此，"篮球元帅"这个名字就不胫而走。余邦基后来还发掘出了穆铁柱等篮球人才。

余邦基 1927 年出生在四川省涪陵县，在 16 岁那年，还在念高中的余邦基参加了国民党青年军 201 师，从此开始了与军队的不解之缘。1946 年，余邦基的长官决定在部队里组建一支篮球队，余邦基就此走上了篮球之路。这位长官的名字，我们在此暂且不说。

董守义还有一位同在斯普林菲尔德学院就读的中国校友，名叫舒鸿，史称

---

① 说到女子篮球，我们得插一段国学大师季羡林老先生的逸事。1930 年至 1934 年间，季羡林就读于清华大学西洋文学系，主修德文，他不但喜欢看小说，还喜欢看校园里的姑娘，看完还写到日记里头。年轻的季羡林曾在《清华园日记》里写道："说实话，看女人打篮球……是在看大腿。附中女同学大腿倍儿黑，只看半场而返。"我们不去评论这段日记，但它从侧面展示了当时篮球运动的普及程度。

"中国奥运第一哨"。在世界级赛事充当裁判，这在当时是极大的殊荣。1936年，第十一届德国柏林奥运会，篮球项目第一次成为奥运会上的正式比赛项目。最后，美国队和加拿大队闯入决赛。由哪个国家的裁判来执法奥运会历史上第一场篮球决赛呢？国际篮联犹豫不决。

最终，在"篮球之父"奈·史密斯的建议下，中国队助理教练舒鸿应邀出任裁判员。他不负众望，公平、公正地完成了裁判任务。舒鸿当时任教于浙江大学，他回国时，浙大校长竺可桢还组织师生安排了一场盛大的欢迎仪式。

舒鸿还是民国影星舒适的八叔。舒适和女影星周璇共同主演过《长相思》《清宫秘史》，还在电影《红日》里饰演了国民党军抗日名将张灵甫，总是戴着白手套，身姿挺拔。

说到国民党抗日名将，有个人的名字，不能不提。

此人在大学期间，就和日本人面对面较量过，而且还把日本人打败了。不过，当时他们较量的场地，不是战场，而是篮球场。

1921年，第五届远东奥林匹克运动会在上海举办，中国男篮连胜日本、菲律宾数支劲旅，获得冠军。参赛的中国男篮队有来自清华大学的孙立人，北平师大的魏树桓、王耀东等人。王耀东在新中国成立后曾任中华体育总会陕西分会主席，他回忆说，孙立人虽然外表如文静书生，话语也不多，但性格刚毅，很能鼓舞全队士气，一副"天生就是指挥官"的样子。

这个篮球健将孙立人，就是日后在缅战中击毙三万余名日军，被誉为"丛林之狐""东方隆美尔"的抗日名将孙立人。

就读于清华大学时，孙立人不但爱打篮球，还会打排球、踢足球、打棒球、玩儿手球，他曾因为严重运动伤害被迫休学一年，以至于在清华念了九年才毕业。

有人就问了，他受的是什么伤呢？说起来也是有点儿可爱，据知情人士透露：孙立人在清华大学期间，曾和同学做跷跷板运动，因上课铃响，该同学突然跳离踏板，孙将军在另一端高起之踏板上，顿时失去平衡，急速下降，坐上踏板，尿道受伤，因此只能延后毕业。

孙立人受伤后，入院接受治疗，医生本来要他多住几天，可是他着急考试，出院过早，结果输尿管收缩，只好再次入院，又动了一次大手术，住了一个多月的院。

原本成绩优良的孙立人病愈回校后，更加痴迷于打球，以至于被老师在年终成绩报告书上写下了"该生品学均无进益，应加猛醒"的评语，然而有得有失，因为积极运动，孙立人原本病弱的身体开始变得强壮，球技也大有进步。

孙立人出身世家，他不但是书香二代、学霸二代，还是官二代。他本是安徽庐江人，五岁时母亲去世，其父孙熙泽在光绪甲午年参加"江南乡试"中举，当时二十六岁，后来历任登州知府、山东审判厅长等职。父亲对他因伤耽误学业一事并无苛责，反而鼓励他强健体魄。

清华大学是美国政府于1911年退还中国庚子赔款后，清政府在北京清华园创办的一所留美预备学校，学制非常特殊。该校按照各省分摊的赔款数额多寡，来定量考选各省的学生，一旦考中，不但可以接受中等科和高等科各四年的学业，毕业后还能作为大学预科生，去往美国大学深造。由于能够提供留美的机会，清华大学声名大噪，孙立人听了同乡的推介，也跃跃欲试。

当时清华每年只招收80多名应届学生，分配到安徽省，只有五个名额，还要考生到安庆去考，孙立人欣然前往安庆，参加考试。成绩出来后，孙家上下喜气洋洋：孙立人以安徽省第一名的成绩，考入清华土木工程系。

这放在今天，就是"高考状元"！

和他同系的学生还有大名鼎鼎的梁思成，梁后来成了新中国优秀的建筑学家。清华采用的是美式教育，所以特别注重体育，梁思成就常跟学生们谈起："别看我现在又驼又瘸，可当年是马约翰（清华体育教授）先生的好学生，有名的足球健将，在全校运动会上得过跳高第一名，单双杠和爬绳的技巧也顶呱呱的。""想当年如果没有一个好身体，怎么搞野外调查。在学校中单双杠和爬绳的训练，使我后来在测绘古建筑时，爬梁上柱攀登自如。"

咱们说回孙立人，孙立人病愈后，虽然考试成绩进步不大，但突飞猛进的球技引起了体育主任布莱斯博士的注意。本来孙立人的足球水平极高，但布莱斯博士发现了他的篮球潜质，开始怂恿他专注于打篮球。孙立人身高一米八五，不但比一般人高，控球也非常灵活。和他一起打过篮球的人说，孙立人速度快，脚步灵活，善投射及篮下小勾手。很快，他就当上了篮球队队长。

这位孙队长，渐渐显现出了带兵的潜质。他规定：平时练球，凡是缺席达一星期的，就不得上场参加比赛。由于他制定的规则很详细，执行又公平严格，渐渐地，大家也就服从他的调度了。

可以说，早年参加的这些体育赛事，不仅培养了孙立人的尚武精神，也锻炼出了他的"统驭"才能。在篮球场上学到的战术、领导能力、组织能力，是孙立人的军事能力最早的证明。

不过，清华大学的学子个个都是人中龙凤，也有不那么服气孙立人的，场外吃瓜群众也没少给这位队长制造难题，这其中就包括未来的大文学家梁实秋。

清华大学特别注意运动选手们的营养问题，所以经常给他们特别加餐；有些同学看到这些选手整天大鱼大肉，不免心生嫉妒，或是对此表示不屑，梁实秋当时也跟着参与了议论。不巧被孙立人听到了，年轻气盛的孙立人马上就要去找梁同学算账，好在梁实秋认怂认得快，两人最终没打起来。

后来孙立人打仗带兵，也特别注意官兵们的营养、体能问题，大概种因于此。

由于出色的球技，孙立人成为大家心目中的"飞将军"，加上他领导有方，很快成了全球队的灵魂人物。1921年五六月间，第五届远东运动会①在上海举行，孙立人担任了国家篮球队的先发主力后卫。他们要应战的第一支队伍，就是最大

---

① 原名"远东奥林匹克运动会"，是20世纪初菲律宾、中国、日本发起和参加的一个地区性国际比赛，最后两届又先后有印度、印度尼西亚和越南参加，是世界上最早出现的洲际国际竞赛。由于当时西亚、南亚、东南亚和东北亚的运动水平还很低，因此，"远东运动会"就代表了整个亚洲的运动水平，被看作"亚运会"前身。远东体育协会和远东运动会于1920年被国际奥委会正式承认。为了与奥运会协调，远东运动会于1927年后改为每三年举办一次，1930年后又决定每四年举办一次。

的夺冠热门菲律宾队。

菲律宾队此前一直是本项赛事的冠军队。虽然国土面积和人口数量都不能与中国相比，但菲律宾当时是美国的殖民地，篮球运动非常普及，全队接受了整套的美国训练方式，教练员也是美国人。商界也对屡屡争光的菲律宾队十分支持，所以菲律宾队在以往几届远东运动会上一直所向披靡，从没遇到能与之抗衡的强大对手。

而孙立人率领的中国队，不但队员是临时拼凑来的，也没有得到任何商家的赞助，他们的参赛费用是募捐得来的，为了统一着装，每人只分得一双布鞋、一件背心和一条短裤。

虽然整体实力稍逊一筹，装备也远远不如上届冠军菲律宾队，但中国队占据了主场优势，且以孙立人为首的队员均来自各大高校，头脑灵活，善于分析。他们经过精密的战术分析，决定扬长避短，从菲律宾队相对薄弱的两翼发起快速进攻。

这场比赛的情势空前激烈，刚一开场，双方就陷入了白热化的对攻，在上千名热情观众的呐喊助威声中，中国队士气高涨，双方比分交错上升，咬得极紧。上半场结束时，菲律宾以17球对15球的成绩暂时领先，下半场中国队渐入佳境，全场结束前半分钟，主力前锋王耀东连续两次投中，改写了中国队逢菲必败的历史！中国队最终以30：27的成绩锁定胜局！

曾经获得四连冠的菲律宾队被中国队击败了！一时间人声鼎沸，场上场下的中国人陷入欢乐的海洋，孙立人也兴奋得与队友拥抱在了一起。

接下来，中国队要面对与日本队的鏖战。

虽然日本队的名气不及菲律宾队大，但仍是一支不容小觑的劲旅。而且，自从甲午海战后，中日关系降到了冰点，中国民众对日本的抵触情绪极大，前来观看这场比赛的观众，竟然比来观看亚洲劲旅菲律宾队的数量还多。运动场的十几级木质看台座无虚席，挤得满满当当，还有许多买不到票的观众，就站在场外焦急地等待最新战况。

为了满足场外观众，某报社甚至搭了一个极高的脚手架，记者站在上面，手执话筒，对场外观众进行"现场直播"，虽然"直播"条件如此简陋，但现场火热的氛围可见一斑。

由于前一天刚刚战胜了上届冠军菲律宾队，中国队员的情绪一时还没有稳定，加上对日本队的风格不了解，失误较多，上半场结束时，日本队竟以20∶19领先。

观众情绪有轻微的不稳定，有观众指责中国队比赛态度不够认真，主力队员魏树桓被教练换下后泣不成声，孙立人急忙与教练共同帮助队友平复情绪，魏树桓再次被换上场时，心态踏实了很多，中国队连连反攻得分。经过一番破釜沉舟式的苦战，中国队不负众望，以32∶28战胜日本队，从而获得了这届运动会篮球赛冠军！

这是民国期间中国篮球队获得的唯一一次冠军！也是中国队有史以来第一个篮球冠军！1949年以前举办的十届远东运动会中，九次篮球冠军都落入菲律宾队之手，孙立人和他的队友们能够虎口夺食，抢得这块沉甸甸的冠军奖牌，委实不易！

在场的中国人被激发出了巨大的荣誉感，场上的球迷发出了震撼人心的欢呼。不少报刊对中国篮球队夺冠予以赞美，认为此次夺冠，等于将东亚病夫的帽子丢进了太平洋。上海《申报》更对孙立人做出这样的评价：主力后卫孙立人打满全场，行动灵活、飞驰跳跃，赢得"飞将军"雅号。

孙立人由此说过一句话："打篮球，日本人不行。打仗，日本人更不行！"

清华的求学生涯和篮球场上的训练，以及远东运动会上与日本人的对抗，给了孙立人很深的影响。毕业后，他投笔从戎，考入了美国弗吉尼亚军校，成为一名职业军人。

1937年，全面抗战爆发，孙立人参加淞沪会战，屡立战功。

1942年，孙立人率领新一军进入缅甸，向日军发起猛烈攻击。号称"丛林作战之王"的日军第18师团死伤过半，狼狈逃出胡康河谷。据日军战史记载："在九州编成，转战中国，素有把握的第 18 师团，与中国军战斗最自信，岂料胡康河谷的中国军队，无论是编制、装备，还是战术、技术，都完全改变了面貌……使我军损失惨重……全军不禁为之愕然。"

孙立人去世后，遗体上覆盖了两面校旗，一面是清华大学校旗，另一面是弗吉尼亚军校校旗。

捡 史

Jian Shi

贰

大清钩沉

01

九子夺嫡：

康熙传位之谜大揭秘

到底由谁来当这个"大清一哥"呢？

九子夺嫡，是指清朝康熙皇帝的儿子们争夺皇位的历史事件，又称"九龙夺嫡""九王夺嫡"。

即使没看过史书，您可能也已经通过清宫剧对这场争夺皇位的大戏有所了解。康熙皇帝的二十四个儿子中，参与夺嫡的主要有九位皇子，分别是：大阿哥爱新觉罗·胤禔、二阿哥爱新觉罗·胤礽、三阿哥爱新觉罗·胤祉、四阿哥爱新觉罗·胤禛、八阿哥爱新觉罗·胤禩、九阿哥爱新觉罗·胤禟、十阿哥爱新觉罗·胤䄉、十三阿哥爱新觉罗·胤祥、十四阿哥爱新觉罗·胤禵。

到底由谁来当这个"大清一哥"呢？哥儿九个为这事就打起来了。

九位皇子大致可以分成四派：大阿哥党、太子爷党、八爷党、四爷党。其中，三阿哥由于实力较弱，很早便退出了争夺。最后胜出的是四阿哥胤禛，在康熙帝去世后继承皇位，成为雍正帝。

其实，康熙皇帝最初确定的继承人并不是胤禛，而是皇太子胤礽。康熙十三年（1674）五月初三，胤礽出生于北京紫禁城坤宁宫，其母后赫舍里氏因难产，生下胤礽后几个时辰便去世了。康熙帝与皇后感情甚笃，妻子去世后，康熙痛不欲生，给妻子举办了隆重的治丧仪式后，亲自承担起抚养胤礽的重任。

嫡长子承祜早夭，胤礽成了康熙此刻唯一的嫡子，康熙对他疼爱至极。胤礽不到两岁时即被册封为皇太子，成为清朝第一位，也是唯一一位明立皇太子。康熙皇帝每每念及亡妻的情分，对这个儿子倍加怜爱。胤礽也没有辜负父亲的殷殷期待，他自幼聪慧好学，文武兼备，不仅精通诸子百家经典、历代诗词，而且熟练弓马骑射。他曾代皇帝祭祀，并数次监国，治绩不俗，在朝野内外颇具令名。

但是，长期的养尊处优，使得胤礽日益骄纵蛮横；错综复杂的政治斗争，更令胤礽张皇失措；对高度集权的最高统治者来说，皇太子拥有过多特权，也容易令其成为足以觊觎皇位的严重威胁。

对权力的渴望，使得胤礽与索额图等权臣越走越近，并迅速形成了一支人数不少的"太子党"。眼看皇太子结党营私，康熙无法坐视不理。康熙四十二年（1703），康熙将太子党一网打尽，并杀掉了太子党的核心人物索额图，父子关系严重恶化。

索额图是什么人？他是清代康熙年间权臣，满洲正黄旗人，大学士索尼的第三子，此外，他还是已经去世的孝诚仁皇后的叔父，世袭一等公。

换言之，太子胤礽的生母赫舍里氏皇后正是大学士索尼的孙女、索额图的侄女，这么推算下来，太子还是索额图的外甥。索额图曾任国史院大学士、保和殿大学士、议政大臣、领侍卫内大臣等职，参与了许多重大的政治决策和活动。康熙帝继位之初，索额图辅佐康熙皇帝计擒鳌拜，从此深受康熙信任。虽然索额图也曾因参与党争、收受贿赂等过失受到过康熙帝的警告，但康熙帝念及旧情，一直没有对索额图做出太严厉的惩戒。

康熙可以容忍权臣贪污受贿，甚至卖官鬻爵，却绝不能容忍他们动摇国本。一向标榜以仁孝治天下的康熙，最恨皇子之间的党争，更忌讳皇子觊觎皇位。当他发现索额图竟然和太子沆瀣一气，甚至教唆太子篡权时，顿时龙颜大怒，下令将索额图圈禁在宗人府，几个月后，被软禁在宗人府的索额图被活活饿死！

一代权臣，竟然落得如此下场。

墙倒众人推，康熙四十七年（1708）五月，康熙帝巡幸塞外，大阿哥胤禔抓住机会向康熙帝报告了太子的许多不良表现。而且这次巡幸途中，刚满七岁的皇十八子胤祄患了急性病，康熙十分焦虑，太子却无动于衷。

太子的冷漠立刻勾起康熙帝许多并不美好的回忆：康熙二十九年（1690）七月，乌兰布统之战前夕，康熙出塞途中生病，胤礽看到父皇的病容，竟然大大咧咧的，丝毫没有忧愁的样子，康熙认为这个儿子绝无忠君爱父之念，让他先回北京。后来康熙二次废太子时，说自己包容了太子二十年，这个"二十年"是怎么算出来的呢？就是把康熙二十九年这件事作为起点的，可见康熙对这件事多么耿耿于怀。

新仇旧恨，此时一起发作，康熙气愤地责备胤礽：身为嫡长子，全不知兄友弟恭，看到弟弟生了重病，竟然丝毫不以为意！

谁也没想到，胤礽居然愚蠢到这个地步，非但不接受批评，还与康熙顶嘴、翻脸。看到太子这副不知深浅的样子，康熙对胤礽的失望不由得又加深了几分。

如果说皇帝此时依然对太子抱有一丝幻想的话，在返京途中，康熙可以说对太子彻底绝望了。他发现太子夜晚偷偷靠近他的帐篷，还从缝隙向里面窥视，康熙心中"咯噔"一下，怀疑太子要"弑逆"。中国历史上子弑父、臣弑君的例子并不少，这件事给了康熙很大的刺激，他当机立断，废掉了胤礽的皇太子之位。

胤礽被废后，众多阿哥对皇位的争夺就更为激烈和不加掩饰了。其中，尤以大阿哥胤禔最为活跃。

胤禔是皇长子，生母惠妃那拉氏只是一位庶妃，不及皇二子胤礽的生母皇后的身份高贵，因此没有被立为太子，但胤禔在诸皇子中是比较聪明能干的。据传教士白晋说："皇上特别宠爱这个皇子，这个皇子确实很可爱。他是个美男子，才华横溢，并具有其他种种美德。"

由于他在皇子中年龄居长，替父亲做的工作也最多。胤禔曾三次随康熙帝出征、巡视，深得康熙帝的信任。他自知身为庶子，皇位无望，便与八阿哥胤禩结党[1]。康熙四十七年九月，太子胤礽被废，康熙帝让胤禔负责监视胤礽，将他送至京城。得意扬扬的胤禔错误地判断了形势，竟然向父亲进言，说相面人张明德曾相八阿哥胤禩日后必大贵，提议立八阿哥为太子。

胤禔丝毫没有意识到，这个建议已经足够令康熙对自己产生疑惧，他马上又提出了一个足以断送自己一生的建议：如果父亲放不下身份和亲情，自己愿意出头，替父亲诛杀废太子胤礽。

康熙平生最恨皇子拉小团体，此刻听闻这番建议，他对胤禔的厌恶到达了顶点，不但劈头盖脸地斥责了胤禔，也对八阿哥胤禩产生了极深的防备之心。

就在这时候，三阿哥胤祉适时地向康熙帝揭发了大阿哥，说胤禔搞魇镇，加害胤礽。几件事搁到一块儿，皇帝对胤禔深恶痛绝，直斥其为"乱臣贼子"，下令夺郡王爵，将大阿哥在府第高墙内幽禁起来。胤禔从此再也没能走出王府一步。

胤禔夺嫡失败时，只有三十七岁，他被囚禁在高墙内长达二十六个春秋，雍正十二年（1734）十一月初一日才去世，终年六十三岁。

可怜堂堂的皇长子，后半生都是以阶下囚的身份苟延残喘。

大阿哥胤禔的失败也连累了八阿哥胤禩，康熙帝一不做二不休，干脆把胤禩也关押了好一阵子。察觉到众皇子对皇太子位置蠢蠢欲动，康熙四十八年（1709）三月，经过再三考虑，为了稳定人心，康熙恢复了二阿哥胤礽的太子地位。

可是胤礽实在是个缺乏政治智慧的皇子，他并没有从之前的失败中吸取教训，康熙五十一年（1712）年末，胤礽被告与刑部尚书等人结党营私，康熙把心一横，再次下诏，废太子！

胤礽一直被圈禁到死。

三阿哥胤祉见此乱局，主动退出竞争。

这里面涉及了八阿哥胤禩，我们有必要详细介绍他一下。

---

[1] 胤禩小时候被大阿哥的母亲惠妃抚养，故大阿哥与他感情较好。

胤禩是清圣祖康熙帝第八子，少时为胤禔母惠妃抚养，与大阿哥比与其他兄弟更为亲厚。胤禩出身一般，但野心不小，也很有一点儿城府，他十七岁的时候即被封为贝勒，是当时封爵皇子中最年轻的。他为人亲切随和，待人处事体贴细致、灵活温润，不拘泥于规制与名分，因此广有善缘，不但与许多阿哥交好，在江南士林中也颇有名声。康熙帝曾命他管理广善库，重建东岳庙，署理内务府总管，胤禩都完成得很好。

第一次废太子时，胤禩及其同党跃跃欲试，还试图利用相面人张明德为皇子相面的机会吹捧自己。

皇帝最怕什么？皇帝最怕诸皇子觊觎自己九五之尊的地位，虽然没抓到胤禩的把柄，康熙心中可是已经给他挂上号了。为表惩戒，康熙下令，将张明德凌迟处死。

列位，这就是敲山震虎，杀鸡给猴儿看的。谁是鸡？张明德！谁是猴儿？胤禩！

欲令智昏，利令脑瘫，胤禩的威望和势力在经过这一番打击后，已经元气大伤，但他拒绝面对现实，仍然一厢情愿地向着皇位暗暗做着努力。直到康熙朝的最后十年，他都没有放弃对太子之位的争夺。

直到"毙鹰事件"发生，胤禩夺取太子之位的幻想才彻底破灭。

康熙五十三年（1714）十一月二十六日，康熙帝在前往热河巡视途中，经过密云县、花峪沟等地，胤禩原该随侍在旁，但当时恰是胤禩的母亲良妃去世三周年的祭日，所以他就让小太监去父亲那儿请了个假，说自己前去祭奠母亲，不能亲自来请安，祭奠完毕后，自己会在汤泉等候父皇，爷儿俩一同回京。

这本来也没什么，事情坏就坏在他托太监送给康熙两只上等的海东青。

海东青是一种大型猛禽，驯化后可以成为猎鹰，在满族文化中，海东青是极其尊贵的神鹰。这本是十分吉祥的礼物，谁想到送鹰的人在御前打开八阿哥的礼物时，两只海东青都变成了奄奄一息的死鹰，康熙极为愤怒，认为这是八阿哥对自己的诅咒，当即召集诸皇子，公开斥责胤禩，康熙的话说得很绝情："自此朕与胤禩，父子之恩绝矣。"

这就等于皇上公开说，我和你的父子之情从此断绝了。

见储位无望，胤禩将希望寄托在十四阿哥胤禵身上。康熙六十一年（1722）十一月十三日，康熙帝玄烨驾崩，四阿哥胤禛嗣位。

胤禩如遭五雷轰顶，气急败坏却又无可奈何。

雍正上位后，将胤禩改名为允禩。为稳定人心，他先进封胤禩为和硕廉亲王，命办理工部事务，兼理藩院尚书。待到根基扎稳，雍正帝便找各种借口，削了胤禩的王爵，把他圈禁起来，皇八子胤禩的下场也很凄惨。

我们在前文里还提到了三阿哥胤祉，就是他向康熙帝揭发了大阿哥胤禔搞魇镇加害废太子胤礽。胤祉是康熙第三子，无论是文学还是书法，或是骑射本领，在众多皇子里面，表现都是极突出的，胤祉陪同康熙出塞围猎时，曾和一向善于骑射的康熙比试过，爷儿俩的战绩不分上下。所以我们得说，胤祉也是很受康熙青眼的皇子之一。

为什么胤祉很早就退出了夺嫡呢？起因是一次不合时宜的剃头。康熙三十八年（1699），敏妃去世，未满百日，胤祉剃了个头，这一个头剃出了大问题，康熙认为他不尊敬母妃，是个不孝之子，将其降为贝勒。

胤祉与废太子胤礽的关系素来和睦，因此博得了康熙帝的一丝好感。转年康熙复立胤礽为皇太子的同时，又晋封胤祉为和硕诚亲王。

胤祉不太热心皇储，一门心思编书，因为擅长书法，康熙命他书写康熙帝景陵的《神功圣德碑文》。胤祉的老师和门客全是学者，要么就是没有功名的布衣，他与朝中大臣不怎么来往。唯一一次搅和进储位风波，只是因为蒙古喇嘛巴汉格隆帮助皇长子胤禔私下里阴谋魇镇太子胤礽，胤祉仔细打探之后，将这件事告诉了康熙帝。

雍正即位后，将胤祉改名为允祉，以他与废太子向来亲睦为由，发配他到遵化的马兰峪为康熙守陵。胤祉心情不好，经常私下发牢骚，又对怡亲王胤祥之死缺少哀悼之情。雍正帝知道后，将胤祉夺爵、幽禁，胤祉最终病逝于景山永安亭。

太子胤礽再度被废之后，八阿哥胤禩转而支持十四阿哥胤禵，这时皇子夺嫡的局势相对明显了：九阿哥胤禟、十阿哥胤䄉附庸八阿哥胤禩，十三阿哥胤祥则支持四阿哥胤禛。

胤禛在太子首次被废后，主动为胤礽说好话，被视为太子党。胤礽二度被废之后，胤禛看到胤礽绝无复立之可能，便开始结党营私，窥视储位。朝野间形成了以胤禛为首的四爷党和以胤禩为首的八爷党两大势力。

康熙六十一年，康熙帝病故于畅春园，当时八爷党支持的十四阿哥胤禵远在西北，四阿哥胤禛留京。康熙近臣步军统领隆科多宣布康熙遗嘱——胤禛继承皇位，是为雍正皇帝。

日后，八爷党人慢慢被清算，九子夺嫡的大戏，以雍正取胜告终。

在这里，我们要介绍一下离皇位只有一步之遥的十四阿哥胤禵。胤禵是清圣祖康熙帝第十四子，与胤禛都是孝恭仁皇后所出，从血统上说，两人是嫡亲的兄弟，但在政治斗争中，两人却是仇深似海的死对头。

康熙五十七年（1718），胤禵作为西征统帅领兵出征，为保卫西藏和平做出了重要贡献。雍正帝胤禛登基后，将胤禵远派守皇陵幽禁，雍正四年（1726）又改为圈禁，直至乾隆帝弘历即位后，胤禵才恢复了自由。

依附八阿哥胤禩的九阿哥胤禟下场也非常惨烈。胤禟自幼好学嗜读，性聪敏，喜发明，曾亲手设计战车式样。胤禟十分热爱外国文化，曾自学外语。胤禟善于结交朋友，为人慷慨大方，重情重义，因为他支持皇八子和皇十四子，被雍正深为忌恨。胤禟最终被雍正囚禁毒死，享年四十四岁。

这么多阿哥都死于非命，有没有结局相对好一点儿的呢？有，那就是最会站队的皇子：十三阿哥胤祥。他是清圣祖康熙帝第十三子，与雍亲王胤禛关系最亲密，雍正帝待他也非寻常。

康熙六十一年，四皇子胤禛继位，胤祥被封为和硕怡亲王，并出任议政大臣，处理重要政务。雍正元年（1723），皇帝命胤祥总理户部。自此即全力辅佐雍正治理国家，皇帝对其十分信任。

胤祥对雍正朝的治绩助力甚大，遂得世袭罔替的许可，被封为铁帽子王，他也成为清朝有史以来第九位铁帽子王。

雍正八年（1730）五月初四，胤祥去世，时年四十五岁。死后配享太庙，谥号为"贤"。雍正对这个弟弟感情很深，不但另赐匾额"忠敬诚直勤慎廉明"冠于谥前，还将其名"允祥"的"允"字改回"胤"字，有清一代，胤祥是唯一不需要避皇帝讳的臣子。

最后，我们谈一谈最终的胜利者：四阿哥胤禛。

爱新觉罗·胤禛，即清世宗，清朝第五位皇帝。康熙三十七年（1698），受封贝勒；康熙四十八年（1709），封和硕雍亲王。

康熙帝二废太子胤礽之后，胤禛积极经营，争夺储位，康熙六十一年十一月十三日，康熙帝在北郊畅春园病逝，胤禛继承皇位，次年改年号雍正。

雍正帝在位期间，勤于政事，自诩"以勤先天下""朝乾夕惕"，是有名的工作狂。亲身经历过夺嫡大战的雍正帝深知诸皇子互相倾轧的负面作用，他发明了新的秘密建储制度。皇帝不再公开设立皇储，而是在密诏上亲笔写下未来的储君人选。密诏一式两份，一份由皇帝本人随身收藏携带，一份放置在乾清宫的"正大光明"匾后面。皇帝驾崩后，负责后事的大臣需将两份密诏都取来对证，当众宣读，即时生效。

这个办法较为完善地解决了内斗造成的负面影响，既不会令太子骄纵，也在一定程度上有效避免了朝臣结党和皇子之间的骨肉相残，因此被一直沿用。

02

清宫绯闻：
叔嫂恋究竟是真是假

"上寿称为合卺尊，慈宁宫里烂盈门。春官昨进新仪注，大礼恭逢太后婚。"

　　说起来谁都不信，我其实是一个好静不好动的人。

　　最近澳大利亚下雨，我每天在家里坐着，读读书，看看戏，就觉得很快乐。家人有时打开电视看清宫剧，我偶尔也跟着看两眼，有些片段，看着也挺有意思。

　　读史可以使人明智，古人说"鉴以往可以知未来"，就是这个意思。电视剧不是正规的纪录片，一说一乐的事，尤其现在热播的清宫剧，加工的成分比较大，也不会对历史事件做到真正的客观呈现，但电视剧终归是戏，核心追求是娱乐大众，我们不能在这方面对它要求过高。

　　话说回来，正史就一定是百分之百的事实吗？我觉得也不见得。虽然现在科技很发达，但谁也没有办法让时光倒流，去看看当时到底发生了什么。史官做记录时心里在想些什么，有着怎样的情绪，也很难说。

　　我觉得大家不妨集思广益，看看正史，也看看野史，从对比中寻找思考的快乐。

今天，我就带着大家探一探发生在清宫里头的四大疑案。

疑案一：太后下嫁

太后，指清孝庄文皇后博尔济吉特氏，她是蒙古科尔沁部贝勒寨桑之女。

1625年，博尔济吉特氏嫁给皇太极为妻。

1626年，皇太极继承汗位。

1636年，皇太极称帝，封博尔济吉特氏为永福宫庄妃。

1638年，博尔济吉特氏生第九子福临。

1644年，福临即位，尊其生母为皇太后。由于博尔济吉特氏是皇太极的妃子，谥号孝庄，又因博尔济吉特氏的儿孙都做了皇帝，故后世人称她为孝庄文皇后。

那么孝庄文皇后下嫁给谁了呢？

皇太极的亲弟弟——摄政王多尔衮。

公元1643年9月21日，皇太极暴病身亡，孝庄文皇后的生活随之被卷入疾风骤雨中。由于皇太极临终前没有指定皇位继承人，朝中出现了诸王争位的混乱局面，并很快形成了以皇太极的弟弟多尔衮和皇太极的长子豪格为首的两派势力。

多尔衮与豪格各自手握重兵，一旦打起来，谁也没有必胜的把握。为避免清王朝内部的分裂与自相残杀，一番权衡之后，多尔衮提出：由皇太极年幼的儿子福临继承皇位。

多尔衮的建议，很快得到了各方认可。

在这种背景下，不满六岁的福临登上了皇位，改年号为顺治。同时被推上历史舞台的，还有他的生母——孝庄太后。

顺治登基后数月，多尔衮就率军入关，一举占领了北京，清朝从此入主中原。多尔衮以摄政王的身份总揽朝政，他的权势越来越大，地位越来越高。就在这时，孝庄太后下嫁摄政王多尔衮的消息，成为全天下最大的绯闻，迅速传遍了各个角落。

那么，孝庄太后到底有没有下嫁多尔衮呢？对于这个问题，专家们的意见分成了两派，一派认为太后下嫁确有其事，另一派则认为此事纯属虚构。

"肯定孝庄下嫁派"的论据有这么几个：

一、从当时的政治形势来看，皇太极死时，孝庄才三十一岁，继承皇位的顺治皇帝年仅六岁，孤儿寡母，如何执掌大清政权？而在当时，执掌朝中军政大权的，实际上是睿亲王多尔衮。一个年轻的寡妇，为了保住儿子的皇帝宝座，委身于咄咄逼人的小叔子多尔衮，便是情理之中的事了。

二、当时满洲的风俗是：父亲死了，儿子可以娶庶母；兄长死了，弟弟可以娶他的嫂子。三十一岁的孝庄盛年寡居，改嫁三十二岁的小叔子，完全符合满洲风俗。

三、顺治的报复行为。多尔衮死后，刚刚亲政的顺治皇帝就开始清算多尔衮的罪行，给多尔衮定了十大罪状，并且把多尔衮的尸体从坟里挖掘出来，鞭尸、砍掉脑袋。这种清算可以看出，顺治与多尔衮有不共戴天之仇，这个仇，很有可能就是多尔衮曾逼迫他的母亲孝庄下嫁。

四、当时一些野史提供了此事的细节。清末刊行的《苍水诗集》中有诗云："上寿称为合卺尊，慈宁宫里烂盈门。春官昨进新仪注，大礼恭逢太后婚。"

"太后婚"是指太后下嫁摄政王多尔衮这件事。诗作者是清初人张煌言，与多尔衮是同一个时代的人，说明太后下嫁是可信的。

据蒋良骐的《东华录》说，多尔衮"自称皇父摄政王，又亲到皇宫内院"，《清史稿》中也有"叔父摄政王治安天下，有大勋劳，宜加殊礼，以崇功德，尊为皇父摄政王"的记载。

多尔衮此时已把太后置于妻子的地位，把皇帝置于儿子的地位了。如果太后没有下嫁，是万万不能接受这种侮辱的。

另据朝鲜《李朝实录》记载，仁祖二十七年（清顺治六年，1649 年）二月，清廷曾派遣使臣赴朝鲜递交国书,朝鲜国王李倧看见书中称多尔衮为"皇父摄政王",便问清朝使臣:"清国咨文中,有'皇父摄政王'之语,此何举措?"清使臣答:"今则去叔字,朝贺之事,与皇帝一体。"在这里间接地透露了多尔衮称皇父"已为太上",与太后相对称,这也是太后下嫁多尔衮的一个有力旁证。

顺治五年(1648),多尔衮逼死肃亲王豪格后,纳肃亲王豪格福晋为妻,这是在《清史稿》中都有记载的。豪格为皇太极长子,福临亲兄,多尔衮的亲侄。多尔衮对侄媳都可以无礼,就更不用说嫂嫂了。由此可以推知,多尔衮冠以"皇父"之称,很有可能是多尔衮娶顺治之母后,顺治不得已,尊其为皇父的。

据"太皇太后遗诏"记载,康熙二十六年(1687)十二月,孝庄文皇后在病重时,对康熙说:"太宗奉安久,不可为我轻动。况我心恋汝父子,当于孝陵近地安厝,我心始无憾。"

什么意思呢?就是说:皇太极已经在陵墓中安寝很久了,不要为了埋葬我而轻易启动陵墓。我心里舍不得你们父子俩,就把我安葬在你父亲的孝陵附近吧。

这是违背清朝帝后丧葬制度的,说明太后有难言之处,她已经下嫁摄政王多尔衮,再同皇太极同穴合葬,怕世人耻笑。康熙皇帝对孝庄非常孝顺,从不违逆祖母的要求,然而孝庄的遗言让康熙皇帝非常为难,若依了孝庄的遗言,就会违背祖制,若遵祖制,就得违背孝庄遗言。左右为难中,康熙只能把孝庄下葬的事情一拖再拖,先在地面上为孝庄的棺椁找了个临时安置地,这一搁就是三十多年,直到康熙逝世,雍正继位三年后,雍正帝才匆匆忙忙把孝庄就地下葬了。

"否定孝庄下嫁派"的论据有这么几个:

一、从汉人的伦理观念看,娶弟妻兄嫂是极不光彩、不文明的事。而太后下嫁就更不光彩了。因此,有人认为,太后下嫁没有明文记载,原因是清朝皇室受汉族风俗习惯的影响,认为太后下嫁不光彩,为了遮盖太后下嫁的事实,毁书灭迹,致使后人难以弄清事实真相。

二、张煌言的诗是文学作品,有想象夸张的成分,不足为凭。

三、他们还针对"皇父摄政王"的档案记载,提出了有力辩驳。专家们考证,在古代也经常有母亲并没有嫁给这个男人，而儿子把这个男人称为父的现象。比如西周姜子牙名为"尚"，当时的周武王就尊称他为"尚父"，意思是仅次于生父。由此人们就感到以顺治的口气称多尔衮为"皇父"正是像古代称"尚父"一样，是对重臣的一个尊称，并不能证明他的母亲孝庄太后下嫁了。

此外，孝庄去世后葬在了清东陵的风水墙外，这是很有意思的一件事，对此有两种解读。

一种解释是说孝庄的陵叫昭西陵，因为她的丈夫皇太极在沈阳的陵墓叫昭陵，昭陵和昭西陵遥相呼应，这夫妻二人虽然没合葬在一起，但是在陵墓的名称上还是相呼应的。

另外还有一种解读认为，把孝庄葬在风水墙外，是对孝庄的一种惩罚，她下嫁给了多尔衮，有辱皇家尊严，把孝庄葬在风水墙外是让她给儿孙们看门。

孝庄太后已入土为安了，然而黄土之上几百年来孝庄下嫁的传闻从没有停息过！孝庄是否下嫁多尔衮也随着时间的推移成了一桩悬案！基于有限的史实，每个人心里都会有一个合理猜想。

疑案2：顺治出家

爱新觉罗·福临，即清世祖，是清朝第三位皇帝，也是清朝入关的首位皇帝。

他是清太宗皇太极的第九子，六岁登基，做了十八年皇帝后，于二十四岁驾崩。

顺治皇帝是一个颇有宗教情怀的皇帝，早年就对宗教有特殊的兴趣，成年后更是对佛教崇信有加。顺治受佛教熏陶，后来遇到中国高僧玉林琇等人，对佛教产生了莫大的兴趣，经常请僧人入宫，为自己讲经，还让几位高僧常伴自己左右说法，其中就有玉林琇的弟子茆溪森，顺治自己还有个法号——行痴。

顺治曾打算出家，当时茆溪森都准备好为顺治剃度了，玉林琇得知这个消息后，立刻赶往皇宫，阻止了这件事。因为这件事太过严重，玉林琇吓坏了，表示要烧死自己的弟子茆溪森，连干柴都准备好了。顺治母亲孝庄太后也一再劝阻，顺治出家的想法便就此打住，没有成行。

然而，过了半年多的时间，顺治皇帝便死了，传言说，顺治是染上天花，暴毙身亡，但官方并未给出明确的说明。于是，顺治皇帝的结局便成了历史之谜。

按照常理，一个皇帝在没有明显疾病和意外的情况下，年仅二十四岁就暴毙，必然会让人产生种种怀疑。即便是一生被慈禧当成木偶，遭遇国仇家恨，命运坎坷悲惨的光绪皇帝，也好歹活到了三十八岁才被毒死。所以，顺治的死也成为清史上一大疑案。

对于顺治之死，历史上一直都有各种说法。一种说法认为，顺治皇帝长期被多尔衮压制，患上抑郁症，因此早逝；另一种说法认为，顺治宠爱的妃子董鄂氏去世，导致他悲伤过度，追随爱妃而死。

还有一种"出家说"，说顺治帝其实没事，他舍弃了皇位，遁入空门。

那么，顺治到底出没出家呢？让我们带着疑问开启下一章节——顺治死亡迷雾：是"出家"还是"出痘"？

03

顺治死亡迷雾：

是"出家"还是"出痘"

生于帝王家，是幸运还是不幸，大家可以自己琢磨琢磨。

对于顺治的死因，历史上一直有各种说法。一种说法认为，长期被多尔衮压制，皇帝患上了抑郁症，因此早逝；另一种说法认为，最宠爱的妃子董鄂氏去世，导致顺治帝悲伤过度，最终早逝。还有一种"出家说"，说顺治帝舍弃皇位，遁入空门。

那么，到底顺治有没有出家呢？

有人认为没有出家，否定顺治出家的论据有这么几个：

论据一，档案记载。

皇帝与平民百姓不同，在封建社会，皇帝的葬礼有着很复杂的流程，顺治帝去世后，遗体安放、继任皇帝和百官不止一次地致祭、神位奉入乾清宫、择吉日再奉入太庙、遗体火化、宝宫奉安、地宫下葬，这一系列仪式都在官方档案中做了相关记录，时间、地点、仪式、人员等资料一清二楚。顺治生前过往甚密的高僧们也都在各自的著作里做了纪实的回忆。两相印证，内容完全一致。如果顺治假病逝，真出家，官方与民间的记载均系遵从顺治的嘱托而造假，那绝不可能完美到如今天我们所看到的，档案与文献不含一丝瑕疵。

论据二，小宛非妃。

按民间的传说与野史的记载，顺治并没有死于天花，而是以死为名，逃离尘世，去山西五台山做了和尚，而且一直活到康熙五十年，七十四岁时才圆寂。

野史中说，顺治出家是因为他所钟爱的董鄂妃（从江南被抢来献给他的名妓董小宛）的去世，使他伤心至极、万念俱灰。因梦到爱妃死后去了五台山，顺治便追随到五台山修身向佛了。

这种说法其实靠不住。

董小宛确有其人，她是江南名妓，后嫁给"明末四公子"之一的冒辟疆为妾。董小宛死后，冒辟疆写下了《影梅庵忆语》，记述了他为小宛赎身、两人在战乱中颠沛流离的生活以及小宛生病而死的详细过程。与冒辟疆同时期的一些名士也有相同的记载。根据冒的记述，董小宛比顺治大十四岁，并于顺治八年（1651）正月初二去世，当时顺治年仅十四岁，按清宫的规矩，还没到大婚的年龄。所以董小宛不可能如野史所言，进宫成为顺治的爱妃。以此为据的顺治出家之说，显然也不能成立。

要说起来，顺治皇帝福临这一生也不容易。1643年，皇太极猝死于盛京，没有留下任何遗言，皇位争夺战立刻打响。努尔哈赤曾留下过遗言，皇位的继承人必须由大汗与和硕贝勒们共同讨论决定。此时大汗皇太极猝死，有资格参与讨论的贵族共有七个，其中包括礼亲王代善、郑亲王济尔哈朗、睿亲王多尔衮、肃亲王豪格四位亲王，以及武英郡王阿济格、豫郡王多铎和多罗郡王阿达礼三位郡王。其中最有希望夺得皇位的是肃亲王豪格和睿亲王多尔衮，顺治此时并不在各位亲王考虑的范围之内。

豪格是皇太极的长子，年三十五岁，比多尔衮还大三岁，史书上说他"容貌不凡有弓马才""英毅多智略"，而且豪格弓马娴熟，战功卓著，皇太极生前亲自统领的正黄、镶黄、正蓝三旗都拥护豪格即位——两黄旗大臣索尼、鳌拜等人都追随皇太极多年，愿意效忠皇太极之子，而正蓝旗本来就是由豪格统领的，自然更是死心塌地追随旗主。

多尔衮是努尔哈赤十四子，皇太极的十四弟，据说努尔哈赤曾留下过遗言，说九王子多尔衮当立而年幼，由代善摄位。然而代善鉴于当时的情势，转而拥立皇太极，多尔衮由此与帝位失之交臂。多尔衮才干过人，骁勇善战，他与弟弟多铎掌握着正白、镶白两旗，此外，武英郡王阿济格也公开支持多尔衮，这就等于说，在有资格议政的七王之中，多尔衮至少可以争取到三票。

两大阵营就皇位继承人的问题，争执不下，朝堂之上剑拔弩张，充满了火药味儿。为避免内乱，实现入关大计，睿亲王多尔衮提出一个折中的方案：让皇太极的幼子，年方六岁的福临即皇帝位，郑亲王济尔哈朗与自己一起辅政。

只要多尔衮不上台，正黄、镶黄两旗是可以接受福临即位的，毕竟他也是皇太极嫡亲的儿子。而且，福临的生母博尔济吉特氏是蒙古科尔沁部贝勒寨桑之女，让唯一具有蒙古血统的皇子福临即位，也体现了皇太极"满蒙一家"的执政理念，是笼络蒙古贵族的有效手段。

多尔衮也愿意接受这个建议，毕竟福临年幼，只能做个傀儡天子，自己大权在握，也等于半个天子了。

福临继位后，摄政王多尔衮领大将军印，率部南下中原。经过数日激战，多尔衮取得山海关大捷，与吴三桂联手，大败李自成的军队。随后，多尔衮命吴三桂部为先导，率领八旗铁骑挥师南下，径奔北京而去，沿途官员无不献城投降，奉表称臣。李自成眼看大局已定，只能败归北京，匆忙称帝，然后一把火烧了紫禁城，弃城而去。多尔衮率领清军，打朝阳门进了北京城。努尔哈赤、皇太极两代帝王入主中原的梦想，终于由多尔衮实现了。

在战功赫赫的多尔衮面前，年方六岁的小皇帝福临只能任其摆布。福临继位的前十年，真正在朝堂上发号施令的都是"皇父摄政王"多尔衮，直到多尔衮死后，顺治帝福临才真正掌握了实权。

顺治帝这短暂的一生看似显赫，实则十分孤独可怜，少年皇帝无权无势，形如傀儡。他得到的亲情、友情和爱情都是残缺的。他与母亲庄妃（孝庄太后）的关系十分微妙：庄妃不是皇后，福临也并非长子，皇太极登基时，庄妃才十四岁，丈夫去世时，庄妃也不过三十出头，孤儿寡母阴错阳差登上了权力的巅峰。富有政治智慧的庄妃为了维护多尔衮这座靠山，不惜下嫁。这固然让福临的皇位更稳固了一些，却也让年幼的福临一生蒙上了无法洗去的羞辱，充满了痛苦。

福临的前半生都生活在大权独揽的叔父多尔衮的阴影下，皇帝当得有名无实，最初两黄旗还可以为他提供庇护，长兄豪格也是他坚实的后盾。但多尔衮辅政期间不断分化两黄旗，削弱八旗势力，甚至取消了八旗贝勒共议军机大事的制度，改为由两位摄政王决断。同时，多尔衮又谕告各部，凡有需要向郑、睿两位亲王报告的事务，皆须先汇报给睿亲王多尔衮。这么一来，多尔衮便成为清廷真正的统治者，实际意义上的皇帝！福临名义上贵为天子，实际上只是仰人鼻息的傀儡帝王。

大权独揽的多尔衮认为，最大的政治威胁仍然来自豪格。清军入关之初，正是需要用人的时候，豪格军功卓著，威名远扬，多尔衮命豪格率部平定了陕西、四川两地。直到豪格射死张献忠，凯旋后，多尔衮才将他幽禁起来，豪格最终不明不白地死在狱中，时年仅四十岁。

对于豪格的死因，也有别的说法：有人说豪格带军凯旋，在卢沟桥驻扎时设宴饮酒，酒后被亲兵用弓弦勒死；也有人说豪格是在凯旋途中，被多尔衮埋伏的军队杀死。但不管怎么说，豪格死于多尔衮之手，这是毫无争议的。

为了表示对豪格的侮辱，多尔衮还霸占了豪格的福晋，作为自己的福晋。

多尔衮种种行径，无疑加深了小皇帝对他的愤怒。

多尔衮任摄政王期间，不断为自己加封尊号，从"叔父摄政王"到"皇叔父摄政王"，顺治五年再尊为"皇父摄政王"，地位高贵如太上皇，孤立无援的小皇帝只能听之任之，心中怨恨愈深。顺治七年（1650），多尔衮出猎古北口外时不慎坠马，医治无效，死于喀喇城，顺治这才能够亲政。

顺治亲政不久，便宣布了多尔衮的十大罪状，籍其家产，罢其封爵，撤其庙享，诛其党羽。多尔衮的坟都被挖了，尸体的脑袋都被切下来了，你说顺治得有多恨多尔衮？

我们回头再来说顺治的婚姻生活。

顺治先后册封过两位皇后，一位是他母亲孝庄太后的侄女博尔济吉特氏。顺治亲政后，将其册封为皇后，皇后喜好奢华，两人性格不合，顺治便将博尔济吉特氏的后位废掉，降为侧妃。另一位是孝惠章皇后，她是孝庄太后的侄孙女，十四岁时被封妃，后立为皇后，不久后就受到了顺治帝的斥责，但孝惠章皇后与太后保持着十分亲厚的关系，靠太后的庇护保住了自己的后位。

顺治真正爱的，其实只有董鄂妃一人而已。野史说董鄂妃是明末名妓董小宛，这是无稽之谈，"董鄂"为八旗著姓，在满语中，"董鄂"意为一种生长在水边的美丽小草。董鄂妃本是大臣鄂硕之女，满洲正白旗人，生得清丽脱俗，自幼颖慧过人，读书过目不忘。顺治十三年（1656）八月，十八岁的董鄂氏入宫，顺治帝对她一见钟情，立刻册封为贤妃。一个月后，又以"敏慧端良、未有出董鄂氏之上者"为由晋封为皇贵妃，这种升迁速度，历史上十分罕见。

顺治帝为董鄂妃举行了十分隆重的册封皇贵妃典礼，并破天荒地按照册封皇后的大礼颁恩诏大赦天下。在有清一代近三百年的历史上，因为册立皇贵妃而大赦天下的，这是绝无仅有的一次。顺治还曾想废掉孝惠章皇后，另立董鄂妃为后。顺治十五年（1658）正月，因太后身体不适，顺治责怪孝惠章皇后礼节疏忽，停用中宫笺表，与诸王大臣商议废后。这一计划遭到了太后的强力制止，董鄂妃得知后，长跪在顺治帝面前，叩头请辞后位，顺治废后的计划未能如愿以偿。

说来也是神奇，据说在董鄂妃入宫之前，福临也沾染了清朝贵胄那种好色淫纵的习气，朝秦暮楚，喜新厌旧。然而董鄂妃的出现创造了奇迹，少年天子尽改恶习，与董鄂氏情投意合，两情相悦，根本无暇顾及其他。"长信宫中，三千第一；昭阳殿里，八百无双"，董鄂氏宠冠后宫，福临就像变了个人一样。

世间好物不坚牢，彩云易散琉璃脆。和和美美的小日子只过了四年，董鄂氏便香消玉殒了。她本来就体弱多病，在宫内各股势力之间周旋，更是劳心劳力的营生，好不容易产下一子，未过百天孩子就夭折了，在失去儿子的打击下，董鄂氏一病不起，年仅22岁便撒手人寰。

顺治得知噩耗，悲恸欲绝，连续五天不曾上朝，不顾一切，寻死觅活，宫人不得不昼夜轮班看守他，以免皇帝想不开自杀。

董鄂氏薨后第三天，顺治帝才从悲痛中恢复了一丝理性，传令追谥皇贵妃为"孝献庄和至德宣仁温惠端敬皇后"，在户部资金极为短缺的情况下，顺治在景山建水陆道场，大办丧事。他甚至一度想将宫中太监与宫女三十人赐死，让他们在阴间伺候自己的爱妃。经过臣子劝阻，才放弃了这个荒唐的念头。

顺治帝令全国官民一起服丧，官员一月，百姓三天，并亲自动笔撰写了《孝献皇后行状》，记录了董鄂氏的美言、嘉行、贤德，洋洋达四千言，内容十分丰富。顺治帝还让大学士们为董鄂氏撰写祭文，学士们交了很多篇文章，皇上都看不上，打回去让他们重写，最后中书舍人张宸写了一份祭文上奏给顺治，祭文极尽才情，极致哀悼，历数董鄂氏的嘉言懿行，洁品慧德。顺治皇帝手捧祭文，读着读着，便痛哭流涕。

四个多月之后，顺治帝也溘然离世，追随爱妃而去。

德国传教士汤若望曾做过顺治皇帝的师傅，他回国以后，在回忆录中记载过这样一件事："顺治皇帝对于一位满籍军人之夫人，起了一种火热爱恋。当这一位军人因此申斥他的夫人时，他竟被对于他这申斥有所闻知的天子亲手打了一个极怪异的耳光。这位军人于是怨愤致死，或许竟是自杀而死。皇帝遂即将这位军人的未亡人收入宫中，封为贵妃。"

有人考证，这个满籍军人就是顺治皇帝的十一弟博穆博果尔。清代有选秀女的制度，秀女的年龄一般限制在十三岁到十五岁，而董鄂氏十八岁才进宫。说明董鄂氏很有可能不是通过正常的渠道进入皇宫的。董鄂氏很可能在顺治十年（1653）就入选秀女，并被指配给了襄亲王博穆博果尔，那年董鄂氏十五岁。按照当时清代的规定，王爷们的福晋要进宫侍宴。顺治皇帝由此与襄亲王的福晋董鄂氏相识相爱，襄亲王博穆博果尔也因此愤而自杀。

说远了，我们再回到顺治帝有没有出家的问题上。还有一个论据，常被人用来证明顺治帝没有出家，这就是论据三——患染天花。

据正史《清世祖实录》记载，顺治十八年（1661）正月"丁巳（初七日），夜，子刻，上崩于养心殿"。还有佐证，因顺治帝患天花，清廷禁止民间炒豆。

顺治帝病危时，翰林院掌院学士王熙起草了遗诏。王熙《自撰年谱》记载了这件事情：顺治十八年正月初二日，顺治帝突然病倒，病情严重。第二天，召王熙到养心殿。初六日子夜，又召王熙到养心殿，说："朕患痘，势将不起。尔可详听朕言，速撰诏书。"王熙退到乾清门下西围屏内，根据顺治帝的口授撰写遗诏，写完一条，立即呈送。一天一夜，三次进览，三蒙钦定。遗诏到初七日傍晚撰写并修改完毕。当夜，顺治帝就去世了。

从这些资料上看，顺治帝应该没有出家。

当然，传说中的顺治出家，倒也并非完全是空穴来风。"出家"派也提出过几个论据：

论据一，佛教熏陶。

顺治成为一位笃信佛教的皇帝，有他生活环境的影响。早在他的祖父努尔哈赤时期，藏传佛教已传到赫图阿拉。努尔哈赤常手持念珠，并在赫图阿拉建立佛寺。到皇太极时，盛京兴建实胜寺，藏传佛教在后金已产生很大影响。

顺治的生母是蒙古族人，自幼受到佛教的熏陶，又年轻寡居，只能以信佛解脱内心的孤独与苦闷。顺治帝受母亲影响，自幼信奉佛教，十四岁时外出打猎，还曾会见过一位在石洞中默默修炼了九年的别山禅师，顺治对其佩服得五体投地，特在京城西苑（今中南海一带）辟出一处"万佛殿"，供别山禅师修身。但别山仅入宫做了一次礼节性拜访便飘然而去，回他的山洞了。这使顺治感动不已，从此，他的思想也渐渐超乎尘世，开始一心向佛，视尊崇高贵的皇帝之位如过眼烟云了。

此外，在康熙年间，两宫西狩经过晋北，地方上无法准备供御器具，却在五台山上找到了内廷器物，这似乎又是一个顺治出家的证据。

顺治十四年（1657），在太监的精心安排下，二十岁的顺治在京师海会寺同憨璞聪和尚见面，两人相谈甚欢。顺治帝欣赏憨璞聪的佛法智慧、言谈举止，便将他召入宫中。十月，顺治帝又在皇城西苑中海的万善殿，召见憨璞聪和尚，向他请教佛法，并赐以"明觉禅师"封号。

他对佛教愈信愈虔，愈修愈诚。顺治还召见玉林琇、木陈忞、茆溪森等和尚，让他们在宫里论经说法，并邀请玉林琇为他起法名，指明"要用丑些字样"。

玉林琇为顺治取法名"行痴"，称赞顺治是"佛心天子"，顺治在这些和尚面前自称弟子。

顺治总有剃度出家的念头。有记载统计，他曾在两个月的时间里，先后三十八次到高僧馆舍，相访论禅，完全沉迷于佛法的世界。顺治还曾命茆溪森为他净发，要放弃皇位，身披袈裟，专心修道。茆溪森试图劝阻，顺治不听，硬是要人给自己剃个和尚的光头。这一下皇太后可着急了，火速叫人把茆溪森的师父玉林琇召回京城。玉林琇到北京后非常恼火，当时命人架起柴堆，要烧死弟子。顺治无奈，只好让步，放弃了出家的想法。

综合各种言论来看，我认为顺治帝是死于天花的，他并没有出家。顺治这个人，任性又脆弱，多情且多愁，他幼年时就身不由己地成为权力中心，得到的亲情中总是夹杂着权欲的味道。唯一深爱的董鄂妃离世后，他短暂的一生也走到了尽头。

生于帝王家，是幸运还是不幸，大家可以自己琢磨琢磨。

04

清朝皇帝不易做：

生得离奇，死得蹊跷

姑妄言之，姑妄听之。

前面我们讲了四大疑案中的"太后下嫁"和"顺治出家"，今天我们来聊第三个疑案："雍正被刺"。

疑案三：雍正被刺

雍正皇帝是清兵入关后的第三位皇帝，统治清朝将近十三年。他和父亲康熙皇帝、儿子乾隆皇帝三人，开创了整个清朝最辉煌的"康乾盛世"，是一位非常勤政能干的皇帝。

据《清世宗实录》记载，雍正十三年（1735）八月二十一日，雍正在圆明园生病。就在前几天，他还照常办公、接见官员，可见此时的雍正并没有出现太大的健康问题。二十一日当天，雍正带病坚持工作，未曾休息。二十二日晚，病情加重，雍正命人召来宝亲王弘历、和亲王弘昼、庄亲王允禄、礼亲王允礼、大学士鄂尔泰、张廷玉，宣布传位于皇子弘历。二十三日，雍正驾崩。

对雍正皇帝的突然死亡，清朝官方只有如此简单的记载，没有说明任何原因。这就很容易引起人们的猜测。于是，关于雍正死因的种种说法便产生了：有说雍正帝是中风死的，有说雍正帝是被暗杀的，有说是被宫女太监们害死的，也有说是服用丹药被毒死的。

"中风"一说有很多人支持。雍正皇帝的勤政是出了名的，有学者赞誉："自古勤政之君，未有及世宗者。"清朝没有宰相，内阁机构也不怎么给力，雍正帝在位的第七年才开始设立军机处，许多功能尚未完善。因此，雍正帝的工作量非常巨大。

据考证，雍正在位十二年零八个月，批阅的奏折超过四万件，他自称"以勤治天下"，并不是一句空话。这么起早贪黑地工作，身体怎么会好？雍正登基时已经四十六岁了，中风猝死，也是一个相对合理的推断。

也有人说，雍正帝是被刺客暗杀的。稗官野史如《清宫十三朝》《清宫遗闻》等书，都有雍正帝遇刺身亡的记录。民间有一个广为流传的说法，说当时有一位侠女吕四娘，她的父亲和爷爷都因文字狱被雍正杀害，只有吕四娘携母亲和奶娘逃了出来，隐姓埋名，潜藏民间。为了报仇，吕四娘拜师习武，勤学苦练，然后乔装改扮，混入深宫，趁雍正不备，砍掉了他的脑袋。因此，在安葬雍正时，只好铸造了一颗金头。

这个传说在民间流传了两百多年，还有个评书《吕四娘刺雍正》，说的就是这事，但我们回头细品，这个可能性并不大。

这里面的吕家，指的是明末清初的著名学者吕留良一家。吕留良死后的第四十九年，雍正忽然以"大逆"罪名，判吕留良凌迟处死。

此时吕留良已去世多年，雍正硬是剖棺戮尸，枭尸示众，吕氏的子孙、族人、弟子广受株连。凡成年男子斩立决，凡女子罚给官家为奴。此案震惊朝野，吕氏一门的男女老幼俱被严惩，就连吕家的祖坟，都有人昼夜轮班严密监视，不可能平白走脱三个女子。这些传说都是无中生有，纯属野史逸闻。

还有人说，雍正是死于太监宫女之手。柴萼《梵天庐丛录》记载：传说雍正九年（1731），宫女伙同太监吴首义、霍成，伺胤禛睡熟，用绳缢杀，气将绝，被救活。这个逸闻其实是源自明世宗嘉靖皇帝的真实故事。

明嘉靖二十一年（1542），宫女杨金英等因为不堪忍受虐待，趁嘉靖皇帝熟睡，用绳子勒住皇上的脖子，但是慌乱之中不小心把绳子打了个死结，怎么也勒不死皇帝，同伙中一个张姓宫女见到这个画面，害怕了，跑去向方皇后告发此事。皇后赶到，命人解开绳结，皇帝已经没气儿了，赶紧召来太医许绅急救。结果怎么样呢？《明史·许绅传》记载："绅急调峻药下之，辰时下药，未时忽作声，去紫血数升，遂能言，又数剂而愈。"皇上又苏醒过来，能说话了。事后，杨金英等一干宫女都被磔死。

雍正帝与嘉靖帝的庙号都是"世宗"，这个清世宗雍正帝被宫女缢杀的故事，完全是明世宗嘉靖帝被宫女勒缢故事的翻版。所以，宫女勒缢雍正帝之说，实属移花接木，张冠李戴，也不可信。

历史学家们近年来对清宫档案进行了大量研究，越来越多的史学工作者认为，雍正吃丹药中毒致死的可能性极大。杨启樵在《雍正帝及其密折制度研究》一书里明确指出：雍正帝是"服饵丹药中毒而死的"。

炼丹是道教的一种修炼方法，为的是长生不老。丹药，一般是由道士们用铅砂、硫黄、水银等天然矿物做原料，用炉鼎烧炼而成。

雍正没当皇帝的时候，就对丹药产生了兴趣。他曾写过一首《烧丹》诗："铅砂和药物，松柏绕云坛。炉运阴阳火，功兼内外丹。"从中可以看出，雍正早年就对炼丹有了相当的研究和兴趣。

雍正当上皇帝后，极力推崇金丹派南宗祖师张伯端，把他封为"紫阳真人"，雍正特别赞赏张伯端发明了金丹要领。雍正经常吃道士炼制的一种叫"既济丹"的丹药，从他对田文镜奏折的批语中，可以知道他感觉服后有效，还把丹药作为礼品赏赐给鄂尔泰、田文镜等大臣。

雍正八年春，雍正闹了一场大病。为治病，他命令百官大规模访求名医和术士。这份谕旨没有让负责抄录的大臣代笔，而是皇帝一份份亲自书写，足见他对这件事的高度重视。

很快，四川巡抚宪德写折子说，当地有个人叫龚伦，有长生之术，八十六岁时还得了个儿子。雍正立即谕令此人进宫，但此时龚伦却死去了。为此，雍正十分惋惜。

浙江总督李卫密奏说，民间传闻河南道士贾士芳有神仙之称，特推荐此人进京为皇上治病。贾士芳原是北京白云观道士，后来浪迹河南。贾士芳进宫初期，雍正还觉得治疗挺见效，可后来他渐渐发现，贾士芳用按摩、咒语等方术控制了自己的健康。堂堂天子岂能容他人摆布，雍正下令将贾道士斩首。

虽然杀了贾士芳，雍正并没有因此失去对道士的信任。据清宫档案记载，雍正从闹病到去世这五年间，一直频繁地参加道教活动。此外，他还在主要宫殿安放道神符板，甚至在御花园建了几间房子，让道士娄近垣等人居住。雍正还在苏州给道士定做了法衣，一做就是六十件。北京故宫博物院还收藏有雍正当年穿道教服装的画像。所有这些都说明，雍正确实信奉道教。雍正尊崇道教的原因，用他自己的话说，就是"治病驱邪"。

雍正大搞道教活动的同时，也在圆明园内开始秘密炼丹。清宫《活计档》是专门记载皇宫日用物品的内务府账本，里面披露了雍正炼丹的一些情况。最早的记载是在雍正八年，其主要内容大概如下：

十一月十七，内务府总管海望和太医院院使刘胜芳一同传令：往圆明园秀清村送去桑柴七百五十公斤、白炭两百公斤。

十二月初七，海望、刘胜芳传令：往圆明园秀清村送去口径一尺八寸、高一尺五寸的铁火盆罩一件、红炉炭一百公斤。

十二月十五，海望、刘胜芳和四执事执事侍李进忠一同传令：往圆明园秀清村送去矿银十两、黑炭五十公斤、好煤一百公斤。

十二月二十二，海望和李进忠又一同传令：圆明园秀清村正在炼银，要用白炭五百公斤、渣煤五百公斤。

档案中提到的秀清村位于圆明园东南角，依山傍水，是一个进行秘事活动的好地方。根据档案记载，在一个多月的时间里，往秀清村送的木柴、煤炭就有两千多公斤。清代皇家宫苑取暖做饭所用燃料都是定量供应，并有专门账本，从不记入《活计档》。同时，操办这件事情的海望是雍正心腹，刘胜芳则是雍正医疗保健的总管太医院院使。而档案中的"矿银""化银"等，是炼丹所用必需品。由此可以得出结论，从雍正八年末，雍正就在圆明园秀清村开始炼丹了。

当时在圆明园内为雍正炼丹的道士有好几个，其中最主要的是张太虚和王定乾。他们没有辜负雍正的期望，炼出了一炉又一炉所谓的金丹大药。

事实上，炼丹所用的铅、汞、硫、砷等矿物质都具有毒性，对大脑和五脏侵害相当大。雍正死前的十二天，《活计档》中曾记录："总管太监陈久卿、首领太监王守贵一同传话：圆明园要用牛舌头黑铅二百斤。"黑铅是有毒金属，过量服食可使人死亡。一百公斤黑铅运入圆明园，之后不久雍正在这个园子内突然死去，史学家认为这不是偶然。从清宫档案看，雍正有长期服食丹药的习惯，丹药的有毒成分在他体内长期积累，最终毒性发作，导致雍正帝暴亡，这个可能性是极大的。

学者们还普遍注意到，乾隆皇帝对炼丹道士的处理露出了许多破绽。就在雍正死后的第二天，刚刚即位的乾隆便下令驱逐炼丹道士张太虚、王定乾。如果不是他们惹下弥天大祸，在这种非常时刻，乾隆哪儿至于大动肝火，专门为两个小小的道士发一道上谕呢？

乾隆在谕旨中还特别强调，雍正喜好"炉火修炼"是有的，但只是作为游戏，并没有吃丹药。如果雍正真的没有吃丹药，又何必辩解呢？

就在驱逐道士的同一天，乾隆还告诫宫内太监、宫女不许乱传"闲话"，免得让皇太后"心烦"。雍正刚死，究竟能有什么"闲话"？皇太后为什么听了"心烦"？所有这些，不能不让人推测雍正就是死于炼丹道士之手。

人们或许会问，雍正既然是因吃丹药丧命，那么乾隆应该将炼丹道士杀头，怎么会把他们赶走就算完了？有研究者说，乾隆这样做的主要原因是大丧期间不宜杀人。

有意思的是，历史上的唐高宗与乾隆皇帝处理道士的方法十分相似。据《旧唐书》记载，唐太宗李世民就是吃了古印度国方士的丹药突然死去的，当时朝中大臣们都坚决要求把这个胡人杀掉，但是刚刚登基的唐高宗却担心，大唐天子吃丹药死去，这事传出去会让天下人笑话，若真杀了胡人，肯定会闹得风风雨雨，所以最后还是将那个印度方士赶回去了事。

乾隆驱逐炼丹道士与唐高宗的做法竟然如出一辙，难道是一种巧合？所谓人同此心，心同此理，在为父皇遮丑这一点上，乾隆与唐高宗使用的方法是一模一样的。

至于雍正帝胤禛究竟是怎么死的，至今仍是一个历史之谜。

疑案 4：偷龙换凤

清朝末年，社会上流行这样一个传说：浙江海宁陈家有个儿子当了清朝的皇帝。这一传说，上至官僚缙绅，下到妇孺百姓，几乎尽人皆知。当时革命排满之风最盛，对清代诸帝多有诽谤、丑化，其中真伪夹杂，我们在这里可以剖析一番。

野史中也有相关记载。《清朝野史大观》中有一卷《高宗之与海宁陈氏》，讲的就是这个故事：康熙年间，皇四子胤禛与朝中大臣、来自海宁的陈世倌（也称陈阁老）关系很好，两家往来密切。那一年雍亲王的王妃钮祜禄氏和陈阁老的夫人都生了孩子，两个孩子是同年同月同日生。但是陈夫人生的是个白胖小子，王妃却生下了个女儿。某日，雍亲王让陈家把孩子抱到王府看看。可是，当孩子送出来时，陈家的白胖小子竟变成了丫头，陈家上下个个目瞪口呆。陈阁老知道孩子被调了包，但他素知雍亲王的手段，明白此事性命攸关，因此不敢前去理论，全家人忍气吞声，就这么算了。

有人认为，雍亲王之所以换陈家的孩子，是因他在争夺皇位中与诸兄弟势均力敌，但当时膝下只有一子，且懦弱无用，不为康熙所爱。他觉得自己在这一点上落了下风，为弥补这一缺憾，才有换子之举。

也有人说，陈氏之子被抱进雍亲王府第时，是王妃暗中偷换，雍正帝也不知道。等乾隆帝成年即位，也怀疑自己是陈氏所出，所以数度亲赴海宁察访，一定要弄个明白。

据说乾隆帝自知不是满族，在宫里时常穿汉人服饰。有一天，冕旒袍服，召近臣到面前，问道："朕似汉人否？"一老臣跪对："皇上于汉诚似矣，而于满则非也。"乾隆帝听罢便没有说话。有人在《清宫词》中述及此事："冕旒汉制终难复，曾向安澜驻翠蕤。"1931年上海中华书局出版的陈怀教授写的《清史要略》中，也有类似的记录。

另有资料说，海宁陈氏的宅堂中有两方匾额，一方题为"爱日堂"，一方题为"春晖堂"，都是皇帝亲笔书写。"爱日"一词，出自汉辞赋家扬雄《孝至》一文，"孝子爱日"，后世因此专称儿子侍奉父母之日为"爱日"。"春晖"一词是根据唐代孟郊《游子吟》诗"谁言寸草心，报得三春晖？"后人取诗意，以春晖比喻慈母的恩爱。从这两方匾额的题词内容，都是用的儿子尊敬和孝顺父母的语意，似乎也可以看出上述传闻的蛛丝马迹。

有传说称，在雍亲王府以女易男之后，这个出身皇室的女孩在海宁陈家成长，后来嫁与江苏常熟蒋氏，蒋氏为她筑了一座小楼，后世称之为"公主楼"。直到20世纪30年代，还有人不惜耗费笔墨，著述《乾隆与海宁陈阁老》，坚持乾隆帝是海宁陈氏之子一说，并力图证明常熟蒋氏与公主婚配之事。不过，也有人认为"偷龙换凤"属无稽之谈。

首先，雍正帝有十个皇子，六个公主。乾隆帝是其第四子。揆诸情理，根本没有必要把别姓的孩子换来当自己的孩子继承皇位。这是最有力的论证。

其次，皇帝与海宁陈氏只有君臣之谊。陈氏在清初就是名门望族，在康熙、雍正、乾隆年间，曾仕宦显达，煊赫一时。以科第而论，康熙时，陈家两度出现兄弟子侄三人同榜，实为稀有之事。此后，陈诜、陈世倌、陈元龙父子叔侄都位极人臣。陈世倌为乾隆时相国，其父陈诜任湖北巡抚、工部尚书；陈元龙曾任吏部左侍郎、广西巡抚。乾隆二十二年（1757），陈世倌以大学士退休，到皇宫去辞行，乾隆帝赐银五千两，命他在家坐食俸禄，颐养晚年，并赐给御制诗："老成归告能无惜，皇祖朝臣有几人？"表示尊重老臣之意。在传统社会，这是非常荣耀的事，由此建立起来的君臣关系更亲睦，也是很正常的。

雍正初年，大举修建浙江海塘，这是关系到钱塘江下游经济发展和人民生活的重要建设，但雍正帝忙于政务，而且此时海潮冲刷堤岸的危害还未到十分严重的程度，因此未亲自前往。乾隆帝即位后，非常重视这项工程，六次南巡，有四次亲到海宁踏勘。既到海宁，总要有个合适的住所。陈氏是康、雍、乾三朝宰辅，其家园是海宁名胜，亭台楼榭，花木扶疏，自然是理想的接驾处所。陈家的园子本名叫作"隅园"，乾隆帝改为"安澜园"。"安澜"是水波不兴之意，由这一命名也可以看出，乾隆帝临视海宁，是为了巡视海塘工程，而不是为了其他目的。

关于那两块匾额，据史学家孟森考证，清国史馆编纂的《陈元龙传》记载，康熙三十九年（1700）四月，康熙皇帝在便殿召见群臣，对陈元龙说："尔等家中各有堂名，不妨自言，当书以赐。"元龙奏称，父亲之阎年逾八十，拟"爱日堂"三字，康熙帝便书写赐之。《海宁州志》还提到，康熙五十四年（1715）六月，康熙帝因陈元龙胞弟陈维坤的妻子黄氏守寡四十一年，御书"节孝"两字赐之，又赐"春晖堂"匾额。这便是说，两方匾额的题词，是康熙帝根据臣下的请示书写，与传说中的理解完全是两回事。

至于海宁陈氏用男孩换来的公主下嫁给常熟蒋氏，经人查访，连常熟本地人都不知道这件事，可见其事纯系子虚乌有。

此外，清代旗人生子一定要报都统衙门，宗室生子一定要报宗人府，定制十分缜密。后人分析，这些传说很有可能是清末时期，汉人在排满的革命浪潮中，无中生有地编造出来的。

我们小时候学单口相声的时候，还专门学过一段《乾隆下江南》，讲了一个君臣斗智的故事。和珅与刘墉打赌，赌刘墉不敢参奏皇上一本，刘墉说我可以啊，便上了一本，说皇上您惹祸了。乾隆就问啊，我惹什么祸了？刘墉说大清律中有一条，挖坟掘墓是死罪。皇上说，我没挖坟掘墓啊。刘墉说，您曾经拆了明十三陵，用拆下来的木料盖了乾清宫，这是挖坟掘墓啊。皇上说，后来木料来了，我不是又给十三陵盖上了吗？刘墉说，您应该先修十三陵，后盖乾清宫，您把顺序反过来了，私盗皇陵，罪加一等。乾隆说，那得了，我充军发配吧。大清律里规定，挖坟掘墓，见尸者杀，不见尸者发，我把人家坟挖了，但没看见尸体，我明年下趟江南吧。也不要清水泼街黄土垫道，文臣武将免接免送，就找两个大臣跟着我，名为保驾，实为押解，手上再戴两只银镯，意为披枷带锁。

第二年，皇上就去了海宁，寻找自己的父亲陈阁老，而此时陈阁老已经出家，说死也不肯见他，只给他设置了很多哑谜，乾隆一一将谜语猜破，到最后父子相逢如何如何。当然，这些都是老百姓茶余饭后用来解腻的谈资，我们姑妄言之，姑妄听之。

05

纳兰性德：

翩翩浊世佳公子

"家家争唱饮水词，纳兰心事几曾知？"

这一节，我要跟大家说一位人气极高的"翩翩浊世佳公子"——纳兰性德。

这位公子爷不仅家世显赫，而且才华横溢，更难得的是，他还是个痴情种子。多才多情多愁的世家子弟，一直是少女们完美的梦中情人。因此，纳兰性德深受广大文学爱好者尤其是女性文艺青年的喜爱。现在许多小说、电视剧里也经常讲他的故事。

纳兰性德，字容若，满洲正黄旗人。他的出身非常高贵，父亲是康熙朝的富贵权臣，素有"相国"之称的纳兰明珠，母亲是多尔衮和皇太极的亲侄女，也就是顺治帝的堂妹。纳兰性德比康熙帝小一岁，小时候是康熙帝的伴读，十八岁时参加了顺天府乡试，中了举人，康熙十二年（1673），他因病错过殿试，失去了考进士的机会，只好回家养了三年的病。康熙十五年（1676）补殿试，纳兰性德考中了第二甲第七名，赐进士出身。

此时纳兰性德年仅二十二岁，康熙爱惜他的才华，留他在身边做贴身侍卫。

纳兰容若一生虽短，却留下了三百四十多首词作，被广大文人雅士和百姓争相传唱。《红楼梦》的作者曹雪芹的爷爷曹寅，就是纳兰容若的好朋友，曹寅曾在纳兰去世之后写诗怀念他，说"家家争唱饮水词，纳兰心事几曾知？"

"饮水词"是纳兰的词集的名字，就是说，人人都喜欢纳兰容若凄婉动人的诗词，但是他心中所思所想，又有几个人真正了解呢？

听起来似乎很不可思议：第一，这样一位含着银匙出生的富贵公子，要钱有钱，要官有官，为什么一直对自己的处境不满意？为什么总是不高兴？为什么写了那么多哀婉、苦闷的诗词？第二，纳兰容若身为正宗的满族人，为什么在汉语诗词上造诣如此之高、如此被汉族人接受呢？

这要从纳兰家的家族史开始说起。

纳兰家的家族史，伴随着满清入关前的权力纷争，其实是非常悲怆的。

满族人的"姓"和"氏"是两个不同的东西，纳兰这个姓，其实是归属于清朝大氏族叶赫那拉部落的。叶赫那拉部落与爱新觉罗部落自古就经常在辽阔草原上争斗不停。据说，两个部落开战前叫阵，爱新觉罗的首领说："你看看那金闪闪的黄金，我们爱新觉罗①就是尊贵的金子。"叶赫那拉的部落首领不服气，指着高悬的烈日说："你们金子没什么了不起，你抬头看看，我们叶赫那拉②是你头顶上的太阳！"

总之，两个草原部落互相仇恨，传说中，叶赫那拉氏的首领在打了败仗之后赌咒发誓说："叶赫那拉就算只剩下一个女人，也要灭了你们爱新觉罗！"

就这样，两个部落一直打到明朝末年，叶赫那拉氏的一位格格嫁给了努尔哈赤，生下了清朝的开国皇帝皇太极。不久，努尔哈赤为了完成女真各部的统一大业，亲征叶赫那拉部落。当时叶赫那拉部落的首领就是纳兰性德的曾祖父，努尔哈赤派出儿子皇太极，也是叶赫那拉首领的亲外甥喊话劝降，对方不肯归降。两

---

① 满语里爱新觉罗就是"金子"的意思。
② 满语里那拉是"太阳"的意思，叶赫的来源是因为他们这个部落生活在吉林省的叶赫河一带。

个部落又一次打得天昏地暗，双方死伤都很惨重，最终纳兰性德的曾祖父被努尔哈赤绞杀，纳兰性德的祖父没有办法，只好暂且放下杀父之仇，归降了努尔哈赤。

大家可以想象一下，给杀父仇人做下属是什么滋味。

因为战况惨烈，两个部落结下了梁子，努尔哈赤又想起叶赫那拉氏首领曾发下"一个女人灭爱新觉罗"的诅咒，便感慨道："灭建州者必为叶赫！"

建州就是女真人的故土。说来话巧，很多很多年后，对清朝覆灭产生重要影响的慈禧太后，还真就是叶赫那拉氏的女子——当然这个扯得就有点儿远了，咱们还是说回纳兰容若。总之，纳兰容若所在的叶赫那拉氏族，与皇族既有亲缘，也有血债：他的曾祖父死于努尔哈赤刀下，他的外祖父，皇太极的异母弟弟，多尔衮的同父同母的亲哥哥，战功显赫，却因为在皇权斗争中支持了多尔衮，最终被顺治帝命令自尽。纳兰家的家族悲剧阴影可以说一直笼罩在纳兰明珠、纳兰容若父子二人的头上。但是这爷儿俩被刺激到了之后，所采取的人生态度可是截然相反。

纳兰明珠是想尽办法爬到高位，权力和金钱让他充满安全感。纳兰家属于正黄旗，是归皇帝本人统领的。为了保持八旗子弟的尊贵和独立，皇帝给了他们很大的优惠和特权，八旗子弟有两条特殊的晋升渠道：内务府和织造衙门。索额图、和珅、纳兰明珠等八旗子弟都是从内务府的侍卫转入六部，再晋升到内阁，成为重臣的。纳兰明珠做过大内侍卫，武艺是很高超的，而且他兼通满汉语言文字，口才和文采都很好，于是康熙就让他负责修书，明珠每修成一部书，就升一次官，从太师一直被加封到太傅。

纳兰明珠在康熙朝位极人臣的时候，北京官场流行一句话：要当官找索三（索额图），要人情拜老明（明珠）。索额图的父亲是康熙初期的四大首辅之首索尼，明珠则娶了顺治帝的堂姐，按辈分算，明珠还是康熙的堂姑父。这两位在朝廷中各树党羽，互相争斗，卖官受贿，权倾朝野。明珠比索额图更加贪财，史书记载，凡是有哪个官职空缺出来了，明珠就放出消息，托人辗转贩卖。而且明珠不像索额图那样倨傲，他待人谦和、轻财好施，经常结交大儒为座上宾，所以在朝中势力很大。当时就有很多人向康熙反映，说明珠是"小人掌权"，直到后来明珠被弹劾，纳兰一族的势力才渐渐式微。

容若跟父亲明珠不一样，他从小拜汉人大儒为师，骨子里就有知识分子的清高，他喜爱雪花，在词作中说它"不是人间富贵花"，这句词也隐喻着容若对自己的期许：雪花不像一般人喜欢的牡丹、芍药那么富丽堂皇，它晶莹剔透，纯洁无瑕，我容若也是如此。

纳兰容若少年时期曾有很高的志向，他的词集《饮水词》最初叫作《侧帽集》，"侧帽"用了北魏独孤信的典故，独孤信的祖先是鲜卑人，他虽然是少数民族，但为治下地区的繁荣安定做出了很大的贡献，因此中原百姓都非常爱戴他。有一次独孤信傍晚打猎回城，帽子有点儿歪，百姓们出于对他的喜爱，都效仿独孤信，故意把帽子歪着戴。纳兰容若用这个典故给自己的词集命名，不难看出他心中是有着治国平天下的远大抱负的。这么一个清高的少年，每天看着爸爸纳兰明珠贪污受贿、蝇营狗苟，心情肯定是很郁闷的，他也经常为父亲、为家族感到担忧。我估计他可能在想："你看看我家老头子又去卖官了，要是被皇帝发现了可怎么办哟！"在这种跟父亲不对付的情况下，纳兰容若写出来的词肯定是不愉快的。

再后来，纳兰容若待在康熙身边做近身侍卫，感受到了皇帝对纳兰家的忌惮，更体会到了"伴君如伴虎"的惶恐不安，他知道自己很难受到重用，原先的踌躇满志都变成了"佛性"。放在今天，容若就是咱们说的"佛系青年"，就连他的词集名字都从《侧帽集》变成了《饮水词》，"饮水"取自佛家典籍中的"如鱼饮水，冷暖自知"，您看看，佛系不佛系？

纳兰容若虽然有清高的心性和高远的志向，但是他清楚自己无法逃脱皇家的监视，更无法逃脱家族社会的安排。所以他的词里带着一种佛家"众生皆苦"的意味，这大概是纳兰词风的重要成因。

纳兰容若这种哀婉伤感的风格，后世的文人很喜欢，拿来传唱的也有，拿来研究的也有。梁启超就十分推崇纳兰词，他评价容若词"驾元明而上"，"直追李主",为满洲"学人第一"。如此高的评价出自汉族学术大家,实属罕见。

纳兰性德对汉文化有如此高的造诣,其实也跟当时清朝的文化政策息息相关。说到这里,我们就要详细讲一讲满族人的文化起源。

第一次提出"满洲"(后来称之为满族)这个词的是皇太极,在这之前,女真族虽然吸收了蒙古、契丹的一些风俗文化,但是总体来说比较原始,女真人以渔猎为生,不事农业,各个部落为了生计经常打来打去,骨肉相残。当时女真人的思维也很简单:谁强谁就当大王!所以清朝入关前,根本不存在什么嫡长子继承的制度,大汗是由众人推举出来的,谁能当大汗,全看谁的战功显赫。

这样尚武的民族,自然重视骑射,哪家有男孩出世,就要在门前悬挂弓矢,表示添丁之喜。孩子六七岁时,就开始自制弓箭,练习射鸟。女人也要执鞭骑马,与男子没有区别,十岁左右的女真儿童就能佩弓箭,驰骋追逐。

满族人崇敬自然万物。因为草原部落相信萨满教,萨满教很重要的观点是万物有灵。满族人在入关之前,给自己的孩子取的名字,很多都是动物或者山川河流的名字。比较著名的"努尔哈赤",在满语中是"野猪皮"的意思。努尔哈赤的父母可能是希望儿子能像野猪一样勇猛无敌,像野猪皮一样坚韧。努尔哈赤也用这个方法给孩子起名,比如"多尔衮"的意思就是"獾子",可能是希望自己的孩子跑得快、皮实、好养活吧。

除了名字,满族人的姓和氏也很有意思,很多都是动物、河流、山川。除了之前说的爱新觉罗是"金子",叶赫那拉是"叶赫河的太阳",其他的还有和珅的氏族——钮祜禄氏,是狼的意思,顺治帝的董鄂妃——董鄂氏以东古河为氏族名,甚至还有氏族叫鸭绿江氏的。后来到了清末,铁杆儿庄稼眼看要完,八旗子弟为了隐瞒自己的身份,纷纷改为汉姓——爱新觉罗有改姓"罗"的,有改姓"金"的,那拉氏改姓"南"或者"那",佟佳氏改姓"佟",董鄂氏改姓"董",这些都是后来的事。

说回当时,满族志在中原,总不能一直这么原始。姓氏不能改,名字却可以自己起。皇太极就不那么喜欢土名字,他给儿子起名"福临",意思是洪福降临,这明显就是受到汉文化的影响。

清朝的汉化基本是从皇太极、顺治帝执政时期开始的。之前努尔哈赤对汉族的政策很是残酷：只要你敢反抗一下，我就屠城！努尔哈赤宣布过讨明檄文《七大恨》，字里行间都是对汉族的痛恨，看得出，他非常排斥汉文化。

到皇太极执政的时候，皇太极有一些新想法，他觉得：自古长治久安的皇帝都以文教治国，咱们大清也不能光顾着打打杀杀。所以他规定满族孩子凡是八岁以上、十五岁以下的，都要学习汉语。这就是满族汉化的开始。

顺治入关之后，汉族人很不合作，天天有大儒、书生嚷嚷着要反清复明，要以身殉国。各地的反清斗争就没间断过，这边有明朝将领自尽殉国，那边又有刺客暗杀皇室成员，民族矛盾特别尖锐。顺治也很心烦，既然来硬的行不通，就只能采取怀柔政策，于是他开始提倡尊孔，提倡儒家的忠孝。

到了康熙执政的时候，怀柔的文化政策初步取得了一些成效，民间的反清情绪没那么激烈了。康熙于是开始推行文治武功两手抓的政策。一方面，他有很强的民族意识，下谕旨说："满洲以骑射为本，原不碍读书考试学人进士亦令骑射。"

康熙规定了八旗子弟每月练习骑射和步射的次数。由于这个政策的存在，纳兰容若这样通过科考进入朝廷的大才子，也必须精于骑射，确保自己能够担任康熙侍卫这一武将官职。

另一方面，康熙很注重用软硬兼施的文化政策来拉拢汉族的明末遗老。他自己尊儒为师不说，还下令：八旗子弟中谁想要入朝为官的，都要先到国子监读书，之后才可以被授予官职。所以纳兰容若这种康熙朝的贵族子弟，从小就师从汉族的大思想家大学者，汉语好、能作词自然不奇怪。

康熙皇帝不但采用科举考试的方式拉拢儒生，有时甚至采用半强制的手段来分化明朝遗老。康熙九年（1670），朝廷到处张贴告示，通知士大夫：现在要举办科举考试了，你们这些反对大清的、隐居山林的人，要是有进取心就来考试，朝廷都会录用；继续隐居山林的，对不起，终身禁考！为此，康熙皇帝还推出了一个新的考试科目"博学鸿词"，由各地的地方官和士绅推荐本地公认有学识、有名望的名士直接参与考试。这个考试的主要目的，就是拉拢人心，收买明朝遗老。

虽然威逼加利诱对一些名家大儒作用不大，顾炎武就对上门劝他参加科举的人说"耿耿此心，始终不变"，宁死都不给清朝效力，但是对于绝大多数文人是很有效的，这些人一看，好像清朝给咱们的政策还可以，就跑去考试了。对这些放弃反清立场的人，朝廷阅卷的时候非常宽松，随便就放他们去史馆修《明史》了。

就这样，康熙皇帝招安了许多儒生，满汉民族文化也得以进一步融合。

纳兰容若结交的朋友里也有不少汉人，最典型的典型，是他的忘年交顾贞观。

顾贞观是无锡人，生于崇祯十年（1637），比纳兰性德年长十八岁。顾贞观的曾祖父顾宪成是明朝东林党的领袖，可能这个名字您不熟悉，但顾宪成写的一副名联"风声雨声读书声声声入耳，家事国事天下事事事关心"，您一定听过，顾贞观就是出生在这样一个书香门第。

清兵入关时，顾家的长辈纷纷以身殉节，表明与大清势不两立，反抗情绪特别强烈。到了康熙年间，家道中落，顾贞观迫于生计，只好上京谋个一官半职。正巧这时康熙开始笼络文人，就有人举荐顾贞观去纳兰相国府当客卿。顾贞观于是来到纳兰家，开始了自己在京都的第一份工作：给纳兰家的大公子纳兰容若做家庭教师。

纳兰容若和顾贞观两人就这样结识了。老师博学多才，学生谦和有礼，二人都对诗词有兴趣，所以一见如故，经常通宵达旦地聊天，谈论文学。

有一天，顾贞观找到纳兰容若，非常为难地告诉容若说："我的好友吴兆骞被卷入了科举舞弊案。有人怀疑他们考场集体作弊，就勒令考生戴着镣铐重新考试，我的朋友不知是出于负气，还是害怕考场的紧张氛围，竟当场交了白卷。这个朋友是江南人氏，已经被发配到冰天雪地的黑龙江好多年了。他经常给我写信，说塞外苦寒，自己妻子多病，孩子年幼，老母亲也无人照顾。容若，你和你阿玛在朝廷里能不能想想办法，帮帮我这个朋友？"

容若一听，这是涉及严重政治问题的案子，很是为难，就婉拒了。

一年冬天，纳兰容若和顾贞观同游北京千佛寺，顾贞观看着窗外冰天雪地，想起了身在塞外的吴兆骞，悲从中来，写下了自己一生中最感人、最脍炙人口的作品：两首《金缕曲》。

季子平安否？便归来、平生万事，那堪回首！行路悠悠谁慰藉？母老家贫子幼。记不起从前杯酒，魑魅搏人应见惯，总输他、覆雨翻云手。冰与雪，周旋久。

泪痕莫滴牛衣透。数天涯、依然骨肉，几家能够？比似红颜多命薄，更不如今还有。只绝塞苦寒难受。廿载包胥承一诺，盼乌头马角终相救。置此札，君怀袖。

我亦飘零久，十年来、深恩负尽，死生师友。宿昔齐名非忝窃，试看杜陵消瘦，曾不减、夜郎僝僽。薄命长辞知己别，问人生、到此凄凉否？千万恨，为君剖。

兄生辛未我丁丑。共些时、冰霜摧折，早衰蒲柳。词赋从今须少作，留取心魂相守！但愿得、河清人寿。归日急翻行戍稿，把空名料理传身后。言不尽，观顿首。

纳兰容若听到这么悲伤的词，非常感动，哭得都不行了，也作了两首《金缕曲》回答顾贞观，说："绝塞生还吴季子，算眼前、此外皆闲事。知我者，梁汾耳！"吴季子就是指吴兆骞，梁汾是顾贞观的号，这句词的意思就是，这个忙我帮定了！义不容辞！

因为吴兆骞很可能是在科举考试的时候出于负气才交了白卷，这在当时是蔑视朝廷的重大政治问题，想要法外开恩，难度很大，纳兰性德对顾贞观说：我们以十年为期，我一定在十年内帮你把人救回来。

为了这个承诺，纳兰性德那么清高的人，求遍了所有能求的人，借助他根本就不喜欢的父亲的高贵身份，终于让顾贞观的好友吴兆骞平安归来。这个故事流传开来，纳兰性德和顾贞观的义气打动了许多人，加上顾贞观的《金缕曲》情深意切，打动了很多士子，当时大家都把这两首词叫作"赎命词"。

这段恩情奠定了两人一生的友谊。后来容若早逝，顾贞观悲痛欲绝，很快就告老还乡，并将容若与自己的词作合编了一本《弹指词·侧帽词》，余生都在孤独寂寞中度过。

顾贞观和纳兰性德，一个是明末遗老的后人，一个是满族八旗的贵族子弟，两个人因为诗词结交，跨越仇恨共唱《金缕曲》，被后世传为佳话。与顾贞观的这段友情，说明纳兰容若是个重情重义的人。这也是他被我们现代人喜欢的最重要的原因。

然而纳兰容若不仅是一个有情有义的朋友，也是个多愁善感的才子，爱情诗写得出神入化："人生若只如初见，何事秋风悲画扇。""一生一代一双人，争教两处销魂。相思相望不相亲，天为谁春？"深情款款，哪个小姑娘收到这样的情诗能不感动呢？

纳兰容若的初恋是他的表妹，这个表妹才貌双全，两个人青梅竹马，情趣相投，还定下了婚约。但是纳兰容若的表妹后来被选入宫中，成了康熙的嫔妃，一对有情人活生生地被拆散了。纳兰在《采桑子》里写："此情已是成追忆，零落鸳鸯，雨歇微凉，十一年前梦一场。"这首词被后人认为是怀念表妹之作。

有人说，纳兰词里那些描写宫怨的和怀念的作品，都是跟这位初恋表妹有关系。更有人说，纳兰容若为了见到表妹，曾扮作喇嘛入宫，但是宫里戒备森严，最终两人也没能见上面，纳兰只好怅然而去。

纳兰性德的第二段感情发生在二十岁这一年——迎娶两广总督家的女儿卢氏为妻。卢氏也是温柔多情的俏丽佳人，纳兰性德和卢氏少年夫妻、恩恩爱爱，婚姻非常美满温馨。纳兰词中有很多的主题是回忆两人的幸福生活，"记绣榻闲时，并吹红雨；雕阑曲处，同倚斜阳"。意思就是，我们俩有很多值得回忆的美好时光，在绣花躺椅上看红色桃花雨，在画栏深处一起观赏夕阳。真是如诗如画的神仙眷侣。

但是纳兰身为天子近侍，经常要入宫当值，与妻子聚少离多，因此他也写了很多表达离愁、烦闷、思念家室的词。

纳兰性德与卢氏成婚第三年，卢氏因为分娩体弱，受了风寒，早早地离开了人世。纳兰性德心如刀绞，每逢花前月下、七夕清明、忌日生日，不免悲从中来，他只能用诗词抒发心中悲痛，"赌书消得泼茶香，当时只道是寻常"就是他怀念亡妻的名句。这句诗是什么意思呢？"赌书泼茶"是宋代大词人李清照的典故，李清照和丈夫赵明诚学识都很渊博，经常玩儿的游戏就是两个人拿出一本书，煮上一壶茶，然后夫妻两人中的一个就发问："某某典故，某某句子，写在这本书的第几页第几行啊？"另一个人就回答，答对了，就可以先喝茶，但是答对的人往往因为太开心，不留神就把茶给泼地上了。这个典故其实就是形容夫妻俩感情好，聊得来，视彼此为平生最亲昵的知己。纳兰容若这句词的意思就是：遥想当年我跟妻子的感情多好，赌书泼出的茶香依稀犹在，当时以为这样美好的日子是平常事，现在你走了，我再也没有这样的知音了。

卢氏离世之后，纳兰性德娶了一位满族官宦人家的女儿做续弦夫人，但纳兰诗词中很少提及这位夫人。因为续弦的同时，纳兰还娶了一位江南歌伎为妾。这位歌伎名叫沈宛，才貌双全，能和纳兰性德一起"倚窗吟和"，甚至还出了一本自己的诗集，才华可想而知。但是由于沈宛身份低微，纳兰家人不愿意自己家的公子终日与歌伎厮混，百般胁迫，非要纳兰容若与沈宛断绝关系不可。纳兰容若迫不得已，把沈宛休掉了。纳兰为此抱愧终生，后来在作品中写"而今才道当时错"，"何如薄幸锦衣郎"……这些名句都是因为这段感情而生的。

关于纳兰性德还有一件很有意思的事，就是后世有一批研究《红楼梦》的红学家，认为纳兰性德就是贾宝玉的原型。

这批红学家叫作"索隐派"，什么意思呢？就是找出《红楼梦》里影射的真事的学派。《红楼梦》开头作者就写："因曾历过一番梦幻之后，故将真事隐去。"既然有"隐"，那当然要找到背后的真事了。索隐派中，有人认为《红楼梦》写的就是纳兰家的故事。就连乾隆帝看了这本书，也对献书的和珅说："此盖为明珠家作也。"意思是，这写的就是纳兰明珠他家的事！

纳兰家和《红楼梦》里的贾家确实有相似之处：第一，纳兰家也是盛极而衰，纳兰明珠权倾朝野，遭到朝臣弹劾。后来他的次子，也就是纳兰容若的弟弟卷入了康熙朝九子夺嫡的立储纷争中，雍正继位之后就直截了当下令抄家，"剩一片白茫茫大地真干净"这句话形容纳兰家似乎也是合理的。

第二，纳兰性德和贾宝玉有相似之处。两人都是性格清高的多情公子，都才华横溢，都喜欢自家表妹；贾政跟贾宝玉的父子关系对比明珠和容若，也有相似；对照着来，有的红学家就猜测金陵十二钗其实原型是纳兰家结交的十二位汉族的大儒，所以书里把女孩子们写得都文采斐然。当然这些对照都是猜测，有对得上的，也有对不上的。这种说法是否有道理，见仁见智，《捡史》只给大家提供这么一种观点，仅供参考。

当然，有一个事实是不可否认的。曹雪芹的祖父曹寅跟纳兰容若从小就认识，两人少年时一起当康熙的伴读，长大后一起当康熙的侍卫，是同学兼同事，两人都性格风雅，经常一起吟诗作对，关系很好。后来曹寅管理江宁织造，容若还写诗赠他，说"饮罢石头城下水，移来燕子矶边树"。康熙二十四年（1685），纳兰容若溘然长逝，年仅三十一岁，曹寅还组织朋友们怀念容若，开篇说的"纳兰心事几曾知"就是这时写下来的，足以见得两人交往密切。

曹雪芹在写《红楼梦》的时候，多少受到了一些纳兰词的影响。《红楼梦》里塑造的形象也是公子多情、佳人薄命。词作也跟纳兰词风格神似。纳兰容若在妻子忌日曾写下悼亡诗："此恨何时已。滴空阶、寒更雨歇，葬花天气。"《红楼梦》中也出现过"葬花"的情节，凄婉动人的风格也很接近。

综观纳兰性德的词作，爱恨别离，缱绻深情，一字一咽，感人肺腑。王国维说："纳兰容若以自然之眼观物，以自然之舌言情。此初入中原未染汉人风气，故能真切如此。北宋以来，一人而已。"

06

蒲松龄：

科举考试里填错答题卡怎么办

多少枉驰求，童颜皓首，梦觉黄粱，一笑无何有。因此把富贵功名一笔勾！

前几天举行高考，我的手机上还接到一则通知，说为了配合高考，手机信号可能暂时弱一些，希望大家伙儿能谅解。

那当然得谅解了，是不是？我看网上说，好多考生的妈妈那几天都穿着旗袍，手里拿着向日葵，好让孩子考试能够"旗开得胜""一举夺魁"。真是可怜天下父母心哪！

其实考试这件事，也不必看得过于严重。孩子考得好，马到成功，旗开得胜，自然最好；孩子考得不好，也不要难过，出人头地的方法很多。多大的手端多大的碗，多大的嘴吃多少的饭，人和人的活法不一样。一考定终生？没有那么绝对的事情。

古代没有高考，对读书人来说最重要的考试是科举。通过科举考试"朝为田舍郎，暮登天子堂"的书生不少。历代状元里面有不少名人——唐代的大诗人王维、大书法家柳公权，还有宋朝的爱国诗人文天祥，都是状元出身。但历史上也有好多落榜生，成就比状元还要大，名声比状元还要响。这一节，就来跟大家说一说古代那些厉害的"落榜生"。

科举考试难度可不小，想中进士、当状元，先要经过层层筛选。一层层严格的乡试、会试、殿试，考场如战场，造成了大量"厉害的落榜生"。

比如说，位居"唐宋八大家"之首的韩愈，就曾是落榜生。

有人问了：韩愈文章写这么好，怎么也能落榜？

确实落过榜，还落了好几次！

韩愈二十岁的时候进京参加进士科的考试。他对自己挺自信，连考三次，每次考完都自我感觉良好，认为自己的卷子是字字珠玑，定能高中榜首。

但是阅卷老师不这么认为，每到发榜的时候，韩愈就傻眼了。屡败屡战，屡战屡败，韩愈都被打击得不行了。

为什么韩愈的好文章到科举阅卷人那里就行不通了呢？因为当时的科举考试要求考生在写作的时候写骈体文。骈体文讲究的是对仗工整，声律铿锵。比如"落霞与孤鹜齐飞，秋水共长天一色"就是典型的骈体文。每句话几个字，第几个字是什么音调，怎么使用典故，骈体文都有严格规定。这种文体虽然气势磅礴、辞藻华丽，但是表达情感和观点很受限制。

韩愈就很讨厌写骈体文，他喜欢啥呢？喜欢写散文、古体文（这里古体文是指相对于韩愈所在的唐朝的古体文），因为这两种文体不受格式拘束，便于传情达意。考场上韩愈也固执地坚持写古体文，所以文章没有得到主考官的赏识。

落榜的韩愈难过完了，又重整行囊，来年继续。人如果不懂坚持，永远不知道自己曾经和机遇离得多近。韩愈坚持考到第四次，终于迎来了转机。

这次科举考题跟去年有点儿像，韩愈一看，乐了，就把去年的文章改改，再写一遍嘛！韩愈也挺犟的，去年没中进士的文章，今年继续写了上交。谁料想，一样的文章，有着不一样的命运。这次进士科的主考官是宰相陆贽，他反复读了韩愈的考卷，赞叹："好文章啊！清新脱俗，没有一点儿浮夸的骈体文味道！"再一查，发现该考生居然去年就已经写了一样的答案，但没被录取，陆贽很生气："这么好的文章，你们竟然不录取！太埋没人才了！"

第四次参加科举的韩愈就这样中了进士，正如韩愈自己写的名句"千里马常有，而伯乐不常有"。昔日不被阅卷人欣赏的考生，如今是学子们都要学习的榜样，流芳千古，这可比考试成功厉害多了！

落榜生里官做得最大的，是明朝万历年间的内阁首辅张居正。

张居正从小就是个超级学霸，人送外号"江陵才子"！他十三岁参加乡试，备受瞩目，可能就跟现在易烊千玺参加艺考受到的关注度差不多。

张居正参加的那场乡试，主考官叫顾璘，以善于识人出名。顾璘比张居正年长将近五十岁，之前见过神童张居正。他俩第一次见面，顾璘就被张居正的谈吐震惊了。震惊到什么地步呢？顾璘当即就郑重地以对待成人的礼节对待张居正，而且还特地把自己儿子叫出来说："儿子你看好了，老爸的这位'小友'张居正，以后是要成为国士的人！你以后去见他，他肯定会看在你是我儿子的面子上照顾你的。"

十三岁的神童张居正去考试，主阅卷人是特别欣赏他的老前辈，这哪有考不中的道理呢？

坏就坏在，张居正在考试前作了一首诗，叫作《咏竹》：

"绿遍潇湘外，疏林玉露寒。凤毛丛劲节，直上劲头竿。"

诗虽然写得不错，但是他把自己比作凤毛麟角，说自己从此就要步步高升。这种自负和高傲让顾璘看了很担忧。顾璘想，若是现在就让张居正中举，朝廷怕是要多一个心浮气躁的文人墨客，少一个利国利民的朝廷栋梁，不如趁他年龄小，磨炼一下心性。

于是顾璘大笔一挥，赫赫有名的"江陵才子"张居正，竟然落榜了。

张居正神童当惯了，一下子遇到这么大的挫折，自然愤愤不平。顾璘也没瞒着他，告诉他说："你这次没中举，就是我干的。"说完转身就走，没有半句解释。

三年之后，经过了沉淀的张居正又来参加乡试，这次终于中举了。考中之后，张居正立即就去拜见顾璘。顾璘十分高兴，言辞恳切地对张居正说："你以后是要做国家栋梁的，我耽误了你三年，对不住你。我只希望你不要做年少成名的文人，而要有更大的抱负。"说完，他把自己的腰带解下送给张居正。"你以后是要佩玉带的人，犀牛皮的配不上你，先凑合凑合吧。"

佩玉带是什么意思？明朝的官员根据品级不同，要佩戴不同材质的腰带，玉腰带品级最高，一品以上官员才能佩戴。我们常说的"蟒袍玉带"都是官服，只有身份尊贵的帝王将相才能穿戴这些服饰。顾璘将自己的腰带送给张居正，其中的激励、赞赏意味，不言而喻。

所以说，落榜有时候不是因为你的才学不够，而是命运期待你能够变得更好。

考前作诗酿成大祸的还有宋朝的大词人柳永。他原名不叫柳永，叫柳三变，柳永这名字是他后来改的，为啥改名，您接着看就知道了。

柳永原名柳三变，出身书香门第、官宦世家。他饱读诗书，二十五岁进京赶考，非常狂傲，作词说自己"定然魁甲登高第"，我柳三变肯定是状元，舍我其谁！

考完试，宋真宗特意下了一道谕旨：柳三变写的东西用词浮靡！不得录用！

柳三变气得立即写了首词撑了回去，这首词叫《鹤冲天·黄金榜上》，其中最后一句话最有意思，诸位可以感受一下："青春都一饷。忍把浮名，换了浅斟低唱！"

青春短暂，我宁愿把功名利禄换成手中杯酒、耳畔轻歌！

多么傲气！既蔑视功名，又鄙薄朝廷！这首词火了，飞快传遍大江南北，柳三变一个落榜生，名头竟然盖过了当朝状元郎！

火的结果是，他再来参加考试时，皇帝撂了一句狠话："好去浅斟低唱，何要浮名，且填词去！"

呵呵，你柳三变要什么功名利禄啊？填词就是了！

一句话又把他打发走了。

柳三变接到这道圣旨，索性豁出去了，自称"奉旨填词柳三变"，成日吟诗作画，流连于花街柳巷，写的词虽然被朝廷称为"淫词艳曲"，但是在民间却越来越出名。

过了将近二十年，等到宋仁宗广开恩科时，柳三变悄悄把名字改成柳永，这才考中了进士。也就是说，"柳永"这个名字是他为了科举考试特地改的。

柳永的词，当年的皇帝不喜欢，但现在多的是人喜欢。"便纵有千种风情，更与何人说？""衣带渐宽终不悔，为伊消得人憔悴。"能有这样的千古名句人人传诵，落榜似乎也没啥大不了的。

还有一位考了一辈子试的大才子，就是《聊斋志异》的作者蒲松龄。

在清朝，参加科举的人首先要考三场考试：县试、府试、院试。这三场考中了，才能获得秀才的称号，具备参加乡试的资格。蒲松龄少年得志，十九岁初应童生试，接连考取县、府、道三个第一，名震一时，山东学政施闰章赞他，"名藉藉诸生间"。

但是，世界上许多郁郁不得志恰是从少年得志开始的。蒲松龄就是如此。

他这个秀才，一当就是半个多世纪，他从十九岁到六十六岁，参加了十次以上的乡试：二十一岁，落榜；二十四岁，落榜；二十七岁，落榜；三十岁，父亲去世，缺考；三十三岁，落榜；四十八岁，写错答题纸了，落榜；五十一岁，生病，落榜。

蒲松龄一生中将大部分时间和精力，都用在复读上了，却始终跨不过乡试这道坎。其中最值得说一说的，是他四十八岁那年参加乡试的经历。这一年蒲松龄继续考试，卷子发下来，一看考题，他就放心了：这个好写！于是运笔如风，洋洋洒洒，一口气把文章写完，觉得自己这次写得特别好，定能高中！

写完回头一检查，完蛋了！

当时清朝科举有严格的格式要求，每页纸上只能写十二行，每行只能写二十五个字，写完一页才能接着写第二页、第三页。蒲松龄写得太激动了，一不留神，翻漏了一页，写完第一页就直接写第三页了。这在科举考试中叫作"越幅"，不仅不会录取，还要张榜通报批评！

蒲松龄发现自己写漏了一页，当时就吓傻了，他后来说自己是"得意疾书，回头大错，此况何如！觉千瓢冷汗沾衣，一缕魂飞出舍"。

虽然一辈子都没考中，但是这丝毫不耽误蒲松龄写出巨作《聊斋志异》，这本书中很多故事都是表现科举制度是怎么把读书人逼疯的，在这一点上，蒲松龄确实最有发言权，写得那叫一个惟妙惟肖。

但是话说回来，每年科举，录那么多进士，今天有多少人记得？但是就因为这一本《聊斋志异》，后世都记得蒲松龄。

明代的大医学家李时珍也连续三度落榜。李时珍的父亲是个医生，古代医生地位很低、生活艰苦，李时珍的父亲因此不愿意孩子继承家业，坚持让他参加科举。

但李时珍觉得科举考试需要写八股文，特别没劲，他的心思不在文章上头，连考三次都没能中举，其中有一次李时珍因为念书太辛苦还生了重病。李时珍他爸爸不得已，只得让他学医。

现在，我们得在高考中取得不错的分数，才能去学医。那个时候不一样，李时珍家里有这个学术背景，说学医就学医，学了四年，他就具备了独立行医的能力。后来因为医术精湛，竟然闻名全国，成了名医。当时楚王家世子得了"抽风"病，请了好多大夫也没治好，听闻李时珍医术精湛，便请他去诊治，李时珍便去了，果然药到病除。

楚王高兴得不行，对李时珍说："你就留我府里当官吧！"

又过三年，皇帝招揽天下名医，楚王应召，推荐李时珍入宫做了太医。李时珍当太医没几年，发现中药书不够系统不够准确，就辞职回家，决定不行医了，将全部精力投注在修编药书上。

他用十八年时间做野外考察，又花了十年时间，三修文稿，终于完成了自己重修本草的心愿。

巨著《本草纲目》是古代药学的集大成之作，李时珍考不上科举又何妨？天生该吃大夫这碗饭的奇才，干吗非逼着人家写八股文呢？

历史上有名的落榜生还有很多，张继的《枫桥夜泊》中"江枫渔火对愁眠"就写于落榜后；黄巢的"满城尽带黄金甲"也是落榜后写的，当然黄巢考不上就造反，这咱们可不能效仿；还有苏洵，就是苏轼的爸爸，自己虽然没考上，但很会培养儿子，两个儿子很优秀，同榜应试及第，轰动京师，父子三人的诗文流传至今，被后世并称"三苏"。

这么多知名的人物，当年科举都曾名落孙山，但是最后也都以各种各样的方式千古留名，说明成功的道路不止一条。老话说得好：

"独占鳌头，本是男儿得意秋。金印悬如斗，声势非长久。锦绣满胸头，何须夸口。生死临前，半字难相救，因此上盖世文章一笔勾。"

07

清宫选秀：
甄嬛与慈禧的"C 位出道"之路

虽然是给自己选妃，皇帝也不能随心所欲，有的时候，后宫更像各方势力"争地盘"的战场。

选秀，顾名思义，就是选拔某方面表现优秀的人。近几年选秀节目很火爆，一群高颜值的小姑娘、小小子，上台又唱又跳，观众一看就很喜欢。

选秀节目的冠军怎么评判出来的呢？是由观众投票决定的，可以说，观众把握了选秀的"生杀"大权。某种程度来说，相声大赛也可以算一种选秀，这些年各种各样的大赛不少，但我没怎么参加过，可能是因为性格不适合。我总共就参加过一次相声大赛，当时也没什么知名度，我和于谦直接就去参赛了。复赛前一看，我俩专业排名第一，俩人都挺高兴的，还互相鼓励：从来没参加过选秀比赛，这下咱哥儿俩算熬出来了！

结果决赛的时候，我俩的排名"咣当"一下落到第二十三名了，当时也不懂这是怎么回事。又过了些年，跟比赛的制作单位熟悉了，人家说："哎哟，这事没办合适。"又给我补了一个组委会荣誉奖，还特意做了个奖杯，弄得我还怪不好意思的。

说回古代的选秀，谁来选？怎么选？这里面有意思的事很多。

"选秀"一词最早是清朝发明的，"秀"不是优秀，更不是电视节目秀，而是指"秀女"，"秀女"在满语里的意思是"聪慧、美丽的女孩"。清朝选秀，就是采选聪明漂亮的小姐姐进后宫。

很多清宫剧里都有选秀的情节，比如说几年前很火的电视剧《步步惊心》，女主角若曦是个可爱的满族小姑娘，她参加了选秀，没选上，被皇后娘娘指派去当了宫女。这种安排其实是出于剧情需要，清朝选秀的真实面貌和我们在电视里看到的样子差别很大，它是一种建立在八旗制度上的宫廷采选。

采选分两种：一种是三年一次，选出身王公贵族的嫔妃；另一种是一年一次，选宫女。

嫔妃要从八旗女子里挑选，而宫女要从包衣三旗里挑选。"包衣"在满语里有"家"的意思，在这里的意思是"家奴"，包衣三旗里都是打仗落败的战俘，或者是犯了错的罪人（比如曹雪芹就是汉族包衣旗出身），世代为奴。封建社会里，主子是主子，奴才是奴才，等级森严，不可能让选秀失败的贵族小姐去当宫女服侍别人。被选上的贵族小姐就算嫁不了皇上，也会被指给其他的贝勒、贝子做福晋，还是人上人。

清宫选秀有什么标准呢？首先，对秀女有严格的年龄要求，八旗中十三至十六岁的健康少女都必须参加阅选，除非参选者是残疾人，或者相貌非常丑陋，才会层层报备，请相关机构派人来复查，确认情况属实，才能免去选秀。

参选的流程大致如下：首先，全国的八旗子弟向户部上报自己家适龄女孩的个人资料，比如年岁、姓名等。户部制作花名册，上报皇上，皇上看看自己的日程安排，挑一个好日子，告诉户部的人，"某月某日我有空，就这天选秀吧！"户部便通知大家，某月某日选秀，大家务必赶到。

选秀之日前一天，各家各户就备好骡车，把女儿送到京城，有的家里穷，没骡车，也得给女儿临时雇一辆，好显出气派。

应选秀女的骡车要按照民族排队，最前面的是满族姑娘，其次是蒙古族，最后才是汉族。头天日落时，各旗统领就押送着骡车队向紫禁城进发，第二天，也就是选秀之日的中午，车队就要到神武门报到，太监嬷嬷们高声吆喝："应选女子按年龄大小排好！"然后，将列好队的秀女依次带进御花园，御花园里坐着皇帝和太后，秀女们五六个一排站到跟前去，让皇帝太后挑选。

挑选秀女的标准有很多：性格温顺、品德宽厚、门第优秀……这些都是入选标准，独独不要求容貌漂亮，咱们现在的选秀节目里爱选能歌善舞、有一技之长的小姐姐，当时可没人敢这么选。因为在古代，男人好色是很没名誉的事，一国之君就更加不能承认自己好色了。电视剧《甄嬛传》里选秀的流程，与历史上的真实选秀比较相似：雍正皇帝和皇太后一起挑选秀女，有的女孩因为说自己熟读《女训》就入选了，有的因为门第高贵而入选，这些都比较符合真实历史。但是电视剧里秀女年龄普遍偏大，在现代人的观念中，十三至十六岁的女孩子还太小，不适合结婚，电视剧为了迎合主流观众的价值观，把参选女子年龄改成了十七八岁。实际上在清朝，超过十七岁就叫"逾岁"，逾岁的女子是不能参加选秀的。

选中的秀女留下名牌，称之为"留牌子"，没选中的称之为"撂牌子"。"留牌子"对姑娘不一定是好事，因为一旦入选，就得回家等候圣旨，皇家要把你指派给哪位阿哥、哪位王爷，你才能嫁过去，否则即使遇到合适的人家，也不能擅自成婚。有些秀女选上以后被皇上忘得一干二净，十四五岁就入选，等到二十好几还没嫁出去，白白错过了黄金年龄，您说这多耽误人！

就算是成功嫁给了皇上，想要一路上位，也不容易。

清朝自康熙帝开始，后宫设皇后一人，皇贵妃一人，贵妃两人，妃四人，嫔六人，这十四位称为"主位"，可以在紫禁城东边西边有自己的寝宫。等级再往下有贵人、常在、答应，数目不定，她们只能在紫禁城住一间房间，而且没有抚养自己亲生孩子的权利。

拿慈禧太后举例。慈禧太后的阿玛是吏部的八品小官，相当于现在的人事部文秘，家境并不十分富裕，门第也算不上高贵。但慈禧来选秀这一年，咸丰皇帝鬼使神差地选中了她，慈禧的起点不算高，咸丰皇帝只封她为"懿贵人"，两年后才封为"懿嫔"。

传统相声里还有段《咸丰立后》，说皇上到十六岁，该立后了。应选的秀女一共有六十人，经过初选，留下了二十八个，从这二十八个当中挑来挑去，最后就剩俩。一个是后来的慈安太后钮祜禄氏，一个是后来的慈禧太后叶赫那拉氏。应选那天，她俩来到寿康宫，往地上一跪，上边坐着皇太后和咸丰。慈安长的是端庄淑雅，雍容华贵。慈禧呢？长的是容颜娇秀，媚态横生。

俩人都够漂亮的，太后一瞧，打心眼里喜欢慈安。咸丰呢？看上慈禧了！按理说，皇上喜欢谁，谁就能当上皇后。可慈禧倒霉就倒在她那一口牙上了。

牙怎么啦？慈禧的牙没毛病！又白又齐，特别好看。就因为牙长得好看，她说话老想找露牙的字眼，结果没当上皇后！慈安牙不好，可她挺有心眼，说话不张嘴，让人看不出来。结果最后她倒当上皇后啦。

皇太后就问慈安了："你姓什么呀？"

慈安牙不好，就老用小口型的字来回答："姓钮祜禄。"

您听，"钮祜禄"仨字，根本不用张嘴，牙露不出来，也看不出毛病。

咸丰问慈禧："你姓什么呀？"

慈禧一琢磨：论模样儿我们俩不相上下，我这口牙比她强。我回话的时候，得想办法把这口白牙露出来，所以她是这么回奏的："姓那拉氏。"

说"氏"字故意拉点儿长音儿，"氏——"，嘴唇上下一分，把牙龇出来啦。

咸丰一看：嗬！这口牙好似排玉一样，美！

太后又问慈安："你多大啦？"

"十五。"

咸丰又问慈禧："你多大啦？"

慈禧想说十六，一琢磨，不行，说"十六"露不出牙呀，她灵机一动："明年十七——"

哎，这不是废话吗？后年还十八哪！

太后又问慈安啦："你家住哪儿啊？"

"奶子府。"

咸丰问慈禧："你家住哪儿啊？"

"鼓楼西——"

太后问慈安："你叫什么呀？"

"玉珠。"

咸丰又问慈禧："你叫什么呀？"

本来她叫"兰儿"，但"兰儿"不行啊，露不出牙来。

"我叫兰芝——"

为了露牙，连名儿都改啦！

太后问慈安："你家还有什么人哪？"

"父母。"

咸丰问慈禧："你家有什么人哪？"

"妈和姨——"

皇太后一看问得差不多啦，决定吧。按规矩，皇上把一个碧玉如意赐给谁，谁就是皇后。咸丰为难了，自己喜欢慈禧，太后喜欢慈安，到底给谁呢？他拿着如意直犹豫，嘴里念叨："谁当皇后？谁当贵妃？"

慈禧正琢磨着龅牙的字呢，一听赶紧搭话茬儿："我当贵妃——"

得，皇后归慈安啦！

当然，这只是民间一个小笑话，并不是史实。事实上，后宫气氛一直很紧张，为什么呢？咸丰皇帝登基都五年了，居然还没有任何子嗣！在之前的清朝历代皇帝中，从来没发生过这种情况。

咸丰皇帝很着急，甚至怀疑自己某方面可能有问题。史书上记载，咸丰皇帝好饮酒，好抽鸦片，好美色，因此身体一直比较虚弱，经常需要饮鹿血补阳气，这几样毛病搁到一块儿，子嗣不旺也很正常。

但是世事难料，慈禧偏偏就怀孕了。咸丰乐坏了，不但宫中太医随叫随到，还让接生嬷嬷组成了一支接生预备队，婴儿的小衣服也都提前做好，皇上甚至还把慈禧的额娘接入宫中，让她仔细照顾初次生育的女儿。

慈禧运气很好，顺利生下了咸丰皇帝第一个皇子。咸丰皇帝激动得不行，还亲自写了首诗："庶慰在天六年望，更钦率土万斯人！"意思就是：当皇帝六年，盼星星盼月亮终于盼来了儿子！可以告慰祖先和黎民百姓啦！

皇帝一高兴，慈禧就跟着沾光。在宫中母凭子贵，生下皇子的当天，慈禧就被封为"懿妃"，当年年末又被封为"懿贵妃"，一下子从没有寝宫的"贵人"升为后宫的第二霸主。

后来光绪帝登基，慈禧成了皇太后，牢牢掌握住了选秀大权。据说光绪与慈禧在御花园选秀时，一排秀女站到跟前，光绪皇帝一眼就看中了容貌最出众的秀女，拿着要送给皇后的玉如意，就要递给她。慈禧太后急忙出声提醒："娶妻应娶贤！"

她是想让光绪选一个老实本分的皇后，稳定后宫吗？不全是，出声阻止，主要是因为慈禧弟弟的女儿也参加了选秀，慈禧希望侄女能顺利入主东宫。

听到这句话，光绪皇帝吓一跳，不敢再往前走了。这时，大太监李莲英便上来搀扶着皇上，向慈禧的侄女走去。这名秀女就是后来一手结束了大清统治的隆裕太后。虽然她被选为皇后，但一点儿也不得光绪皇帝的欢心，皇帝始终拒绝与她同房。

虽然是给自己选妃，皇帝也不能随心所欲，有的时候，后宫更像各方势力"争地盘"的战场。

08

多尔衮：

当不了皇帝，就当皇帝的"后爹"

无论他的身份是"叔父摄政王"还是"皇父摄政王"，他都是有清一代举足轻重的中坚人物。

相声是语言的艺术。过去老先生说做我们这行全靠"口传心授"，"口传"是大德行，"心授"是大智慧。

怎么能把相声说好呢？首先演员脑子得够使。说到底，智力决定一切。每次说到这个，我就想起一个人来——爱新觉罗·多尔衮。

咱们今天看到的清宫戏，故事都发生在北京紫禁城里，这跟多尔衮也有很大关系。清朝当年的都城本是在沈阳，"迁都北京"就是多尔衮的决定。

多尔衮这一辈子，可以说是又辉煌又点儿背。他曾有两次争夺皇位的机会，都失败了。虽说没当上皇帝，却当过皇帝的"后爹"——皇父摄政王。摄政王前面冠以"皇父"二字，这在此前的历史上是绝无仅有的。

具体是什么情况呢？今儿咱们就来说说。

先从多尔衮这一辈子不得不提的两个女人说起。

第一个女人，是多尔衮的母亲乌拉那拉·阿巴亥。多尔衮在第一次汗位争夺战中失败，与他的母亲阿巴亥有关。

阿巴亥七岁丧父，后由叔父布占泰收养。1601 年，为了保住乌拉部不受建州女真所灭，年仅十二岁的阿巴亥由叔父布占泰做主，嫁给了比自己大三十一岁、当时已有七位妃子的努尔哈赤。阿巴亥美貌聪慧，很得努尔哈赤的欢心，出嫁两年后，阿巴亥之前的一任大妃，皇太极之母叶赫那拉·孟古，因失宠而积郁成疾，最终病逝，努尔哈赤便将阿巴亥立为大妃。

从此，孟古之子皇太极便盯上阿巴亥了。

阿巴亥共为努尔哈赤生下三个儿子，即第十二子武英亲王阿济格、第十四子睿亲王多尔衮、第十五子豫亲王多铎。帝王家母凭子贵，子也凭母贵，阿巴亥被立为大妃，阿济格、多尔衮、多铎便也成为努尔哈赤的宠儿。但是树大招风，努尔哈赤最小的妻子德因泽以三大罪状向大汗举报了阿巴亥：

一、做好吃的偷偷送给代善吃。

二、偷偷出宫去代善家。

三、藏私房钱。

代善是努尔哈赤的次子，时任帝位继承人。德因泽举报这三大罪状，其实就是暗示代善与继母有染。

努尔哈赤以私藏宫中财物之罪，废了阿巴亥的大妃之位，将她贬居郊外，并废除代善继承人的身份。但一年后，努尔哈赤原谅了她，把她接回身边，并恢复了她的大妃之位。此后，阿巴亥在努尔哈赤身边侍奉，直到努尔哈赤病逝。

努尔哈赤去世当天，汗位争夺战就开始了。

参与争夺的候选人包括次子代善、侄儿阿敏、第五子莽古尔泰、第八子皇太极以及多尔衮三兄弟。其中，代善被废过一次，阿敏只是大汗的侄儿，莽古尔泰曾经手刃自己的生母，阿济格一介莽夫缺乏政治头脑，多铎年方十二还是个孩子，这五个人都不太可能被推举为大汗，真正有竞争力的其实就只有皇太极与多尔衮。

皇太极七岁就帮助父亲处理家政，文武双全，机警深沉，深得努尔哈赤赏识。为了汗位，他早早就开始布局。有不少史学家认为，小妃德因泽告发阿巴亥，幕后指使者很有可能就是皇太极。目的是为母报仇，同时扫除代善、多尔衮三兄弟这几个争夺汗位的障碍。只是他低估了努尔哈赤对阿巴亥的喜爱，原计划一箭双雕，结果只成功了一小半。

努尔哈赤一去世，皇太极就开始逐步掌握主导权了。史书记载，努尔哈赤过世之前曾留下过遗诏，命十四子多尔衮即位，代善辅政，但当时只有阿巴亥一个人在努尔哈赤身边服侍，没有人可以做证，因此她传达的遗诏，遭到了皇太极和其他贝勒的否认。

努尔哈赤生前曾立过两次储君，第一次是长子褚英，后褚英被废，改立次子代善为储君，代善被告发与大妃阿巴亥有染，也被废黜。两次立储失败后，努尔哈赤立下规矩，下任大汗由八旗领袖共同商议决定。

努尔哈赤去世前，八旗一共有二百一十个牛录[①]，每个旗牛录数不等。正黄旗旗主多铎，旗下有三十五个牛录，镶黄旗旗主阿济格，旗下有十五个牛录，镶白旗旗主多尔衮有三十个牛录，代善及子孙掌管正红旗和镶红旗，旗下共有五十一个牛录，皇太极领导的正白旗有二十五个牛录，莽古尔泰领导的正蓝旗有二十一个牛录，阿敏领导的镶蓝旗有三十三个牛录。咱们算一算就知道，仅多尔衮兄弟就掌握了八十个牛录，再加上代善的力量，二百一十个牛录中，多尔衮兄弟可以控制一百三十一个，超过了半数，皇太极怎么会允许这种局面长期存在？努尔哈赤过世几个时辰后，以皇太极为首的贝勒们便传下努尔哈赤遗诏，命阿巴亥殉葬。

失去了努尔哈赤这棵大树，年幼的儿子们也无力保护母亲。为了保住儿子们

[①] 牛录是女真人在氏族社会时期为便于进行集体狩猎和对外作战，而形成的临时性的生产和军事组织。努尔哈赤时期，为统一女真各部及实现更远大的政治宏图，将其所统部众、战争俘虏和归附者编为牛录，并使之由松散的临时性组合变成纪律严明、常设的社会军事组织。

至明万历二十九年(1601)，正式规定，每三百人为一牛录，立首领管属，此首领称为"牛录额真"。"牛录额真"作为女真人的一种官职便随着此常设而诞生了。牛录组织早在努尔哈赤举兵报父祖之仇时就产生了，并在此基础上，逐渐发展为八旗制度。

的政治前途，阿巴亥顺从皇太极的命令，自缢身亡。也有一种说法称，阿巴亥是被多尔衮用弓弦勒死的。

总之，多尔衮三兄弟一夜之间由父亲宠爱、母亲保护的小王子变成了没爹没娘的孤儿，十几岁的小哥儿仨只能尽力自保，哪有余力争夺汗位呢？

代善一家立刻倒戈皇太极，皇太极顺势拉拢阿敏和莽古尔泰。次日上朝时，皇太极便登基了。十四岁的多尔衮展现出了一代枭雄的胸襟：他不哭不闹，在皇太极身边韬光养晦，立下赫赫战功。

阿巴亥临死前，曾请求四大贝勒"恩养"自己的幼子们。可能出于这个原因，皇太极对多尔衮确实不错。在皇太极主政的十七年间，所有的王公贝勒都曾受到过皇太极的惩罚，连他的亲生儿子豪格都曾三次受到降级、罚俸的处分，而多尔衮只被罚过一次。

当然，多尔衮自身的才能和功绩也是有目共睹的。史书说多尔衮"攻城必克，野战必胜"。从1626年开始，多尔衮参加了六次与其他部落的大战，其中最重要的一战，是1635年与漠南蒙古中最强大的部落——察哈尔部之间的战争。

察哈尔部与明朝关系很好，常与明朝联手，两面夹击后金政权。皇太极曾派兵攻打过察哈尔部一次，察哈尔部虽然战败，但实力并未受损，威胁还在。1635年，皇太极派多尔衮出征察哈尔部。

此时察哈尔部的首领林丹汗已经病逝于青海大草原，部落群龙无首。多尔衮占尽了天时地利人和，察哈尔部的苏泰太后首先率领部分人马归降，然后带着多尔衮的军队，趁天降大雾时围住了自己儿子额哲的部队，察哈尔部全部人马归降。多尔衮不费一兵一卒，大获全胜，这是多尔衮立下的第一大功劳。

第二大功劳，是得到了传国玉玺。额哲从元人手中获得了传国玉玺，察哈尔残部兵败后，玉玺落入多尔衮之手。这枚玉玺诞生在秦始皇时期，正面刻着"受命于天既寿永昌"，是中国历代正统皇帝的凭证。多尔衮不敢私藏，转而将玉玺献给了皇太极，这也从侧面体现了多尔衮对皇太极的服从，皇太极既高兴又感动，亲率满朝文武百官和他的所有福晋，出城列队迎接多尔衮。得到玉玺后，皇太极下令改后金政权为"清"，正式称帝，大清王朝由此就登上了历史舞台。

大清王朝建立后，皇太极仿照明朝制度设立六部。多尔衮任吏部尚书，有权任命并管理皇太极以下的全部官员。这时期，多尔衮在外南征北战，在内治理朝政，他的能力、势力都有了巨大的进步。同时，多尔衮也不忘打击代善的势力。

与影视剧里专情于孝庄文皇后的多尔衮不同，历史上真实的多尔衮多情好色，史书上记载的有名有姓的妻妾就有十个，出征朝鲜的时候，都要把朝鲜的公主娶回来。多尔衮虽然好色，但子嗣不旺，膝下只有一个女儿，后来多铎过继了一个儿子给他。

1643 年，多尔衮如日中天，皇太极却悄无声息地猝死在盛京，可能皇太极也没有想到自己年仅五十二岁便与世长辞，匆忙间连继承人都没有确定。既然没有指定继承人，就只能沿用努尔哈赤当年确立继承人的先例，从皇帝的儿子、兄弟中挑选一个继承帝位了。

参加这次皇位争夺战的亲王中，竞争力最强的是皇长子肃亲王豪格和睿亲王多尔衮。

豪格时年三十五岁，比他的皇叔多尔衮还大三岁。豪格当时不但掌管着户部，还亲自统领了正蓝旗，皇太极生前统领的正黄、镶黄两旗也愿意拥护豪格即位。这位皇长子自幼随皇太极四处征讨，立下累累战功，早就与诸位皇叔、伯父平起平坐，可以说是争夺皇位最有力的人选。

但是，此时的多尔衮也不是眼看母亲被杀的十四岁少年了，这些年他在朝中专心培养党羽，早就成了一人之下万人之上的权臣。三十二岁的多尔衮掌管着吏部，他的亲兄弟多铎、阿济格掌管正白、镶白两旗，三兄弟齐心协力，势力与豪格不相上下。

但多尔衮毕竟是皇帝的弟弟，不是皇子。这是一个较为明显的劣势。

推举继承人的会议由代善主持，有讨论权的满洲贵族共有七位：礼亲王代善、郑亲王济尔哈朗、睿亲王多尔衮、肃亲王豪格四位亲王，以及武英郡王阿济格、豫郡王多铎和多罗郡王阿达礼三位郡王。

礼亲王代善这一年已经六十多岁了，只想安安分分过自己的小日子，他倾向于拥立豪格，但并不坚持。豫郡王多铎年少气盛，旗帜鲜明地支持自己的哥哥多尔衮。武英郡王阿济格没有什么称帝的野心，他的原则就是坚决支持我兄弟多尔衮。多尔衮本人经历了这些年的韬光养晦，很有城府，他没有先发言，而是静静等待大家的意见。

郑亲王济尔哈朗是努尔哈赤弟弟的儿子，掌管着八旗里人数第二多的镶蓝旗，他的观点是必须立皇子，至于是立豪格、福临，还是博穆博果尔，济尔哈朗没有明确的意见。肃亲王豪格自然希望能够继承父亲的皇位。最后一位是代善的孙子，多罗郡王阿达礼，他是多尔衮的死忠粉，坚决拥立多尔衮，一直到后来新皇登基，他还憋着劲儿要杀死豪格，拥立多尔衮。

豪格的胜算原本挺大的，但是此人性格急躁，长达十几天的皇位争夺战，磨得豪格有些不耐烦，留下一句自谦之语"福少德薄，非所堪当"，就离开了。

豪格原以为皇位一定是自己的，说一声退出，做一个谦让的姿势，众人便会将自己请回来主持大局。万万没想到，前脚刚出门，后脚济尔哈朗就表了态：既然豪格不想当皇帝，那就立福临吧。

多尔衮立刻表示同意，并提出因福临年幼，需要由郑亲王和自己辅政。

一代枭雄多尔衮明白，如果自己强争皇位，并非无望，但八旗之间必定内斗，损伤大清的元气。作为政治家，他要的不只是皇位，还有权力，他想统一中国。

所以，他主动放弃了皇位。

很多时候，放弃就是进攻。多尔衮以辅政之名上台后，先是通过各种手段笼络两黄旗的大臣，然后又诱导济尔哈朗放弃辅政大权，将摄政王的宝座让给了自己的亲弟弟多铎，接着将豪格贬为庶人（他本想处死豪格，但福临坚决不从，只得先将豪格打入监牢），前前后后不到半年，多尔衮就掌握了实权。

那时，明、清、李自成三大集团在竞争，明朝气数将尽，李自成集团虎视眈眈，多尔衮明白，眼下绝对是统一天下的好时机。

最初，多尔衮是想要拉拢李自成的，他主动派人去向李自成说合，建议大家兵合一处、将打一家，先联手将大明灭掉。

李自成回复得非常傲娇：我不。我就不。

此时李自成的军队已经攻入北京，崇祯帝自缢身亡，大明最后的一点儿军事力量掌握在辽东总兵吴三桂手中，由于北京已经失守，吴三桂只能退守山海关观望局势。

李自成入京后，将吴三桂的父亲吴襄打入了大牢，吴三桂的爱妾陈圆圆也不知所终[①]。吴三桂听说自己留在北京的家小落得如此下场，怒发冲冠，立刻投靠了清廷。多尔衮便顺水推舟，先联合吴三桂大败李自成，然后率领清军一鼓作气打进北京。

公元 1644 年 10 月 30 日，七岁的顺治帝颁诏天下：定鼎燕京。

迁都北京后，多尔衮参考汉臣范文程的意见，制定了一系列管理国家、巩固政权的决策。包括颁布法律、整顿吏治、善待明朝官员、恢复科举制度、准许满汉联姻等，但这些政策实行了没多久，就都被改回去了。这些针对汉人的惠民政策影响了统治阶级的利益，引起八旗官兵和满洲贵族的不满，为了维护自己的权力，多尔衮不仅收回了正确的决策，还颁布了一系列令汉人怒不可遏的新政。

其中，有两条政策尤其不得人心：

其一，剃头——"留发不留头，留头不留发"。

千百年来，发型和服饰，代表着汉族的文化传统和民族精神，要汉人剃成"金钱鼠尾"，还不如直接杀了他们。如此，汉人怎能不反？

其二，屠城——扬州十日、嘉定三屠……大清军队征服中原的过程中，无论哪个城市的百姓不愿顺从大清，只要他们胆敢反抗，清军是遇村屠村，遇城屠城。

满汉民族矛盾迅速激化。统一天下的路，越走越偏。

在入主中原的过程中，多尔衮屡建战功，在朝中说一不二，逐渐成为大清实际意义上的统治者。多尔衮辅政期间，不但将摄政王府修得比皇宫还高大富丽，

[①] 一说被李自成的部将刘宗敏霸占。

还每日召集文武百官到摄政王府议事，做出决议后，才去朝廷草草走个过场。摄政王府门前车水马龙，各级官员往来穿梭，俨然是个小朝廷。清初诗人吴伟业曾有诗句"七载金藤归掌握，百僚车马会南城"，描述的就是当时多尔衮的王府外王公贵族进进出出的繁盛情景。多尔衮日益骄横跋扈，完全没有将小皇帝福临放在眼里，他嫌跑来跑去太麻烦，干脆把顺治帝发布谕旨的玉玺都搬回了王府！小皇帝福临的帝位，眼看就摇摇欲坠了。

这时，就必须谈到多尔衮一生不得不提的第二个女人——孝庄文皇后。

孝庄文皇后，名叫布木布泰（意为"天降贵人"），她是蒙古科尔沁部的贝勒博尔济吉特·寨桑的第二个女儿。孝庄文皇后先后培养、辅佐了顺治、康熙两代皇帝，是清初杰出的女政治家。

孝庄文皇后跟多尔衮之间到底有没有爱情，历来是个谜。之前我们谈过"太后下嫁"的问题，对于太后到底有没有下嫁，历史学家们各执一词。电视剧里说他俩青梅竹马，很早就爱慕彼此，这是不可能的。多尔衮生于1612年，孝庄生于1613年，根据史书上的记载，孝庄正式成为多尔衮的嫂子之前，两人最多见过四次面。

两人第一次见面的契机，是在1614年，皇太极娶孝庄文皇后的姑姑为妻的时候。如果两人当时都在场，是存在见面的可能的，但当时多尔衮三岁，孝庄两岁，还是襁褓之中的婴儿，就算见面，也记不住彼此。

1615年，努尔哈赤娶了一个来自科尔沁的妃子，婚礼办得很隆重，如果多尔衮和孝庄在这次婚礼上见过面，他俩就是一个四岁，一个三岁，跟上次的状况差不多。

接下来的两场婚礼，我们基本可以确定他俩都参加，并且见面了，一次是1623年，多尔衮娶妻，这一年多尔衮十二岁，孝庄十一岁。另一次是1625年，孝庄嫁给皇太极，这一年多尔衮十四岁，孝庄十三岁。由此看来，两人并没有"青梅竹马"的机会。

当然，年龄相仿的孝庄与多尔衮之间如果产生感情，也说得通。按照当时满族旧俗，哥哥去世，弟弟迎娶寡嫂，是很自然的一件事；而且孝庄一介女流，虽然被尊为太后，并没有多少实权，为了保住儿子的皇位，孝庄屈身下嫁也不是不可能。

我们来看看多尔衮的称谓变化：

1644 年，"叔父摄政王"→ 1645 年，"皇叔父摄政王"→ 1648 年，"皇父摄政王"

这都是被录入正史的，由此可见，尽管多尔衮和孝庄太后的关系扑朔迷离，但多尔衮确实当过皇帝名义上的"后爹"！

多尔衮有名有姓的妻妾有十位，其中六位是蒙古人，两位是朝鲜人，两位是满族人。与蒙古人联姻主要是出于政治目的，女真人从满洲起家，能够一统中原，最大的扶持来自蒙古部落，清朝历任统治者心中都明白：想要长治久安，必须先安抚好蒙古，因此历任皇帝都十分重视和蒙古的关系。

另外，当时朝鲜国力较弱，多次被女真人打得溃不成军，为了讨好清朝，经常向清朝进贡，所以多尔衮有两位朝鲜夫人，其中一位还为他生下了女儿。

值得一提的是，这十位妻妾中，有两位原本是豪格的妃子。据说是多尔衮战胜豪格之后，为了侮辱豪格，便娶了人家媳妇。在汉人看来，这是大逆不道，但从当时少数民族的视角来看，也不足为奇。

多尔衮这个人，有当皇上的能耐，没有当皇上的命！他的身体一直不太好，多尔衮在松锦大战前后染上"怔忡之症""风疾"等病，还咯血。眼看帝位无望，多尔衮渐渐萌生了归政的想法。1650 年，他在出猎古北口外的时候，不慎从马上跌落，从此一病不起，不久过世。

一命呜呼的多尔衮，获得的尊崇和荣誉反而达到了巅峰。他的亲信党羽不但强迫顺治帝在寒冬十二月到东直门去迎接多尔衮的灵车，还胁迫顺治帝追谥多尔衮为"懋德修道广业定功安民立政诚敬义皇帝"，并封多尔衮的发妻为"义皇后"，将他们的牌位供奉在太庙。

注意！这时，多尔衮的身份已经不是"皇父摄政王"，干脆就是"皇帝"了！

历朝历代的摄政王就没有过好下场，多尔衮也不例外。虽然顺治帝不得已，追谥多尔衮为皇帝，但您仔细数一数，多尔衮的谥号加起来一共只有十七字，而清朝皇帝的谥号历来都是十九字。这个"皇帝"谥号其实也是个水货。

多尔衮过世后，爱新觉罗·福临终于有了亲政的机会，他上台的第一件事，便是报复多尔衮。顺治帝列举多尔衮十大罪状，下令将其"削爵、撤庙享、罢谥号、黜宗室、籍财产入官"，还把多尔衮挖出来，又是用鞭子抽，又是用棍子打，还把多尔衮尸体的脑袋砍掉，暴尸示众。此时，距离顺治帝亲自给多尔衮追谥"义皇帝"，仅仅一个月。

顺治为什么这么恨多尔衮？我们分析有两大原因：

于公，多尔衮手握重兵，权倾朝野，顺治皇帝只是个摆设，他这么多年过得也是战战兢兢，又害怕，又憋屈，不恨多尔衮才怪呢。

于私，多尔衮规定后宫不得干政，不准福临与孝庄太后见面，年幼的孩子见不到母亲，心情可想而知。此外，多尔衮和孝庄的关系传得满城风雨，身为儿子的福临自然觉得面上无光，难免积累下满腹怨气。

多尔衮行九，他的坟叫九王坟，现在北京东直门外新中街附近，占地三百多亩。无论他的身份是"叔父摄政王"还是"皇父摄政王"，他都是有清一代举足轻重的中坚人物。先是为大清四处征战，带领满人入主中原；清军入关后，危机四伏，多尔衮又兢兢业业地治国理政，为大清稳固了两百余年的基业。

但是，他又是一位悲情的人物，一生中两次问鼎帝位均告失败，一生最喜欢皇子福临，却在死后不到两个月，遭到含恨已久的福临的报复。直到乾隆四十三年（1778），乾隆帝才为他平反，恢复了多尔衮"睿亲王"的封号，对他做出了"定国开基，成一统之业，厥功最著"的评价，这可能也是对戎马一生的多尔衮的最佳安慰。

09

富察皇后：
乾隆情史里的白月光

"早知失子兼亡母，何必当初盼梦熊。"

今儿的故事，咱们得从乾隆爷五十六岁那一年开始聊。

话说这一天，乾隆爷正在木兰围场狩猎，宫中的侍卫快马疾驰来报："启禀皇上，皇后娘娘她，她……薨了。"

薨，本义是指一大帮昆虫一块儿飞的声音。古代的诸侯、有爵位的大官、皇帝的高等级妃嫔、皇子公主或是封王的贵族，这些身份尊贵的人去世了，都可以用"薨"这个字来表达。好比说《红楼梦》里头，贾母一去世，丫鬟就各处去报："老太太薨了。"

按理说，皇后薨了，皇上应该伤心吧？哪知乾隆特淡定，扭头告诉十二阿哥："永璂，你回去为你额娘治丧吧，朕就不回去了。"

十二阿哥正要转身告退，乾隆又补了一句："按皇贵妃的规制办就好了，不用像先前操办孝贤皇后丧礼那样办。"

明明是皇后，为什么要用皇贵妃的礼遇治丧呢？据说啊，这是因为在乾隆的心里，这辈子就只认可一个皇后——已去世多年的孝贤皇后。

这孝贤皇后，究竟是谁呢？说来话就长了，这大千世界，芸芸众生，痴男怨女的故事不计其数！可帝王家历来是三宫六院七十二嫔妃，能够得到帝王眷顾的女子少得可怜！"最是无情帝王家"啊！唐明皇杨贵妃俩人挺恩爱，可是后人看得明白，"江山情重美人轻"！说到乾隆，各位在电视剧上也没少看见他老爷子，又是说他风流成性啊，又是说他动不动下江南勾搭民女，花心大萝卜啊，没少编派他。其实历史上的乾隆，算是帝王家为数不多的痴情种子了。

说到乾隆的情史，就得从他的初恋，也就是孝贤皇后富察氏说起。

富察氏出身满洲镶黄旗，曾祖父是顺治年间的太子太保，祖父在康熙年间任议政大臣，当过七年的户部尚书，掌管国家的财政大权，两位伯父在雍正年间官居一品，父亲李荣保官至察哈尔总管，可谓家世显赫。富察氏从小就接受良好的教育，娴于礼法，深明大义，加上天生的端庄文静，可以说是一位标准的名门淑女、大家闺秀。

据富察氏后人玄海的回忆录记载：有一天，雍亲王突然来访。李荣保的妻子、儿女回避不及，赶紧下跪请安。雍亲王环视书房，见满桌都是手抄的经文，信手拿起一张，只觉得笔力刚劲，有欧阳询之骨，柳公权之风。雍亲王就问了，这是出自谁的手笔？

李荣保指着女儿说："是拙女习字。"

雍亲王不由得笑容满面，问小格格最近读了什么书，格格对答如流，谈吐大方。雍亲王十分喜爱小格格，命她当面写字。李荣保赶紧说："雍亲王乃是书法大家，连皇上都对您的楷书赞不绝口，小孩子信笔涂鸦，怎么敢在亲王面前献丑呢？"

但小格格并不怕生，提起笔来略加思索，写了康熙的一首五言绝句《古北口》：

"断山逾古北，石壁开峻远。形胜固难凭，在德不在险。"

雍亲王站在旁边见格格挥笔娴熟，结构严整，连声称赞，还问小格格知不知道圣祖皇帝这首诗表达了什么意思。格格就说："师傅说了，'在德不在险'一句出自《史记》。长城虽然工程宏大，地势险要，也不足为恃。没有德政，没有明政，再厉害的工程也挡不住我满族巴图鲁勇士。只有事理洞明，修仁、修德、修明，才能治理天下。"

听得雍亲王连连点头，不住口地夸赞格格聪明。

雍亲王回府后，嫡福晋乌拉那拉氏过来与他说话，三阿哥弘时、四阿哥弘历、五阿哥弘昼都过来请安。雍亲王便把刚才小格格的字幅拿出来让阿哥看，对他们说："此字乃是一位九岁的格格所写，你们如不用心上进，可连女童都不如了。"

那个时候，弘历还不知道，这个小格格不但会成为他的妻子，还是他此生挚爱。

雍正五年（1727）七月，清宫选秀，雍正为弘历精心挑选了富察氏做嫡福晋。当时，弘历已经被内定为雍正的继承人，所以雍正为弘历指了富察氏，不仅是挑选出一个中意的儿媳，还是为大清定下未来的皇后。弘历娶妻时虚岁十七，富察氏虚岁十六。两人年貌相当，一个英姿勃发，一个丽质天成，婚后感情极好，琴瑟相谐，举案齐眉，小日子过得很美满。

乾隆即位后，立富察氏为皇后。虽然贵为皇后，又独得皇上恩宠，富察氏身上可没有一点儿骄纵之气，她虽姿容窈窕却性格恭俭，平日里不在妆容上铺排，打扮得素雅清淡，头饰也很简洁，日常生活中只佩戴通草绒花，"不御珠翠"。

富察氏识大体，重细节，把后宫管理得井井有条。乾隆在朝堂上遇到了棘手的事，回到后宫中，富察氏总能第一个发现他的心事，感受到他的难处，并且细心安抚，帮丈夫稳定情绪，所以乾隆的前半生，婚姻生活是相当幸福的。

在清朝的服饰中，有一类是各代皆有，但是满人另外赋予特殊含意的饰物，这就是荷包。满人来自关外，"马背上得天下"，都有佩戴火镰荷包的习惯，因为行军在外须带火种。打火石和火镰放哪儿合适呢？弄个荷包挂腰上，比较方便。因此，满人入关后，皇帝还常赏赐臣子火镰盒或荷包，也含有不忘初心的意思。

在一次木兰围猎时，乾隆随口跟皇后提起，说自己在文鉴中读到记载祖辈在关外的创业史，那时候八旗子弟使用的荷包非常简单，都是布做的，用鹿尾绒毛做个边儿就算是很精致、很奢侈了。可是现在八旗子弟都崇尚精美华丽，不但用锦缎来制作荷包，还用金丝、银线、象牙装饰，不像父辈那般简朴。

皇上就这么随口一说，皇后就记在了心里，回宫之后，富察氏特意用关东传统技艺"以鹿羔绒制为荷包"，然后亲手绣上简单的花饰，送给了乾隆，"示不忘本"。

乾隆一生将这个荷包视作珍宝，富察氏去世后，他还时常跟人提起这件礼物的来龙去脉，"何事顿悲成旧物，音尘满眼泪潸然"，一代君王睹物思人，也不免泪眼婆娑。

乾隆一生最重视的女性有三个：结发妻子孝贤皇后、生母崇庆皇太后和最小的闺女十公主。乾隆的生母本是一个干粗活儿的宫女，出身低微，即使当了太后，还是保留了底层百姓的本色，日常说笑都是声高气粗，举止有些鲁莽。而富察氏出身贵族，行不动裙，笑不露齿，极重礼节，和婆婆可谓一天一地，但她对婆婆极为恭敬孝顺，礼数周到倒在其次，而且发自真心把崇庆皇太后当母亲一样孝敬。她细心照料太后日常起居，无论太后用膳、养病，富察氏都亲自侍奉，老太后特别喜欢这个儿媳妇，简直一天都离不开她。

乾隆是个大孝子，也很爱面子，妻子爱他的母亲，成全了他的仁孝，他很感动，"朕心甚慰"。乾隆说，孝贤皇后"治事精详，轻重得体。自妃嫔以至宫人无不奉法感恩，心悦诚服。十余年来，朕之得以肃心国事，有余暇以从容册府者，皇后之助也"。这就是把自己治国的功劳都算到皇后那里去了，说到这里，大家可以看出，乾隆与富察氏两个人确实是相亲相爱，鹣鲽情深。

但是！人生不如意者十之八九，即便贵为天子，也一样逃不脱这条魔咒。结婚一年零三个月，富察氏顺利地生下了大女儿，但是女儿不到两岁便夭折了，让小夫妻受到了很大的打击。万幸，富察氏很快又怀孕了，期盼冲淡了悲伤，乾隆开始一心一意期待嫡长子的降临。

雍正八年（1730）六月二十六日，富察氏产下一子，这是一件惊天动地的大喜事，雍正亲自给孙子起名"永琏"。琏，是祭祀宗庙用的贵重礼器，在敏感的弘历看来，这显然是暗示这个孩子有机会继承大统。

永琏很聪明，据说三岁便能认字，五岁便能背诗，乾隆喜不自胜，称其"朕之嫡子，聪明贵重，气宇不凡"。乾隆登基之后的第一件事，就是秘立永琏为皇太子，将"传位于永琏"的密旨藏于乾清宫正大光明牌匾之后。

要知道乾隆本人此时也不过二十六岁，这样早就建储，显然是因为太钟爱永琏了。

谁想到造化弄人！乾隆三年（1738）十月十二日，九岁的永琏不慎染上风寒，因病去世。富察皇后因此大病一场，瘦得皮包骨头。乾隆心疼，天天过来看她，他觉得对妻子最好的慰藉，就是让她再怀上一个孩子。

直到乾隆十一年（1746），富察氏才再次怀孕。乾隆当时已经有了六个儿子，但对乾隆来说，皇后怀孕是天下最重要的一件事。这一年的正月，乾隆破例不去圆明园过上元节看烟火，而是留在宫里陪着皇后。两人形影不离，一起期待着新生命的降临。

孩子一出生，久旱未雨的北京竟下起了大雨。可把乾隆高兴坏了！清朝宗室历来有皇子适龄后才命名的传统，有的皇子都好几岁了才取名，而皇七子还不满周岁，乾隆就迫不及待地给他取名为永琮，并把他立为太子，好让皇后高兴。

"琮"是祭祀时用的玉杯，且宗字有秉承宗业的意思，和永琏一样，所寓含的继位之意也是很显然的。为皇七子命名永琮后不久，乾隆发现宗室中还有永字辈的子弟名叫永琮，便立即下令让人家改名，连改的名字都给想好了，命令那个孩子叫永璹。

这么如珠如宝的嫡子，还是没能保住，第二年的大年三十除夕夜，永琮染上了天花，不到两岁就夭折了。

乾隆悲恸欲绝，哭着责备自己："先朝未有以元后正嫡绍承大统者，朕乃欲行先人所未行之事，邀先人不能获之福，此乃朕过耶！"

什么意思呢？清朝的前四任皇帝都不是嫡子，乾隆认为，先人都未曾享有让皇后所生的嫡子继承大统的福气，而自己却想要做先祖没有做成的事，享受这种先人没有享受到的福气，是他太贪婪了，是他想得到的太多，他害了他的儿，这是他的过错。

富察皇后看到他如此自责，只能忍住泪水劝慰夫君，可是丧子之痛哪里是按捺得住的呢？她是一边温言细语，一边泪湿衣襟。三个孩子先后去世，这是多么大的打击，皇后没能劝慰皇帝，自己先一病不起。这时距乾隆之前发布的巡视山东的日期，只有不到一个月的时间了，皇后能否随行东巡？乾隆一时间难以决断。

正在这时，钦天监奏陈："客星见离宫，占属中宫有眚。"什么意思呢？"离宫"，是天上名为离宫的六颗星。"眚"有三个意思，第一个意思眼睛长白翳；第二个意思是"过错"；此处当用它的第三个意思："灾难"。钦天监的意思就是说：此时天象异常，一颗忽明忽暗、时隐时现的客星出现在离宫六星之中，预示中宫皇后将有祸殃临头。

乾隆帝听了钦天监官员的汇报，心中十分恐惧，但转念一想，皇后已经丧子，这不就是"中宫有眚"吗？而且客星十几天后就完全消失了，皇后的病在御医们的悉心调理之下，也日见起色。这样，皇帝便把"客星见离宫"一说置之脑后了。

为了不让皇上担心，富察皇后强打精神，坚持随行东巡，她用来说服皇帝的理由有两个：首先，太后离不开自己的服侍；其次，自己生病时曾梦到碧霞元君前来召唤，皇后便许愿说，病好后一定去泰山还愿。在皇后的坚持下，乾隆继续东巡。出游似乎真的让皇后的病有所好转，她还牵着皇帝，共同登上了泰山山顶。

但在回程中，皇后的健康状况急转直下。农历三月初四，一场突如其来的暴风雪，将皇家队伍强行留在济南，皇后感染了风寒，不得不卧床休息。乾隆担心皇后身体吃不消，想陪她在济南养好病再走。皇后知道，圣驾在此，地方上的负担肯定很大，就说还是回宫调养更好，催着乾隆上路。

乾隆于是按原计划在济南举行了祭祀仪式。一周后，皇家队伍在德州改乘船返京，这已经是回京的最后一段行程，然而就在这一天夜里，皇后的病情突然恶化。几百名地方官员齐齐下跪，祈求上天保佑皇后平安，但毫无用处，当天夜里，富察皇后就香消玉殒了。

乾隆痛哭不已，在这一刻，他是全天下最伤心的人。

后来他在悼念富察皇后的诗中写道："早知失子兼亡母，何必当初盼梦熊。""梦熊"，语出《诗经》："大人占之：维熊，维罴，男子之祥。"古人以梦中见熊罴为生男的征兆。乾隆这句诗就是感慨："早知道母亲会因为失去孩子而亡故，当初又何必要盼着生儿子呢。"

一个帝王，能将伴侣的生命，看得比皇位继承人更重要，这是极其难得的。

打这儿起，乾隆性情大变。官僚集团贪腐、民间治安恶化、边地兵患等问题，已困扰乾隆很久。富察皇后在世时，美满的情感生活，一定程度上抚慰了乾隆时刻想要爆发的情绪。如今富察皇后一走，他的愤怒被彻底引爆了。在备办孝贤皇后丧礼中，因备办丧礼"失职"，十六名官员被革职问罪，六十九人受处分。有些官员被降级的理由，仅仅是因为皇后的册书和宝玺制造得不够精良，行礼仪的桌子不够干净。大学士张廷玉，整个清朝唯一一个配享太庙的汉臣，侍奉过康雍乾三代帝王的元老，从政四十七年来第一回遭受处分，就是因为在给皇后写祭文时用了"泉台"两个字，乾隆认为这两字不够"尊贵"，以"全不留心检点，草率塞责，殊失敬谨之义"的罪名，罚俸一年。皇长子永璜和皇三子永璋在丧礼上表现得不够悲痛，乾隆因此大发雷霆。这两个皇子，就这样丧失了竞争皇位的机会。

现在回头看，假如富察皇后没有英年早逝，乾隆一朝可能会变个样子。

八十岁的时候，乾隆最后一次来到妻子坟前。他跟孝贤皇后说："老婆子，我有三年没来给你上坟了，真是内疚。我现在八十了，他们都说我能再活二十年，但我不想活那么久，我太想你了，真想和你早点儿见面啊！"

是什么能让一个皇帝，连长生不老的机会都不想要了呢？也许，这就是爱吧。

晚清科技总设计师：

洋人的坚船利炮，其实我们也有！

"洋人之智巧，我中国人亦能为之，彼不能傲我以其所不知矣。"

《郭论》跟大家讲过不少历朝历代的帝王将相，这些人大家大多比较熟悉，相关的电视剧、电影，各位想来也没少看。今天咱们换换口味，跟大家讲讲晚清时期的一位科学奇才——徐寿。

说起徐寿这个名字，大家可能比较陌生。这个人什么来头呢？他是晚清时期的科技总设计师，在科技圈的影响力波及至今，他被公认为是中国近代工业的奠基人，同治皇帝还曾赐给他"天下第一巧匠"的称号。

"天下第一巧匠"，这个头衔分量不轻，但是徐寿当之无愧。徐寿自幼对自然科学非常痴迷，没事就爱在家搞搞实验，写写文章。早在 1881 年，他的科学论文《考证律吕说》就被译成英文，以《中国声学》为题，在世界一流的科学杂志《自然》上发表了。这篇论文通过实验推翻了著名物理学家约翰·丁铎尔在《声学》中的定论，纠正了伯努利定律，被《自然》编辑高度评价，赞其"非常出奇"。在他之前，还没有哪个中国人、没有哪一项中国的科学研究取得过这样的成果。

咱们高中化学课上背的元素周期表，里边大多数元素的中文名也是徐寿翻译的。徐寿不光爱搞研究，还一直致力于振兴国人的科技意识，他创办了第一所教授科技知识的学校——格致书院，还举办了我国史上第一场科学讲座。洋务运动时期，徐寿主持制造了我国第一台蒸汽机、第一艘国产机动轮船、第一艘国产大型军舰，在当时，徐寿绝对是中国兵舰制造领域扛把子级的人物。

大家别小看这些发明啊。中国在春秋战国时期就开始研制战船，古代中国战船制造水平是很高的，但到了明清时期，情况就大不一样了。率先完成工业革命的英国一举成为世界霸主后，西方造船的技术有了质的变化，他们制造出了以蒸汽机为推进动力的机动轮船，船身由钢铁制造，坚不可摧，比当时中国制造的依靠船桨、风帆等装置行进的中古战船不知先进到哪里去了。

鸦片战争一声炮响，中国人才意识到西洋国家的"坚船利炮"带来的威胁。洋务派就站出来说了，不行不行，我们也得造点儿像样的东西出来。

这就要依仗徐寿的才能了。徐寿并非名门之后，他出生于江苏无锡一个没落的地主家庭，五岁的时候父亲就去世了。徐寿自幼聪明伶俐，极有天分，母亲特别希望他能考取功名、光宗耀祖，但是在旧时的"童子举"考试里，徐寿连个秀才都没能考上。后来母亲也去世了，徐寿索性决定不考了，他要把所有的精力用在研究"格致之学"上。

所谓"格致之学"，就是我们现在的物理学。有文献记载，说徐寿打小儿就对各种农具、工具、日用器皿的结构，以及艺术品、装饰品等的制作，有极大的兴趣。在这段时间，他还结识了同为"科技发烧友"的华蘅芳，俩人一拍即合，一起搞起了科学研究。据记载，徐寿靠着自学，曾制作出指南针、象限仪、自鸣钟等科学仪器。

有一阵子，徐寿迷上了炼金术。一个偶然的机会，他得到一枚流入中国的墨西哥银圆，这种由西班牙殖民政府铸造的银币，百姓称为"鹰洋"。徐寿觉得很新鲜，觉得自己不妨也仿制一枚。他找来两块钢板，将鹰洋正反面的花纹精准地反刻上去，做成模子，然后测量银圆的重量和含银的比例，再将银熔化成饼状，夹在两块钢板之间。于高处悬挂石椎，用绳子牵住，往下一放，让石椎沿着木制轨道猛然坠落，冲击钢板，制成银圆。

徐寿仿制的银圆拟真度极高，几乎达到了以假乱真的程度，流入市场之后，就连做买卖的老手也看不出瑕疵，还以为是墨西哥新出的银圆。

仿币的含银量其实比真币还要高一点儿，也更受人们的欢迎，后来徐寿又仿制了更多银圆，这些货币流入市场后，慢慢有了"徐版"的名称。徐版仿币四处流通，无意中被一个旅居上海的英国侨民发现，此人非常喜欢这一版仿币，还买了几十个，捐献给了伦敦博物馆。

徐寿对西学的热情和他众多稀奇古怪的发明使得他拥有了很高的知名度，当朝重臣曾国藩等人都知道此人的存在。1861 年，两江总督曾国藩在安庆开设了以学习研制兵器为主的军械所，已是中年的徐寿和他的小伙伴华蘅芳以"才能之士，能通晓制造与格致之事者"的资格，受到曾国藩的保举重用。

曾国藩希望不依赖洋人，纯粹靠中国人的力量造出快船，对徐寿寄予很大的期望。但要造机动轮船，第一步得先造出蒸汽机模型，就当时的情况而言，造蒸汽机可不是个简单的任务。徐寿没有现成的外国模型可以做参考，也没有外国的工程师来指导，而且安庆的军械工厂里除了十几座锅炉，没有任何可以使用的机器设备，从工具到零件，都要靠徐寿和小伙伴们手工制作。

好在徐寿有二十多年把弄各种器械的经验，这些都没难倒他。但是，不管技术蓝图制得多好，要造出蒸汽机，最关键的步骤，还是要亲眼看一看真正的西式蒸汽机是如何运转的。这可就难了，上哪儿找蒸汽机看啊？

徐寿和华蘅芳有个习惯，没灵感的时候，就喜欢去安庆的江边溜达溜达。有一天他俩照例又去江边找灵感，就在两人举目眺望江面的时候，华蘅芳忽然喜形于色，指着江面大喊："快看！那是啥！"

徐寿抬眼望去，江面上便是一艘西方的机动轮船，当时管这种船叫作洋火轮。其实在当时的安庆，洋火轮路过也不稀奇，只是路过的船虽多，想登船却没那么容易。两个人三步并作两步跑到码头，与船上的人攀谈，一番交谈过后，发现这艘船是李鸿章给淮军买来的英国火轮船。这下好了，都是自己人，徐寿终于可以看到真正的蒸汽机了。他与华蘅芳仔细观察了船上的蒸汽机，又研究了好几个月，终于把蒸汽机模型造了出来。

曾国藩在日记中写下了自己对徐寿制造的国产蒸汽机模型的感受："中饭后，华蘅芳、徐寿所作火轮船之机来此试演，其法以火蒸水气贯入筒，筒中三窍，闭前两窍，则气入前窍，其机自退，而轮行上弦；闭后两窍，则汽入后窍，其机自进，而轮行下弦。火愈大则气愈盛，机之进退如飞，轮行亦如飞。约试演一时，窃喜洋人之智巧，我中国人亦能为之，彼不能傲我以其所不知矣。"

可见曾帅对国产蒸汽机是非常满意的。

又经过近一年的研究实验，徐寿将蒸汽机模型变成了真正的蒸汽机，这也是中国人制作的第一台蒸汽机。之后，徐寿他们又快马加鞭，尝试制作蒸汽船，仅用三年，国产洋火轮的雏形已现。1864年，徐寿等人完全不假西方人之手，制造出了完全国产的"黄鹄"号蒸汽船。

试航返回之后，曾国藩又写了日记，说："出城至河下，看蔡国祥驾驶新造之小火轮。船长约二丈八九尺。因坐至江中，行八九里。约计一个时辰可行二十五六里。试造此船，将以此放大，续造多只。"曾国藩对于徐寿、华蘅芳等人赞不绝口，认为他们将洋人的技术彻底学通了。

安庆内军械所里的这些造船人才，后来又随着洋务运动的发展来到了上海的江南制造总局，继续进行着造船大业。徐寿从一个自学成才的"土专家"变身成了真正的科技专才，深得曾国藩、李鸿章等晚清重臣的倚重，主持江南制造局的技术工作。

在这期间，徐寿又督办制造了中国史上第一艘和第二艘国产军舰"惠吉"号和"操江"号，至此，官办军事工业达到高峰，同治皇帝亲书"天下第一巧匠"的牌匾，御赐徐寿。

虽然徐寿已经功成名就，但科技人才的缺乏一直是他的心病。为了这件事，他多方奔走，呼吁创办教授科技知识的学校，培养更多有用的人。1876年，格致书院在上海落成，书院开设的都是传授科技知识的学科，比如矿物、电务、测绘、工程、汽机、制造等。在格致书院，徐寿还定期举办科学讲座，边讲科学知识边做实验表演，效果显著。几乎是与格致书院成立的同时，徐寿还组织编辑出版了我国最早的科技期刊《格致汇编》。

不光是这样，近代中国第一家引进、翻译西方科技类书籍的学术机构——江南制造总局翻译馆也是徐寿筹备创办的。他亲自参与翻译的书籍有二十六部，共计二百九十多万字，内容涵盖兵学、矿学、化学、船政、工程等，为近代科技在中国的发展做出了不朽的贡献。

今天就跟大家讲到这里，清朝的科技发展状况到底怎么样，不知道各位怎么看呢？

启奏陛下：
您可别买假货了！

如果要做一个清朝皇族收藏家的排名，乾隆皇帝必然得站 C 位。

这几年，收藏之风逐渐流行，不少人觉得，从皇宫里流出来的东西多是皇家使用或收藏过的，那一定是宝物。

实际上，清宫藏品里鱼龙混杂，宝贝当然有很多，但是仿品、赝品也不少。

古人面对假货时也往往力不从心，再聪明的人，遇上高明的假货，也难免马失前蹄。清朝大学士纪晓岚，那是顶尖儿的聪明人了吧？他就曾在《阅微草堂笔记》里面吐槽过自己被假货欺骗的事："人情狙诈，无过于京师。余尝买罗小华墨十六铤，漆匣黯敝，真旧物也。试之，乃抟泥而染以黑色，其上白霜亦盒于湿地所生。又丁卯乡试，在小寓买烛，爇之不然，乃泥质而幂以羊脂。又灯下有唱卖炉鸭者，从兄万周买之。乃尽食其肉而完其全骨，内傅以泥，外糊以纸，染为炙煿之色，涂以油，惟两掌、头颈为真。又奴子赵平以二千钱买得皮靴，甚自喜。一日骤雨，著以出，徒跣而归。盖鞔则乌油高丽纸揉作绉纹，底则糊粘败絮，缘之以布。其他作伪多类此……"

你看，连纪晓岚遇上假货，都被搞了个"挨坑三连"：想买块墨，结果是泥做的；想买个蜡烛，蜡烛也是泥做的；夜里买了只烤鸭，鸭子没肉，骨架上糊点儿泥，外边包层油纸。手下的奴仆买了双皮靴，这次总算不是泥做的了，下雨天一穿，得嘞！敢情是高丽纸糊的。

看来，假货在哪朝哪代都是个严重问题。今天，咱们就搞个大清"3·15"，讲讲那些年被山寨货坑过的大清皇帝。

如果要做一个清朝皇族收藏家的排名，乾隆皇帝必然得站 C 位。爱新觉罗·弘历自称"十全老人""古稀天子"，他不但有着近乎狂热的收藏癖，也是最有能力搜集天下奇珍异宝的人。乾隆皇帝的藏品之多，惠泽百代，今天我们还可以在故宫博物院看到许多出自乾隆爷之手的传世珍品。

这么多的收藏都是从何而来呢？主要途径有三个：

继承前朝、民间采买与臣子进贡。

明代中后期的皇帝们，或醉心木工，或喜爱炼丹，大都没有鉴藏书画的嗜好，许多内府收藏的字画珍玩都被皇帝赏赐给了臣子，加上明代末年宦官势力极大，监守自盗的现象也时有发生。宫廷中的古玩字画大量流出宫外。李自成进京，一把火烧了皇宫，文渊阁无数珍本善本藏书就此灰飞烟灭，偌大的紫禁城，只有武英殿的部分字画珍玩得以保存。因此，明代留下来的宫廷珍玩数量并不是非常多。

不过，清朝历任皇帝都对古玩有着浓厚的兴趣，康熙皇帝执政时期，财力逐渐雄厚，皇帝多次下诏，"访求天下图籍，以充内廷之储"。王羲之的《袁生帖》、韩幹的《照夜白图》等名作，都是清朝皇室真金白银地买来的。

上有所好，下必甚焉。大臣们也经常向皇上进献各种珍品。康熙四十二年（1703），刑部尚书王士祯在康熙皇帝过生日的时候，进献了自家珍藏的《烟江叠嶂图》，这是宋代王诜的作品，艺术价值极高。

乾隆过生日的时候也没少收！乾隆十七年（1752）的万寿节上，陕甘总督尹继善向乾隆进贡了名画家韩滉所作的《五牛图》。乾隆二十二年（1757），乾隆爷南巡，礼部尚书沈德潜一次就进献书画七件：董其昌行书两册、文徵明山水一卷、唐寅山水一卷、王鉴山水一轴、恽寿平花卉一轴、王翚山水一轴。

此外，康熙当年在查抄索额图、明珠等人的家产时，也搜罗了一大批藏品，雍正皇帝则从年羹尧府中发现了诸多珍品字画。乾隆一生通过访求、抄家罚没、捐献纳贡、谕旨洽购等方式，网罗了大批珍贵的书画名迹。康熙帝曾赞誉江苏巡抚宋荦，说他"清廉为天下巡抚第一"，多次以《雪山肃寺图》《溪山林薮图》等珍品作为赏赐。宋荦之子宋权也热衷于收藏，父子两代穷尽毕生之力搜罗的字画，到了乾隆时代，统统被迫"献纳"进入内府。

乾隆爷的藏品多之又多，自个儿都数不过来，怎么办呢？他从臣子中选拔了一批书画研究专家，让他们组成团队，编纂了《秘殿珠林石渠宝笈》，这套书记录了乾隆时期清廷内府收藏的所有书画藏品，现在被收藏在故宫博物院里，大家有机会可以去看看。

但是，乾隆也经常有看走眼的时候。

他最大的一个跟头，栽在著名的《富春山居图》上。

《富春山居图》是"元朝四大家"之一的黄公望倾尽毕生心血的画作。黄公望早年是一名小吏，曾被人诬告入狱，出狱后不再留恋官场，一心赏玩笔墨丹青。晚年，黄公望迁居到了富春江畔，七十九岁开始创作《富春山居图》，到八十五岁这一年，这幅旷世名卷终于横空出世了。

《富春山居图》卷长六米，将江南山水之美表现得淋漓尽致，被称为"画中之兰亭"。有一天，乾隆读到一篇介绍《富春山居图》的文章，立即对该画产生了浓厚的兴趣，命手下人去查访这幅画的下落。皇上找东西，那肯定不费事啊，很快这幅画就被送到宫中，乾隆大喜过望，经过反复鉴赏后，他宣布此画笔墨苍古、溪壑天成，的确是黄公望的真迹！

乾隆对这幅画爱不释手，不但常在宫中展阅，出外巡游也要随身携带。而且，乾隆是个"盖章狂魔"，他有个众所周知的怪癖——喜欢在文物上题跋和盖章，越喜欢，越盖得多。乾隆常用的印章有五百多个，好好的《富春山居图》，让他盖得跟刚拔完罐儿似的，连一处空白都没剩下！

乾隆万万没想到，《富春山居图》进宫一年后，他的小舅子富察傅恒又从天津收来了一幅《富春山居图》。

万岁爷沉默了，他琢磨了半天，命人取来自己的藏品，将两幅画放在一起比对，经过再三研究，乾隆断言：傅恒献上的这幅是假的！

但这幅假画也很精致，仿真水平极高，乾隆想了想，就把它作为"赝品"留下了，还让大臣在上面写了一段他的"御识"，讲自己怎么鉴定识别这个画。经过这段小插曲，乾隆对自己的《富春山居图》更是珍之重之，视若性命，而那幅天津收来的"赝品"，则被收入库房，束之高阁。

其实乾隆爷是看走眼了，他爱不释手的那幅《富春山居图》才是赝品，这幅图被后人称为《子明卷》，出自明末某画师之手，上面黄公望的题款也是这位画师伪造的。《子明卷》虽然模仿得惟妙惟肖，但也存在许多纰漏，比如题款被放在空白处，而不是画作内容之后，这并不符合元代画作的特点。

直到嘉庆年间，《富春山居图》的真迹才被大臣胡敬等人识辨，洗去冤屈，以旷世宝卷的尊贵身份面世。不过列位想想看，这其实是件好事：王羲之的《快雪时晴帖》，全帖只有二十八个字，乾隆硬往上盖了一百七十二个章，《富春山居图》若不是被错认为赝品，也就躲不过被乾隆爷题词、盖章的大劫了。可能在天子眼中，往名画、名帖上题跋、盖章，就像我们今天在相声视频里发弹幕一样自然吧！

除了《富春山居图》，乾隆还将一幅名画收藏在养心殿里，就是宋人李公麟所作的《免胄图》，又名《郭子仪单骑见回纥图》。画卷用墨笔白描，表现了唐代名将郭子仪与回纥可汗相见的场面。为了团结回纥，郭子仪不穿甲胄，单身便服与可汗相见，回纥可汗及其将领们被郭子仪的胆识和诚恳折服，匍匐在地，表示友好。

这幅历史故事画技艺精湛，刻画人物栩栩如生，是乾隆皇帝的心头好，当然了，《免胄图》也没能躲过皇帝的"弹幕"攻击，乾隆和他的儿子嘉庆往这幅图上盖了三十多个章。

大清败落后，文物鉴赏专家见到了乾隆的这幅藏品，他们发现，虽然《免胄图》画面协调，用色落笔等均有古风，白描人物也极具宋人风采，但是更多证据显示，这幅画却不是出自李公麟手笔，而是后世仿品。

不光是画作，乾隆爷在书法作品上交的学费也不少。他十分喜爱宋代大书法家蔡襄的作品，先后收藏了两幅《谢赐御书诗表》，内容一模一样，其中一幅赏给了皇六子永瑢，并被刻入《三希堂法帖》。其二清末流传去了日本，被日本收藏家收藏。百年之后，专家整理清宫文物时发现，留下的这幅字虽然有一定的文物价值，但仍然是赝品。

很多学者在鉴定过乾隆的藏品后都表示："乾隆爷的眼光真的不太行。"主攻中国宋元绘画研究的学者们更是一针见血地指出：乾隆收藏的宋画里，六成都是假的。1997年台北出版《故宫书画图录》时，编辑团队也对乾隆的没溜儿有所耳闻，在印刷乾隆藏品的时候，比较可靠的真迹都是彩色印刷，不大可靠的都是黑白印刷，大家有机会的话可以找来看看，此书大部分都是黑白印刷。这就是赤裸裸地表示乾隆爷不靠谱啊。

咱们前面说的这些呢，都还是小物件，要说清朝皇室的大型山寨现场，莫过于隆裕皇后大婚走过的金銮殿了。

光绪十四年（1888），叶赫那拉氏隆裕被慈禧太后钦点次年与光绪成婚，并立为皇后。可是这隆裕皇后大婚时走过的金銮殿，竟然是慈禧太后下令用纸糊的！

太和门是紫禁城内最大的宫门，也是外朝宫殿的正门。按照封建礼法，清代皇帝迎娶皇后时，皇后的凤舆必须走皇宫正门，才足以表达其与皇帝同尊并重的地位，才符合"中"与"正"的观念。

如果您今天去故宫玩儿，可以试试走走皇后进宫的路线：大清门中门——天安门外金水桥——天安门中门——端门中门——午门中门——太和门中门——中左门——后左门——乾清门中门——乾清宫阶下。其中太和门中门是顶顶重要的一站，因为这处大门是紫禁城外朝宫殿的正门，也是紫禁城最大的宫门。

谁能想到，这样一处威严肃穆的所在，在皇帝大婚时竟然是一座"山寨版"

的宫门，这是为什么呢？真的宫门去哪里了？谁这么大胆，竟敢让皇后走过一座"山寨"宫门？

这一连串的疑问要追溯到光绪大婚前一个多月。

光绪十四年十二月十五日深夜，紫禁城内火光冲天，浓烟弥漫，"走水了""走水了"的疾喊声此起彼伏。光绪皇帝的老师翁同龢是历事者之一，他在日记中详细地记载了火势以及救火经过。

当夜，翁同龢睡得正熟的时候，仆人突然急匆匆地将他唤起，先是称"大内火"，后又说"贞度门"。翁同龢急忙起床备车赶往紫禁城，在午门下车后，才知道原来是贞度门失火。

翁同龢进入皇宫，走到贞度门前，发现火势逼人，贞度门的屋顶已经被烧塌，为数不多的兵勇正在扑火。火势发展很快，先后烧到了太和门、武备院的毡库、甲库和鞍库等多间库房，不久，东边的昭德门也被殃及。熊熊大火整整燃烧了两天两夜，直到十八日才被扑灭。

太和门突然被大火烧毁，使得皇宫上下都极为震惊惶恐。很多人认为是上天在示警，大火扑灭后，慈禧太后特地下令将颐和园等地的施工一律停止，以祈求上天息怒。

随后，刑部立即审讯了贞度门值班官兵，原来是檐柱上挂的油灯经年已久，灯壁被烧毁，点燃了屋中易燃物品。当晚风大，火势随风四处蔓延，一发不可收拾，遂酿成大祸。

此时距离皇帝婚期仅有一月，工部虽然已经着手太和门的重建工作，但是原样重修根本来不及，更改婚期也不合适。好不容易定下黄道吉日，昭告天下，哪能说改就改？可是皇后必须通过太和门进入内宫，现在太和门被烧毁，皇后无门可入，这可怎么办？

慈禧展现出女强人的干练与决断，她决定婚礼如期举行，皇后照惯例经由太和门入后宫。如何在短时期内恢复昔日壮丽的太和门呢？慈禧太后责令扎彩工匠日夜赶工，临时搭盖一座彩棚应急。

于是，京城扎彩的能工巧匠全被集中起来，按太和门的原样搭建彩棚。据《清宫述闻》记载，这座彩棚和太和门的高度宽窄一模一样，鸱吻、雕饰、瓦沟等都酷似真物，即使是长期在宫中行走的人，也不能辨其真伪。彩棚高三十多米，虽是彩纸所制，但就算是大风吹过也毫不动摇。这座纸扎的宫门如同晚清的政局一样，金玉其外，败絮其中。母仪天下的隆裕皇后迈进"山寨"的太和门，不久后便发现，宫廷内部的山寨货是数不胜数。

为什么皇宫大内有那么多假货呢？

原因之一是太监偷盗。清代晚期，内忧外患越来越严重，皇帝对古玩字画也不大上心，库房监管松散，太监们便互相勾结，把皇室珍宝拿出去卖掉，再以低价买古董摊上的假货，滥竽充数。

据终身从事故宫文物研究的台北"故宫博物院"专家那志良老先生生前回忆，自己当年清点清宫文物时，发现有很多"大明康熙年制"的错款瓷器。很多人百思不得其解，认为清宫里的清代瓷器大多是官窑所产，怎么能容许出现如此错误？经过专家鉴定才发现，这些瓷器大多是清晚期私人烧制的仿品。

民国时期，故宫博物院工作人员在永寿宫见到几只大木箱，按照题签说明，里面应该全是吴道子、张僧繇、范宽、李唐等人题款的名家名画。然而等到大家打开箱子才发现，所有东西都是黑乎乎的一片，完全就是清晚期的仿冒品，而且仿冒质量还非常低劣。专家推断，这些东西连同那些"大明康熙年制"的瓷器，很可能都是太监们上下其手、弄虚作假的结果。总之，清宫里的东西不一定全是珍品，这一点尤需如今的收藏爱好者们留意。

此外，清代的太监权力虽然不如过去那么大，但是他们毕竟是皇帝身边的人。很多贡品、珍玩往往都经由他们调度。于是一些既想巴结皇帝，又拿不出好东西的朝臣，就想办法拉拢太监，给太监一点儿好处，就可以将进呈皇帝的礼单写得很贵重，实际上只需要买点儿假货交差就行。

民国时期，故宫博物院建立之初，里面留用着一个叫陈子田的老太监。据他回忆，在慈禧太后时期，大臣们假如只准备了价值二百两银子的礼物，只需再给太监二百两银子，这批礼物的真假、好坏，就都不必理会，太监们自然会将一切摆平。

其实大清的皇帝对自己的收藏都有明确记录，但到了溥仪这一代，国运衰退，帝国斜阳之时，别说整个国家，皇帝甚至都已管不住他的宫廷。

末代皇帝溥仪刚行完大婚之礼，就惊愕地发现，皇后凤冠上镶嵌的珍珠、宝石、玉翠全都被换成了赝品。溥仪的老师庄士敦告诉溥仪，有的太监在地安门街上竟然开了许多家古玩铺，由此可见清宫盗宝现象多么严重，竟然多到可以开一个古玩铺子。

太监偷盗猖獗至此，溥仪不得不开始查点宫中的珍宝。但追查又导致更大的损失：乾清宫的后窗户让人打开了，毓庆宫的库房锁被人撬开。让溥仪更加愤怒的是：自己刚买的钻石也不翼而飞。紧接着，紫禁城里发生了一场惨不忍睹的大火，存放着大量皇室珍宝的建福宫花园被完全烧光，一千一百五十七件书画、数万册古籍以及两千六百六十五尊金佛都葬身火海。诸多证据表明这是一场由太监制造的故意纵火案，目的就是销毁罪证。

溥仪意识到皇宫不能久住之后，就陆续将历代书画珍品盗运出宫，一直持续到他被逐出紫禁城才终止。到这时候，故宫收藏的珍宝已经成了一笔记不清的糊涂账了。

捡 史

Jian Shi

大明盛衰

01

明朝三大开国武将之死：

朱元璋——这锅我不背

《未央宫》里唱"城池破、谋臣亡，飞鸟尽、良弓藏"，讲的就是这个道理：

打天下的时候，皇上和大臣出生入死、患难与共；

坐天下的时候，皇上看到这些大臣，就有功高震主、尾大不掉的感觉了。

关于明朝三大开国武将徐达、常遇春、李文忠之死，一直众说纷纭，没有定论。

有人说，这三个人都死在明太祖朱元璋手里，朱元璋就是一个卸磨杀驴的小人。也有人说，朱元璋其实是为这三个人的死背了黑锅。

"三大武将死于朱元璋之手"一说并非毫无根据，开国皇帝杀开国功臣的例子比比皆是。江山坐稳以后，皇上再看见老臣子，心态就不一样了。《未央宫》里唱"城池破、谋臣亡，飞鸟尽、良弓藏"，讲的就是这个道理：打天下的时候，皇上和大臣出生入死、患难与共；坐天下的时候，皇上看到这些大臣，就有功高震主、尾大不掉的感觉了。为了维护自己的统治，汉高祖刘邦杀了韩信、彭越、英布，明太祖朱元璋更是对功臣大开杀戒，为了维护政权，编造种种理由，向握有军政大权的元老重臣们挥起了屠刀。

那么，明朝三大开国武将徐达、常遇春、李文忠的死真的该由朱元璋背锅吗？

我们今天就来谈一谈。

朱元璋一直是中国古代争议最大的历史人物之一。他是佃农出身，自幼贫苦，小时候还为地主放过牛。十五岁那年，朱元璋的家乡遭了旱灾，父母相继离世，走投无路的朱元璋为求一口饭吃，出家当了和尚，在安徽、河南一带云游。

说是云游，其实就是边乞讨边流浪。这正是元末农民起义风起云涌的时代，朱元璋加入了郭子兴领导的红巾军。由于他作战勇猛，又精明能干，很快就取得了郭子兴的信任，成为义军领袖。他前半生南征北讨，削平群雄，最终推翻了元朝统治，在应天（今南京）称帝，建立了明朝。

为了表彰手下大将的功绩，明太祖朱元璋在鸡笼山立了功臣庙，并钦定功臣位次①。

中山陵园管理局文保专家刘维才先生说，按明代的礼制，官员死后，其坟冢、碑碣的大小尺寸，墓道石刻的规制，随葬品的数量等，都依官衔的高低而有严格的规定。如功臣死后封王的，墓前可以有石人四个，文臣武将各一对，石虎、石羊、石马、石望柱各一对。

按照这个原理，从三位大将保留至今的墓冢就可看出他们曾经的辉煌地位。徐达墓位于钟山西北宁栖街。坐北朝南，是与夫人的合葬墓。徐达墓前有石马、石羊、石虎、武将、文臣各一对，入口处立有"明中山王神道"牌坊，也就是神道碑，据说这是明代功臣墓神道碑最高的一座，保存得很好。徐达是朱元璋的同乡，徐达死后，明太祖追封他为中山王，赐葬钟山之阴，位列第一。

常遇春墓在太平门外白马公园附近，紫金山天文台下山麓处。现存神道石望柱一，龟趺一，石马、石羊、石虎、武将各二。常遇春死后配享太庙，并在功臣庙中塑像，排位列第二。为表彰他的功绩，明太祖还在杨公井附近为他造了一座花牌楼，杨公井附近的常府街，也因常遇春的府邸在此得名。

---

① 《明史·志二十六·功臣庙》里记载："太祖既以功臣配享太庙，又命别立庙于鸡笼山。论次功臣二十有一人，死者塑像，生者虚其位。正殿：中山武宁王徐达、开平忠武王常遇春、岐阳武靖王李文忠、宁河武顺王邓愈、东瓯襄武王汤和、黔宁昭靖王沐英。"

李文忠墓位于南京市蒋王庙街6号。陵园规制恢宏，神道石刻有神道碑二、石望柱、石马、石羊、石虎、武将、文臣各二，是目前南京地区保存最为完整的一组明代开国功臣神道雕刻艺术品。在李文忠墓的石刻之中，有一匹已经雕出轮廓但却没有雕成的石马，置于神道旁，像一匹残疾马。

为什么这匹石马只凿了个坯就不再凿了呢？据说这是因为李文忠敢于直言忤旨，朱元璋对他不满，所以丧事办得比较草率。太祖亲自写文致祭，追封李文忠为岐阳王，谥号武靖。配享太庙，肖像挂在功臣庙，位列第三。

为了查清徐达、常遇春和李文忠之死与朱元璋的关系，我们有必要了解一下这三个人的生平。

徐达，字天德，濠州钟离（今安徽省凤阳市）人，淮西二十四将之一，明朝开国军事统帅。徐达出身农家，元朝末年参加了朱元璋领导的起义军。至正二十三年（1363），大败陈友谅。至正二十七年（1367），徐达率军消灭张士诚地方割据势力。同年，任征虏大将军，与副将常遇春一同挥师北伐。洪武元年（1368），徐达攻入大都，灭亡元朝。之后，徐达连年出兵打击元朝残余势力，官至太傅、中书右丞相、参军国事兼太子少傅，封魏国公。

徐达为人谨慎，善于治军，为明朝建立了不朽的功勋。徐达死后，朱元璋说出了一句在历史上很有名的评价："受命而出，成功而旋，不矜不伐，妇女无所爱，财宝无所取，中正无疵，昭明乎日月，大将军一人而已。"可见对徐达有多么欣赏。

传说太祖朱元璋常邀徐达一起下棋。徐达虽棋艺高超，但恐有胜君之罪，每次均以失子告负。老话说："聪明莫过帝王，伶俐莫过江湖。"朱元璋何其聪明，一眼看出其中奥秘，就对徐达说，不必多虑，尽管拿出高着儿来。两人再次对弈，一盘下完，徐达获胜，再看徐达的棋子，恰恰走成"万岁"二字！

这是何等会做人！朱元璋大悦，遂将莫愁湖赐给徐达。

再说常遇春。常遇春，字伯仁，号燕衡，南直隶凤阳府怀远县（今安徽省蚌埠市怀远县）人。至正十五年（1355），常遇春归附朱元璋，自请为前锋。他力战克敌，横行天下，曾自称"能将十万众"，军中都管他叫"常十万"。常遇春后来官至中书平章军国重事，兼太子少保，封鄂国公。

常遇春是个天生的先锋材料，他善于使用骑兵进行突破，进攻位置选择得十分精准。常遇春不但善于判断战场形势，个人武功也是十分了得，传说他曾在两军阵前一箭射中对方将领，扭转了战场局势。但他有个致命的弱点，就是嗜好杀戮，甚至会"杀降"——杀死归降的敌人，这一点颇为人不齿。

洪武二年（1369），常遇春北伐中原，暴卒军中，年仅四十。此人一生为将，未曾败北。死后，朱元璋追封他为"开平王"。

李文忠不但是朱元璋的爱将，还与朱元璋有血缘关系。他姓李，名文忠，字思本，小名保儿，是江苏盱眙（今安徽省明光市）人。他是明太祖朱元璋的亲外甥，十二岁时母亲曹国长公主就去世了，父亲李贞带着他辗转乱军之中，多次遇险濒临死亡。两年后才在滁州见到舅舅朱元璋。朱元璋十分喜爱李文忠，将他收为养子，为他改姓为朱。十九岁的时候，李文忠就曾以舍人的身份率领亲军，随军支援池州，击败天完军，骁勇善战为诸将之首。朱元璋对李文忠十分信任，常派他监军，随将领出征。

明朝建立后，李文忠多次领兵出塞征讨元军残余势力，战功显赫，获封曹国公。洪武十二年（1379），明太祖又诏命李文忠主持大都督府，兼主管国子监。洪武十七年（1384），李文忠病逝，朱元璋追封他为岐阳王，谥"武靖"。

清代历史学家赵翼曾说过这样一段话来评价明太祖朱元璋："独至明祖，藉诸功臣以取天下，及天下既定，即尽举取天下之人而尽杀之，其残忍实千古所未有。"也就是说，飞鸟尽良弓藏的事并不少见，而唯独朱元璋做得最绝对、最残忍。所有功臣都被他屠戮殆尽。那么，这三位开国元勋全部离奇病死，幕后黑手都是朱元璋吗？

我们来看徐达的死因。

洪武十七年，镇守北平的大将军徐达背生痈疽，朱元璋于是派徐达的长子徐辉祖赶赴北平，诏令徐达回京，并找了太医给徐达医治。洪武十八年（1385）二

189

月，徐达病发，医治无效而亡，享年五十四岁。

徐达死时正值壮年，在北平病发后稍有恢复，归京治疗反而病情加重，最终不治身亡，结合朱元璋喜爱铲除旧将的行为，后人对徐达的死因自然会产生极大的怀疑。关于朱元璋送"发物"蒸鹅致使徐达身亡的野史更是传得满城风雨，连吴晗这样的明史专家都将此事写入《朱元璋传》中，可见此说影响之大。

但追本溯源，不难发现"赐发物致死"的说法更像是无稽之谈，原因有三：

第一，"蒸鹅"这说法哪儿来的？

背疽一病常见于史书记载，秦朝之范增、三国里的刘表、南宋之宗泽均死于此病。"徐达死于朱元璋赏赐的食物"，这种说法最早出现在明朝中期的野史《翦胜野闻》中，文中仅有"赐食"字眼，并未提及"蒸鹅"。清代的赵翼在其《廿二史札记》中转述此事时，画蛇添足地增加了"赐以蒸鹅，疽最忌鹅"一句，但赵翼也在书中明确表示此事是"传闻无稽之谈"。

第二，"蒸鹅"一说是否可信？

熟知明史的学者一听便知，"赐鹅"一说是后人编拟，吴晗所撰《朱元璋传》将此事收录其中，主要是为了迎合当时政治形势，提高文章的趣味性。

从中国传统中医的角度来看，蒸鹅是否为"发物"尚存在争议。《本草纲目》中记载："鹅，气味俱厚，发风发疮，莫此为甚，火熏者尤毒。"然而《饮膳正要》以及《随息居饮食谱》中均认为鹅肉"性温平"，补虚益气。可见鹅肉是否为"发物"尚不能明确，因此"徐达吃鹅肉致使痈疽病发"，从基本原理上就无法解释。

第三，朱元璋没有杀徐达的理由。

这也是最为关键的一点——在那个时间节点，朱元璋绝不会谋害徐达。徐达自至正二十三年追随朱元璋起兵反元，披荆斩棘、南征北战数十年，一直作为朱元璋的绝对亲信和主力出现，他在朱元璋心中的地位从未有人能够替代。即便朱元璋的亲侄子朱文正曾经密奏构陷徐达有反意，朱元璋也对其忠诚和能力深信不疑。从感情上来讲，朱元璋逼杀徐达并不能成立。

对政治人物探讨感情，未免过于幼稚，但即便从政治利益角度而言，朱元璋也绝不会在此时对徐达下手，原因如下：

洪武五年（1372），明太祖对北元进行第二次征伐，结果大败而归，此战过后，明廷调整了对蒙元残余势力的作战方略，从军事打击转为政治拉拢。但不甘心的明廷时刻准备再次对元发动致命一击，徐达作为北境最高军事统帅，一直在边塞统筹军众，以备元患。

休整将近十五年后，朱元璋迫不及待地对蒙元发起了大规模军事进攻。此时徐达已逝世两年。大将蓝玉斩杀了北元太尉蛮子仓，此后，北元作为一个完整的政体便不复存在。倘若徐达没有病逝，此次北伐主帅可能仍由徐达担任，朱元璋因为徐达的去世，不得已将北伐的时间往后推了好几年。徐达对于朱元璋有相当大的用处，朱元璋绝不会在北元未灭时就自断手脚，空遗国恨。

"蒸鹅"一说流传至今，除了清朝对前朝的刻意抹黑，主要还怪朱元璋后期弑杀老臣，留下了非常糟糕的名声。我个人分析，关于徐达的死，朱元璋其实是背了很久的黑锅。

接下来，我们讨论常遇春的死因。

常遇春生于安徽农村，自幼习武，体貌魁梧，二十五岁参加朱元璋的义军，随朱元璋东征北伐。四十岁时，在北征途中逝世。有人说他是被朱元璋谋杀的，也有人说常遇春是被累死的。回顾常遇春的一生，我觉得，第二种可信度更高。

常遇春真心喜欢打仗，一到战场上，就要带头冲锋陷阵，经常以大将的身份与敌军的小兵厮杀，给手下的士兵极大的鼓舞，这也是常遇春战无不胜的一个重要原因。洪武二年五月，元军侵扰通州，常遇春与另外几名大将北上讨伐，在近两个月的对战中，明军不断传出捷报。七月，元军退至开元，明军俘获"元军万人、车万辆、马三千、牛五万"。

讨伐是胜利了，但常遇春的精力也被消耗殆尽。班师回朝的路上，大军刚刚行至柳河川，常遇春就突然发病，召唤郎中来看，说是得了"卸甲风"。不久，常遇春暴病身亡。

其实，从常遇春的生活轨迹来说，得"卸甲风"是可能的。常遇春是中原人，去北元那样寒冷的地方征战，多少有些水土不服，加之北方白天艳阳高照，在战场上厮杀的战士又要身穿盔甲，奋力迎敌，免不了一身的热汗。到了晚上，北风凄凄，军队随处安营扎寨，将士们卸下盔甲，免不了贪凉，这样一热一冷，加之战后的疲惫，再强壮的身体也经受不住这样长年累月的摧残。从这个角度看，常遇春的死与朱元璋也好像没什么关系。

三大开国武将之中，李文忠之死是疑点最大的。

我们首先要了解一个背景知识：李文忠主管大都督府的第二年，朱元璋便以擅权枉法和谋叛的罪名处死了丞相胡惟庸，并有意扩大案情，被牵连的多达万人。朝廷内外人人自危，朝不保夕。

李文忠对明太祖的这一做法深感不安。他先后上过两次奏章，一是劝谏明太祖不要发兵征讨日本；二是劝谏明太祖在处理重要政治事务时不要过于依赖宦官。这两份奏章，都被朱元璋束之高阁，不予理睬。

李文忠眼见朱元璋屠戮群臣，担心太祖失掉民心，国丧元气，危及政权，决心冒死第三次苦谏。在进谏的前一晚上，李文忠夙夜难寐，深知自己可能一去不复返。第二天临行之前，他训教儿子，成人之后要为国出力，然后才与夫人泣别。果不其然！当天在朝堂上，朱元璋读到李文忠奏折里"滥杀无辜，人自不安，伤国元气"这几句话时，勃然大怒，将奏折扔下去大骂："朕斩杀逆贼，与你何干！"

李文忠回应说："现在天下尚未平定，你把功臣都杀了，谁给你守卫边疆！"

朱元璋怒不可遏："你想死，我就赐你一死！看以后谁敢来废话！"

说罢便派人将李文忠关了起来。李文忠劝谏被谴责的事，很快传入宫内。马皇后听到以后泪流满面，苦苦为李文忠求情，终于说得明太祖动了恻隐之心，这才赦免了自己亲外甥李文忠的死罪。

但是，李文忠的仕途也走到了尽头，他被削去官职，幽闭在家。

1384年12月，李文忠患病不起。新年过后病情仍不见好转，朱元璋于是派太子朱标前去探视。第二天朱元璋又亲自驾临曹国公府，并命淮安侯华中督理太医进行诊治。君臣舅甥相谈甚久。

朱元璋离开后，李文忠召集诸子"训以大义"。3月1日，李文忠病死，终年四十六岁。

从上面这段资料中，很难看出李文忠的死亡有任何蹊跷，朱元璋派太子探视，亲自探视，派遣重臣督查太医治疗，这一系列举动都充满了关心。但在李文忠去世前后，朱元璋的一些举动实在是匪夷所思，让人不得不怀疑李文忠的死并非偶然。原因如下：

第一，据《明史》记载，李文忠死后，朱元璋怀疑是淮安侯华中下的毒，未经任何司法审判，便下令削去华中的侯爵，将其全家流放，同时将"李文忠医疗小组"的太医们及其家属一百多人全部处斩。华中死于流放地后，朱元璋又将他们一家列入胡惟庸的党羽，尽数诛灭。

众所周知，朱元璋是个不讲法的君王，但他为人处世很精明，若真是有人暗中下毒，他为何不通过司法审判，严刑拷问，挖出幕后主使人呢？再说华中是开国功臣淮安侯华云龙的儿子，他与李文忠可以说是往日无冤、近日无仇，平白无故，谁敢毒死皇帝的外甥呢？不科学啊！不难推测，恐怕这是朱元璋一手策划的阴谋，杀华中就是为了灭口。

第二，李文忠死后，朱元璋亲自为文致祭，并追封他为岐阳王。从这些资料来看，李文忠身后事可谓哀荣至极了。但李文忠的葬礼办得非常草率，前面说过，神道石刻之中，有一匹石马刚刚凿出轮廓，还没雕刻成形，就被弃置一旁。李文忠身份尊贵，功勋卓著，却将这种"半成品"摆放在墓前，这显然是不合规制且不符合礼法的。这个半成品，可能就是朱元璋对李文忠复杂感情的一种流露。

第三，李文忠死后两年，朱元璋下令李文忠之子李景隆承袭曹国公爵位，并颁下诏书，其中有一句颇耐人寻味。"前朕姊子李文忠。朕命居群将之列。功至公位。呜呼。非智非谦。几累社稷。身不免而自终。"说明在朱元璋看来，李文忠之死不是由于身患疾病，而是因为他"非智非谦"，最终"身不免而自终"。

第四，天下平定后，曾经英勇敢战的猛将李文忠"恂恂若儒者"，"常师事金华范祖幹、胡翰，通晓经义，为诗歌雄骏可观"，成为明朝开国武将中唯一一个文化人。这是李文忠的优点，但也让朱元璋对他起了疑心。朱元璋最怕有文化的武将对自己存有二心。开国元勋刘伯温患病，朱元璋知道后，派胡惟庸带了御医携带药物去探望。刘伯温服药之后，觉得肚子里好像有石块紧紧挤压在一起，十分痛苦，最终于当年四月不治身亡。胡惟庸案后，朱元璋将毒死刘伯温的罪名放在了已经被处死的胡惟庸及其党羽身上。后人普遍认为，如果没有朱元璋的命令，胡惟庸岂敢擅自做主，毒死刘伯温？刘伯温之死与李文忠之死的手法多少有些近似。如此看来，这三位里，李文忠的死是疑点最多的，也是最有可能与朱元璋有关系的。

02

丞相的消失：
千古奇案还是花样作死

刘伯温、李善长、胡惟庸三人千算万算、互相斗来斗去，还是没有跑出朱元璋的手心，正是"聪明莫过帝王，伶俐莫过江湖"啊。

今天跟大家聊一个历史上的著名案件。

说这个著名案件之前，先给大家说说当时的历史背景。要想把这个案件讲清楚，不能不提到明朝开国时期，两位著名的文臣：李善长、刘伯温。

说起明朝开国最知名、最重要的功臣，武将自然是以徐达为首，文臣则是李善长和刘伯温贡献最大。李善长善于管理官员，精通理财之道，在人事、后勤方面很优秀，朱元璋曾把他比作汉代的萧何，对他褒奖备至。刘伯温则擅长军事谋略，在朱元璋消灭陈友谅、张士诚的战役中发挥了重要的作用。老段子里说"三分天下诸葛亮，一统江山刘伯温"，把刘伯温和诸葛孔明相提并论，您说刘伯温的能耐有多大！

俗话说：一山不容二虎。洪武三年（1370），李善长被封为中书左丞相，一人之下万人之上，位极人臣，极尽殊荣。但是，他有一桩烦心事：朝中许多文臣与他不合，其中最合不来的，就是刘基刘伯温。

我们先简单介绍一下李善长。李善长，安徽定远人，最早跟随朱元璋的臣子之一。李善长少时爱读书、有智谋，四十岁那一年，他见到了朱元璋——当时朱元璋才二十六岁，还在郭子兴旗下当"镇抚"——两人一见面就聊得很投机，朱元璋知道他是当地年高有德之人，对他以礼相待，将他留下做"书记"。李善长跟随朱元璋攻占滁州，给朱元璋出谋划策，同时主管军队的物资供应，出生入死多年，很受朱元璋的信任。

郭子兴因听信流言而怀疑朱元璋，想逐渐剥夺他的兵权，还试图把李善长夺过来辅佐自己，李善长很讲义气，谢绝了郭子兴，继续追随朱元璋。朱元璋在和阳驻军时，曾亲自率军去攻打鸡笼山寨，只留少量兵力留守。元军将领得知消息后，前来偷袭和阳，结果被李善长设下的埋伏打得落花流水。可见李善长虽是文人，也有领兵打仗的才能，因此朱元璋对他十分倚重。

后来朱元璋去安丰救刘福通，去江西打陈友谅，去湖北打陈友谅的儿子陈理，都由李善长坐镇后方。李善长的官职也一步步地由书记升为左丞相，洪武三年大封功臣，太祖皇帝说："李善长虽然没有汗马功劳，然而为朕做事很久，他供给军粮，功劳很大。"于是封他为韩国公，年禄四千石，官职由太子少师升为太师，爵位也升为"特进光禄大夫，左柱国"，子孙世袭，并授予铁券，免李善长二死，其子免一死。

这个铁券，您听着是不是有点儿耳熟？后人说评书、讲故事，有时候会说到皇上赐给大臣所谓的"丹书铁券"，指的就是这个东西，是指帝王颁授给臣子的一种特权凭证，民间又叫它"免死牌"，这个最早是由汉高祖刘邦发明的。

回过头来我们再说刘基刘伯温。刘基，字伯温，温州青田县南山乡人，他在元朝的时候考上过进士，博通经史，后人常把他跟诸葛亮相提并论。

某种程度上说，刘伯温的名声比李善长更大，这跟"烧饼歌"有很大关系。刘基身上有很多玄而又玄的传说，据说刘伯温去见朱元璋，朱元璋刚咬了口烧饼，听说刘伯温来了，就把烧饼放在碗里扣起来，问他："你猜这碗里是什么？"

刘伯温掐指一算："半似日兮半似月，曾被金龙咬一缺。此食物也。"

朱元璋一听，嗬！这人真有两把刷子！就提出让刘伯温算一算大明国运。刘伯温说，泄露天机，罪不可赦，陛下您恕我无罪，我才敢说。朱元璋一看，就赏了免死铁券。刘伯温便回答："我朝大明一统世界，南方终灭北方兴，虽然太子是嫡裔，文星高拱日防西。"

　　太祖又问："朕今都城筑坚守密，何防之有？"

　　刘伯温答："臣见都城虽属巩固，防守严密，似觉无虞，只恐燕子飞来。"

　　然后，刘伯温就作歌三首：

　　"此城御驾尽亲征，一院河山永乐平。

　　秃顶人来文墨苑，英雄一半尽还乡。

　　北方胡虏残生命，御驾亲征得太平。

　　失算功臣不敢谏，旧灵遮掩主惊魂。

　　国压瑞云七载长，胡人不敢害贤良。

　　相送金龙复故旧，灵明日月振边疆。"

　　太祖问："此时天下若何？"

　　刘伯温答："天下大乱矣。"

　　太祖问："朕之天下有谁乱者？"

　　刘伯温答：

　　"天下饥寒有怪异，栋梁龙德乘婴儿。

　　禁宫阔大任横走，长大金龙太平时。

　　老栋金精尤壮旺，相传昆玉继龙堂。

　　阉人任用保社稷，八千女鬼乱朝纲。"

　　太祖问："八千女鬼乱朕天下若何？"

　　刘伯温答：

　　"忠良杀害崩如山，无事水边成异潭。

　　救得蛟龙真骨肉，可怜父子难顺当。"

　　太祖问："莫非父子争国乎？"

刘伯温答："非也。树上挂曲尺，遇顺刚正，至此天下未已。"

太祖问："何为未已？"

刘伯温答：

"万子万孙层叠层，祖宗山上贝衣行。

公侯不复朝金阙，十八孩儿难上难。"

刘伯温又说：

"卦曰木下一了头，目上一刀一戊丁。

天下重文不重武，英雄豪杰总无成。

戊子己丑乱如麻，到处人民不在家。

偶遇饥荒草寇发，平安镇守好桂花。"

太祖问："偶遇饥荒，平常小丑，天下已乎？"

刘伯温说：

"西方贼拥乱到前，无个忠良敢谏言。

喜见子孙耻见日，衰颓气运早升天。

月缺两二吉在中，奸人机发走西东。

黄河涉过闹金阙，奔走梅花上九重。"

太祖问："莫非梅花山作乱乎？从今命人看守何如？"

刘伯温答："非也！

"迁南迁北定太平，辅佐帝主有牛星。

运至六百又得半，梦奇有字人心惊。"

太祖问："有六百年之国祚，朕心足矣，尚望有半乎？"

太祖又说："天机卿言难明，何不留下锦囊一封，藏在库内，世世相传勿遗也？急时有难则开视之，可乎？"

刘伯温答："臣亦有此意。

"九尺红罗三尺刀，劝君任意自游遨。

阉人尊贵不修武，惟有胡人二八秋。

臣封柜内，俟后开时自验。"

刘伯温又说：

"桂花开放好英雄，拆缺长城尽孝忠。

周家天下有重复，摘尽李花枉劳功。

黄牛背上鸭头绿，安享国家珍与粟。

云盖中秋迷去路，胡人依旧胡人毒。

反覆重来折桂枝，水浸月宫主上立。

禾米一木并将去，二十三人八方居。"

太祖问："二十三人乱朕天下，八方安居否？"

刘伯温回答说："臣该万死，不敢隐瞒，至此大明天下亡之久矣。"

太祖大惊，问："此人生长何方？若何衣冠？称何国号？治天下何如？"

刘伯温说：

"还是胡人二八秋，二八胡人二八忧；

二八牛郎二八月，二八姮娥配土牛。"

太祖问："自古胡人无百年之国运，乃此竟有二百余年之运耶？"

刘伯温说：

"雨水草头真主出，赤头童子皆流血；

倒置三元总谶说，须是川页合成出；

十八年间水火夺，庸人不用水火臣；

此中自己用汉人，卦分气数少三数；

亲上加亲又配亲。"

太祖问："胡人至此用人水夺火灭，亲上加亲，莫非驸马作乱乎？"

刘伯温说："非也！胡人英雄水火既济，安享太平有位有势，时值升平，称为盛世，气数未减还有后继。

宝剑重磨又重磨，抄家灭族可奈何？

阉人社稷藏邪鬼，孝悌忠奸诛戮多。

李花结子正逢春，牛鸣二八倒插丁。

六十周甲多一甲，螺角倒吹也无声。

点画佳人丝自分，一止当年嗣失真。

泥鸡啼叫空无口，树产灵枝枝缺魂。

朝臣乞来月无光，叩首各人口渺茫。

一见生中相庆贺，逍遥周甲乐饥荒。"

太祖问："胡人到此败亡否？"

刘伯温说："未也！虽然治久生乱，值此困苦，民怀异心，然气运未尽也。

廿岁力士开双口，人又一心度短长。

时俺寺僧八千重，火龙度河热难当。

叩首之时头小兀，姮娥虽有月无光。

太极殿前卦对卦，添香襄斗闹朝堂。

金羊水猴饥荒岁，犬吠猪鸣泪两行。

洞边去水台用水，方能复正旧朝堂。

火烧鼠牛犹自可，虎入泥窝无处藏。

草头家上十口女，又扭孩儿作主张。

二四八旗难蔽日，辽阳思念旧家乡。

东拜斗，西拜旗，南逐鹿，北逐狮，

分南分北分东西，偶逢异人在楚归。

马行万寻残害中，女四木鸡六一人，

不识山水倒相逢。

黄龙早丧赤城中，猪羊鸡犬九家空，

饥荒灾害皆并至，一似风登民物同。

得见金龙民心开，刀兵水火一齐来。

文钱斗米无人籴，父死无人兄弟抬。

天上金龙绊马甲，二十八星问士人。

蓬头幼女蓬头嫁，揖让新君让旧君。”

太祖问："胡人至此败亡否？"

刘伯温说：

"手执钢刀九十九，杀尽胡人方罢休。

炮响火烟迷去路，迁南迁北六三秋。

可怜难渡之门关，摘尽李花胡不还。

黄牛山下有一洞，可投十万八千众。

先到之人得安稳，后到之人半路送。

难恕有罪无不罪，天下算来民尽瘁。

火风鼎两火，初兴定太平，

火山旅银河，织女让牛星。

火德星君来下界，金殿楼台尽丙丁。

一个胡子大将军，按剑驰马察情形，

除患去暴人多爱，永享九州金满籝。”

太祖问："胡人此时尚在否？"

刘伯温说："胡人至此亡之久矣。

四大八方有文星，品物咸亨一样形，

琴瑟和谐成古道，左中兴帝右中兴。

五百年间出圣君。

周流天下贤良辅，气运南方出将臣，

圣人能化乱渊源，八面夷人进贡临，

宫女勤针望夜月，乾坤有象重黄金，

北方胡虏害生灵，更会南军诛戮行，

匹马单骑安外国，众君揖让留三星，

上元复转气运开。大修文武圣主裁，

上下三元无倒置，衣冠文物一齐来。

七元无错又三元，大开文风考对联，

猴子沐盘鸡逃架，犬吠猪鸣太平年。

文武全才一戊丁，流离散乱皆逃民，

爱民如子亲兄弟，创立新君修旧京。

千言万语知虚实，留与苍生作证盟。"

两人一问一答的这个对话，被记录流传下来，就成了《烧饼歌》。后世很多人认为《烧饼歌》预言了中国未来的国运，包括明清朝代的更替，甚至都预言到了新中国成立之后的事。其实所谓预言，大多是后人自己牵强附会的解读。

预言是不是真的，我们暂且不评论，但有一点是可以确定的：刘伯温这个人身上，确实笼罩着一种神秘的传奇色彩。

刘伯温跟叶琛、宋濂、章溢三位朋友结伴做隐士，时人称他们为"浙东四先生"。后来宋濂投靠了朱元璋，叶琛和章溢两个人也陆续加入。只有刘伯温，请了好几回都不来。朱元璋觉得这个人有点儿意思，就派手下一个武官孙炎去请他，刘伯温推辞说自己最近身体不好。孙炎便把剑拔了出来，说："此剑当献天子，以斩不顺命者。"什么意思呢？就是说：我这把剑随时准备献给天子，专杀不听话的人。

刘伯温一看，好汉不吃眼前亏，先去走走吧！他就跟着孙炎来到了朱元璋的部队。

刘伯温的这个出山经历，跟诸葛亮的三顾茅庐有异曲同工之处，并且传说中这两个人都能掐会算、料事如神，这可能也是后世常把二人相提并论的原因吧。

朱元璋发现，刘伯温这人对战况分析预测得很准确，说是神机妙算也不过分。至正二十年（1360）后，元末农民起义的形势就很明显了，天下势力三分：朱元璋、张士诚、陈友谅各据一方，难分高低。虽然朱元璋名义上还归小明王韩林儿的红巾军管理，实际上他的势力已经远远超过了韩林儿。

这时，张士诚绕过朱元璋往北打，就打到了现在的安丰。安丰城是韩林儿跟刘福通两个人的地盘，要是张士诚攻陷了这座城池，韩林儿、刘福通都得完蛋。

韩林儿便向朱元璋发号施令，命他来救自己。朱元璋找刘伯温商量，刘伯温建议别去。但是朱元璋想了又想，还是领兵去救韩林儿了，结果安丰失守，但韩林儿顺利获救。

韩林儿名义上还是皇帝，朱元璋怎么安排他都不合适。眼看朱元璋势力一天天壮大，韩林儿的处境也一天比一天尴尬。就在这个时候，韩林儿非常适时地落水淹死了。

几乎所有人都认定是朱元璋把韩林儿给害了。朱元璋不仅没有拿下城池，还落了个"弑君"的恶名。假如一开始就听刘伯温的，让张士诚直接把韩林儿给灭了，这岂不是又省事又落个干净吗？朱元璋挺后悔，打那儿以后，凡有军国大事，他必然跟刘伯温商量。

作为开国功臣，李善长和刘伯温在助朱元璋打天下时是各司其职、各有千秋，为何之后两人反而不合了呢？

矛盾的起源是李善长的一个属僚，李彬。

刘伯温为人公正严明，不徇私情。他建议朝廷整肃纲纪，鼓励御史检举弹劾，不要有任何顾忌，宿卫、宦官、侍从中，无论谁犯了过错，一律奏明皇太子，依法惩治，因此人人都畏惧刘基的威严。中书省都事李彬因贪图私利、纵容下属而被治罪，李善长一向私宠李彬，便找刘伯温求情，请他从宽发落。

刘伯温不听，当时皇帝朱元璋正在外出巡，刘伯温便派人骑马速报太祖朱元璋，得到批准后便将李彬斩首了。因为这件事，刘基与李善长开始不和。

在洪武初期，外廷有两股势力最为强大：一是以刘伯温、杨宪为首的浙东一脉；二是以李善长、胡惟庸为首的淮西旧将，主要成员都是随朱元璋起家的乡里故友。开国之后，这两个派系之间一直不停斗争，对皇权是种潜在的威胁，但同时，他们两股势力的斗争，朱元璋也是乐见其成的，皇帝对两股势力的争斗始终睁一眼闭一眼，为的就是让他们互相制衡。

比起朝中派系斗争，更让朱元璋头疼的，是太子的问题。

"太子者，国之根本"，在封建王朝，每个皇帝都非常重视"国本"问题。东官就是未来的皇帝，太子的能力直接关系到皇朝的延续，所以朱元璋特别重视对太子的培养。

早在当初打江山的时候，朱元璋就让宋濂教太子朱标读书，宋濂被朱元璋誉为"开国文臣之首"，也是刘伯温的好朋友。明朝建国之后，朱元璋又设东宫官属辅导太子讲习读书，负责这项工作的主要是开国的功臣勋旧，以李善长、刘伯温等人为主。可想而知，浙东派与淮西派在太子身上都下了不少的功夫。

朱元璋既不愿意把太子交给浙东派，也不想给淮西派，他不希望看到太子参与到派系政治斗争中去，但两派大臣都是朝廷栋梁，如果刻意让太子跟他们保持距离，也怕朝臣心中不满，对皇帝怀恨在心。因此，朱元璋是处处小心，处处留意——您说这皇帝多不好当！

前面说了太子朱标六岁起就跟宋濂学习，所以太子身边浙东派的文士官僚更多一些，跟刘伯温等人也比较亲近。慢慢地，浙东派在外廷的势力越来越强，朱元璋一看，不高兴了，开始惩治浙东派系。

首先出事的是浙东派的杨宪，"以罪伏诛"，犯案被杀。接着，太子身边浙东籍的文官陆续都被贬或主动退休了。刘伯温一看，皇帝这是要稳固国本啊，他知道自己在朝廷里待不住了，洪武四年（1371），刘伯温获得了皇帝的批准，致仕归乡。

李善长年纪也大了，也准备因病辞官回家休养。虽然已经是快退休的人了，但看到浙东派的老对手们屡屡被皇上贬斥，李善长觉得自己不能错过这个好时机，于是一手提携同乡胡惟庸，令他继续为淮西派效力。

胡惟庸在明朝乃至整个中国历史上，都是不能回避的名字。"胡惟庸案"牵扯了上万人，让"丞相"这个存在了一千五百年的古老官职在历史长河中彻底灰飞烟灭。

胡惟庸在反元建明斗争中没有留下太多功绩，洪武三年，他进入中书省，担任参知政事，从此一飞冲天，迅速被提拔升迁，一路提携、栽培他的人，正是他的同乡李善长。

一天，朱元璋找刘伯温来议事，问他谁当丞相合适。朱元璋想试探试探刘伯温，就问，如果让你来顶替李善长做丞相，你愿不愿意？

刘伯温何等聪明，一听皇上的口风，立刻起身叩首说道："这怎么行呢？更换丞相如同更换梁柱，必须用粗壮结实的木材，不可用小木条扎起来作为代替。"将李善长比作顶梁柱，将自己比作小木条，辞官以避祸，这是刘伯温的机灵之处。

李善长辞官后，太祖想任命杨宪为丞相，杨宪平日待刘伯温很好，但刘伯温极力反对这个安排，他说："杨宪具备当丞相的才能，却没有做丞相的气量。为相之人，须保持像水一样平静的心情，将义理作为权衡事情的标准，不能掺杂自己的主观意见，杨宪做不到。"

太祖问他，那你觉得汪广洋如何？刘伯温说："他的气量比杨宪更狭窄。"太祖接着问，你以为胡惟庸如何？刘伯温回答道："丞相好比驾车的马，我担心他会将马车弄翻。"太祖于是说："丞相一职，确实只有先生你最合适担当了。"刘伯温谢绝说："我太疾恶如仇了，又不耐烦处理繁杂事务，如果勉强承担这一重任，恐怕要辜负皇上委托。天下何患无才，只要皇上留心物色就是了，但这几个人确实不适合担任丞相之职。"

朱元璋和刘基议论丞相的对话，本来应该是极为机密的，但不知怎么回事，竟然弄到举朝皆知的地步。李善长知道了朱元璋和刘基论相一事，痛恨刘基的同时，也了解到皇帝对胡惟庸的认可。正好胡惟庸是自己的淮西老乡，李善长便向朱元璋上书，竭力逢迎上意，保举胡惟庸做丞相。

胡惟庸当上丞相后，第一个要对付的人，就是已经告老还乡的刘基刘伯温。

刘伯温退休之后，回到老家青田，整日饮酒下棋。浙江和福建交界处有一个叫谈洋的地方，离刘基的家乡不远，一向被盐枭所占据。刘伯温发现此地不服王化，就向朱元璋奏请设立巡检司进行管辖。为防止奏章被胡惟庸截取，刘伯温绕过了中书省，直接让儿子带着奏章去南京找旧部上书。然而胡惟庸马上知道了这件事，立刻指使刑部尚书吴云上书弹劾刘基："刘基曾经说谈洋这个地方有王气，他看中了这块地，想死后把墓建在这里，当地百姓不肯让地，这才请求朝廷设立巡检司驱逐百姓，好拿到这块好地方。"

朱元璋一听，很生气，取消了刘伯温的俸禄。

刘伯温坐不住了，千里迢迢赶到南京城，向朱元璋当面谢罪。结果进京不久便病倒了。胡惟庸带着医生到刘伯温那里去看病，刘伯温吃了医生开的药后，"有物积腹中如拳石"——总觉得肚子里有一块拳头大的硬石头，病情更加严重。朱元璋派人护送刘伯温返乡，挨到了四月十六日，刘伯温去世，享年六十五岁。

胡惟庸终于斗死了刘伯温，还没来得及高兴，朱元璋就开始逐步"废相收权"。朱元璋此举的原意，是要稳固太子的地位，让权力顺利交接，但胡惟庸那边的最大感觉就是：自己的权力正在一点一滴地被削弱。

扳倒那么多敌人，好不容易从当初的地方小官爬到国家最高行政长官的位置上，还没怎么好好享受呢，就眼睁睁地看着皇帝削弱自己手中的权力，这怎么行呢？胡惟庸想，与其坐以待毙，不如起而争之，反正都是个死，干脆铤而走险。

胡惟庸的"造反"被一个叫涂节的人告发了。涂节先是告发了胡惟庸毒死刘伯温的事，然后又告发了胡惟庸造反。做皇帝的人，最忌讳的就是"反"，在朱元璋的示意下，审查结果很快出来了，胡惟庸"谋反属实"。朱元璋借题发挥，不断扩大胡惟庸案，被朱元璋牵扯到胡惟庸案的人高达上万！朝中几乎所有文官都被连坐入狱，被判死罪、黥面、流放的官员不计其数。

这就是历史上有名的胡惟庸案。

胡惟庸是李善长一手提拔起来的，不少大臣向朱元璋告发，说李善长的弟弟、胡惟庸的姻亲李存义父子都是胡党的成员。朱元璋看在李善长的分上，没有处死李存义，只将其囚禁在崇明岛。

洪武二十三年（1390），李善长定远老家房子的一段院墙倒塌，李善长给曾经的战友汤和写了一封信，想要借用三百名士兵修葺倒塌墙体。李善长本就因胡惟庸一案颇受非议，汤和一想不对啊，这事要是被别人告发了，自己还不得倒大霉？为了自保，汤和写信向朱元璋告密。

不久后，李善长的远房亲戚丁斌犯罪被流放。丁夫人找到李善长痛哭一番，请求解救儿子。李善长出于长者的心态给朱元璋写了一封信，大意是，恳请陛下看在老臣当年微弱之功的分上，给丁斌一个改过自新的机会。朱元璋本来对李善长就有不少猜忌和恼怒，加上汤和的告发信，当时就龙颜大怒，抓来丁斌审查。结果审查过程中，丁斌又提到了李存义与胡惟庸勾结一事。朱元璋便把李存义打入大狱，李存义为了自保，一口咬定李善长和胡惟庸谋反一案有牵连。

李存义说：胡惟庸劝李善长入伙造反，前后有四次之多！第一次，李善长听了还大骂胡惟庸；第二次，胡托李善长的好友去说，许诺事成之后把淮西划给李善长，李善长略有动心；第三次，胡惟庸和李善长两个人在密室里交谈良久；第四次，李善长回答说："我老了，等我死了你们自己去做吧。"

这个状子一呈，说明李善长这个开国元勋、皇亲国戚，对于"胡惟庸意欲谋反"的事情是一清二楚的，但他就是不报告给皇帝，皇上还是你亲家呢！你憋着什么坏？！是不是想要从中牟利？想要封个一字并肩王？朱元璋的怒气立刻爆发了，李存义的一番供词将李善长推入了万劫不复的深渊。

洪武二十三年，七十七岁的李善长，被太祖皇帝满门抄斩。只有他的儿子李祺因为娶了皇帝的女儿，才免于一死，算是逃过一劫。

后世对胡惟庸案和李善长的死有很多的猜测。明代史籍中关于胡惟庸案的记载多有矛盾，有人认为这是一个彻头彻尾的冤案。还有学者指出：所谓的胡惟庸案只是一个借口，目的就在于解决君权与相权的矛盾，其结果是彻底废除了丞相制度。

胡惟庸毒死刘伯温，主流观点认为，就是朱元璋授意的。胡惟庸之所以敢带太医过去，在药上做手脚，都是经过朱元璋默许，甚至很有可能是朱元璋直接指使的。

胡惟庸案结束后，朱元璋不但废除了中书省与丞相制度，还选拔了一批没有深厚政治背景、出身底层的儒士官僚作为"太子近臣"。这场君臣之间的博弈，以明太祖朱元璋大获全胜而告终，他彻底废除了宰相制度，大大加强了皇帝的专制集权。

相比刘伯温，胡惟庸和李善长的死，更有一种鸟尽弓藏、兔死狗烹的悲凉。朱元璋最初赏赐给李善长的免死铁券也成了废纸一张。刘伯温、李善长、胡惟庸三人千算万算、互相斗来斗去，还是没有跑出朱元璋的手心，正是"聪明莫过帝王，伶俐莫过江湖"啊。

03

郑和：

一手"烂牌"怎么翻盘

两次战斗，说明郑和的确是难得的将才，在敌众我寡、被动应战的不利局面下，郑和沉着冷静、指挥有方，海战、陆战都打得很漂亮。明帝国的这支船队像是常驻海上的"维和部队"，尽情展示了大明的国威，"由是西夷畏威怀德，莫不向化矣"。

郑和下西洋，大家都听说过。作为一个伟大的航海家，郑和的身世充满了神秘色彩，他是哪里人呢？他下西洋到底出于什么目的？一个太监怎么逆袭成航海家的？

今天，我们就来讲讲郑和。

"春到人间景异常，无边花柳竞芬芳。

香车宝马闲来往，三保太监下西洋。"

这几句诗，讲的就是郑和。从明永乐三（1405）年至宣德八年（1433），郑和率领当时世界上最大的船队，七下西洋（今南洋一带），历经了亚洲、非洲三十余个国家和地区，最远到达过非洲东部和红海沿岸，比欧洲航海家抵达时间早半个世纪。每次下西洋，都有两万多随员，两百多艘大船编队航行，去的时候，船队带着大量的装备与礼品，像节日游行一样隆重；回来的时候，船队又像个庞大的杂技团，装满了各种奇禽异兽。

以当时的时代背景而言，郑和下西洋在中国甚至在全世界范围内都是了不得的壮举。但这么伟大的航海家出身却非常卑微，郑和起初是一名战俘。

战俘——太监——大航海家，这中间发生过哪些故事呢？

我们先来讲讲郑和的身世。

传统评书中有一个关于郑和的神话故事。刘伯温向皇帝推荐郑和下西洋，皇帝问原因，刘伯温说："臣观天文，察地理，知人间祸福，通过去未来。臣观此人，若论他的身材，正是下停短兮上停长，必为宰相侍君王；若是庶人生得此，金珠财宝满仓箱。若论他的面部，正是面阔风颐，石崇擅千乘之富；虎头燕颔，班超封万里之侯。又且是河目海口，食禄千钟，铁面剑眉，兵权万里。若论他的气色，红光横自三阳，一生中须知财旺；黄气发从高广，旬日内必定迁官。"

万岁爷可就问了，此人面相这么好，怎么就做了太监呢？

刘伯温说："只犯了些面似橘皮，孤刑有准；印堂太窄，妻子难留。故此在万岁爷的驾下做个太监。"

后来又有神仙跟皇上说："三保太监是上界天河里的蛤蟆精转世，他的性子就是不爱高山，不喜旱陆，见了水就是他的家，所以下得海，征得帆。"

当然，现在我们一听，就知道这是民间流传的神话故事，不足取信。郑和其实是云南昆阳人，就是现在的晋宁。他本姓马，叫马和，小字三保。郑和的先祖叫赛典赤·赡思丁①，是元朝一个很著名的大贵族，随着成吉思汗四处征战，立过很大的军功。赛典赤·赡思丁原为不花剌人。不花剌是哪儿呢？就在今天的乌兹别克斯坦境内。赛典赤当年是成吉思汗的将领，后来当了云南行政平章，相当于今天云南省省长，所以整个家族就定居在了云南。

郑和这一家人是非常虔诚的伊斯兰信徒。他的父亲和祖父都曾朝拜过伊斯兰

①《元史·赛典赤·赡思丁传》说："赛典赤·赡思丁，一名乌马尔，回回人，别庵伯尔之裔，其国言赛典赤，犹华言贵族也。"这里所说的"回回人"，是在蒙古军队西征期间，迁徙到我国来的一批信仰伊斯兰教的中亚人以及改宗伊斯兰教的基督徒、犹太人。他们主要以驻军屯牧的形式，以工匠、商人、学者、官吏、掌教等不同身份，散布在我国各地，他们被称作"回回人"。

的圣地麦加。麦加在沙特阿拉伯，据说伊斯兰教的创始人穆罕默德就诞生在这里，所以麦加是伊斯兰教的第一圣城。凡是朝拜过麦加的人，可以在自己的名字上加两个字，叫"哈只"。所以郑和的父亲就叫马哈只。

郑和的父亲生了六个孩子，郑和有四个姐妹和一个哥哥。

《明史·宦官传》对于郑和的家世介绍只有很简单的一句话："郑和，云南人，世所谓三保太监者也。"后来永乐年间，有个叫李志刚的礼部尚书与郑和的私交很好，郑和就请他为自己的父亲写墓志铭。《故马公墓志铭》中，提供了郑和家族的一些信息。

这么看来，郑和应该是名门之后啊，哪儿谈得上卑微呢？一个官宦之后怎么就成了太监呢？

各位别忘了，郑和是大元朝的功臣之后，到了大明朝，那还能有好？！

郑和出生在元、明两朝交接的时期，改朝换代的动乱年代。据说郑和的父亲就是死在战乱之中，郑和很小的时候就被俘虏，不但失去了亲人，还被人阉割，送进皇宫做了宦官。

大家可以想象一下，十来岁的年纪，还是个孩子，就成了战俘，家破人亡，身体又受到损伤，心中的痛苦，不是一般人能想象的。郑和从一个达官贵人家的公子哥儿，一下跌落成了最被人鄙视的太监。

就在这时候，郑和抓住了他的第一个机遇：燕王朱棣。

朱棣是谁？他是明太祖朱元璋的四皇子。郑和被人从云南送到南京受宫刑，一大帮小宦官被集中起来统一发配，郑和被分到蓝玉、傅有德军中历练了几年，又被分配去伺候燕王朱棣。从此郑和就留在朱棣府中，成了朱棣的近侍。

郑和聪明伶俐，办事牢靠，朱棣对他非常信任，将他作为心腹培养。不但教他文化知识，燕王府的一些书籍也让他任意翻阅。这为郑和将来七下西洋打下了坚实的知识储备。

史书记载，长大成人后的郑和，"身长九尺，腰大十围，四岳峻而鼻小，眉目分明，耳白过面，齿如编贝，行如虎步，声音洪亮"，没有半点儿寻常太监猥琐柔弱的样子。传说有相面先生评价他"虎头燕颔，铁面剑眉"，是"兵权万里"之相。

洪武三十一年（1398），朝里出了大事！朱元璋逝世后，将皇位直接隔辈传给了孙子朱允炆，也就是建文帝。

作为叔叔的朱棣，心情可想而知。

建文帝登位不久，就开始削藩，朱棣本来就蠢蠢欲动，建文帝一削藩，这算是直接踩到朱棣脚上了，燕王朱棣把心一横，要造反！夺皇位！

燕王朱棣以"清君侧"为名，公开反叛建文帝。在朱棣夺权的靖难之役中，郑和凭借出色的军事才能，为燕王立下了汗马功劳。建文元年（1399），征北大将军李景隆，趁朱棣出征永平城之际，领兵五十万围攻北平。形势危急之下，北平城中的妇女、燕王府中的内侍都被动员起来参加守城作战，郑和也是其中一员。

李景隆没能攻下北平，朱棣得知后迅速班师，双方在郑村坝展开大战。北平城中的军队也"鼓噪而出"，夹击李景隆，将其彻底击溃，朱棣取得了对建文帝的第一次重大胜利。这一次郑和可露脸了，尽管他当时还是个年仅二十八岁的小伙子，却在守城和击破李景隆的两场战役中"出入战阵，多建奇功"，给朱棣留下了深刻的印象。朱棣登基之后论功行赏，赐郑和"郑"姓，将他升为仅次于司礼监太监的"内官监太监"，官居正四品。

当初的小战俘马和，从此正式改名叫郑和。

永乐元年（1403），郑和从道衍和尚（姚广孝）皈依佛教，受"菩萨戒"，法名"福善"。

姚广孝可不是普通人，他是明朝著名的大政治家、佛学家、文学家，燕王朱棣最重要的谋士。燕王造反、"靖难之役"都是他一手策划的，因为他是个和尚，每天都穿着黑色的僧衣，时人称之为"黑衣宰相"！

姚广孝少年时在苏州剃度出家，法名道衍。他早年曾游览嵩山寺，相士袁珙遇见他后，大为称奇，对他说："你是个奇特的僧人！眼眶是三角形，如同病虎一般，天性必然嗜好杀戮，是刘秉忠一样的人！"洪武十五年（1382），明太祖挑选高僧随侍诸王，姚广孝以一句"臣奉白帽著王"结识燕王朱棣，从此成为朱棣的主要谋士。

"臣奉白帽著王"是什么意思呢？就是姚广孝当时偷偷对燕王说："我送您一顶白帽子。""王"上加"白"，便是"皇"，姚广孝这话的意思就是：您听我的，就可以当皇帝！

燕王朱棣决定起兵之时，突有暴风雨来临，将王府的檐瓦吹落在地。风吹落瓦在当时被视为不祥之兆，朱棣不禁变了脸色。姚广孝不慌不忙地说："这是吉兆啊！飞龙在天，风雨相从。王府的青瓦堕地，这预示着王府要换上皇宫的黄瓦了。"

朱棣靖难第三年，姚广孝留守北平，建议朱棣轻骑挺进，径取南京，朱棣依计而行，果然顺利攻下南京，登基称帝。以区区燕地一方土地敌全国兵马，竟然大获全胜，这在历史上是绝无仅有的事。朱棣因此对姚广孝十分敬重，交谈时管他叫"少师"，从不直呼其名。朱棣希望姚广孝蓄发还俗，姚广孝不肯。朱棣又赐他府邸、宫女，姚广孝一概不接受，他住在寺庙中，上朝时穿朝服，退朝后仍换回僧衣。后来姚广孝到苏湖赈灾时，将朱棣赏赐的黄金全部分发给了宗族乡人。

这么一个传奇人物，居然能成为郑和的师父，可见郑和的地位之高、影响之大了。

永乐三年（1405），郑和奉明成祖朱棣之命，出使中国南海以西的国家和地区。

朱棣为什么要派郑和远航西洋呢？朝廷那么多文臣武将，怎么单单选中一个宦官执行这么艰巨的任务呢？

让我们来看看，郑和都有什么了不起的本事。

先说郑和的军事能力。

郑和曾被朱棣任命为"钦差正使总兵太监"，正使就是外交大使，这已经很高贵了，而郑和还兼着"总兵"，就是说他是领兵出去的，不仅仅是带一个代表团出去游历。郑和麾下，有都指挥二人、指挥九十三人、千户一百零四人、百户四百零三人，总旗与小旗的数目不详。郑和管辖的舰队拥有两万七千多名士兵，在当时绝对是全世界最大规模的海上武装力量。

郑和第一次航行时，在苏门答腊南部的旧港，遇到了一个叫陈祖义的海盗头子。陈祖义是个颇有传奇色彩的人物。他本来是广东潮州人，洪武年间犯了罪，举家出逃，当了海盗，盘踞在马六甲海峡，鼎盛时期手下曾有好几万海盗。后来陈祖义到了渤林邦国当了一个将领，国王去世后，陈祖义便拥兵自立，成了渤林邦国的国王。

身为国王的陈祖义曾向大明朝纳贡称臣。不过他纳贡的方式独特又野蛮：贡船出发的时候是空船，一路劫掠过去，抢到什么，什么就是"贡品"；回程的时候再一路抢掠回来，两边都不落空。

日子长了，陈祖义连明朝使臣的船队都敢抢了，还袭扰、攻陷过五十多座明朝沿海城镇，朱元璋龙颜大怒，悬赏几十万两白银要他的脑袋。

旧港地处马来半岛和印尼群岛各港口之间航线的枢纽位置，所以郑和下西洋，第一枚要拔掉的钉子就是陈祖义。船队抵达旧港后，郑和先派人去招抚陈祖义，陈祖义纵横海上多年，压根儿就瞧不起郑和这个新手。他想从郑和船队狠狠捞上一票，于是先假意接受招抚，暗中调集数千海盗，准备偷袭郑和船队。

旧港当地华侨向郑和密报了陈祖义的阴谋。郑和在军营历练多年，积累了丰富的军事经验。在郑和看来，陈祖义的这点儿阴谋完全是小伎俩。陈祖义"来降"之时，郑和便抢先包围了海盗船只，利用火器的优势打乱海盗部署，最后一举生擒陈祖义。之后，郑和又率舰队与陈祖义的残余势力在旧港外海、棉花屿、阿鲁洋展开了三次大战，两个月不到，就消灭了五千多名海盗，俘获战船七艘，还把陈祖义当国王用的两枚铜印也缴获了。当年九月，郑和返回南京，将陈祖义"献俘阙下"，朱棣亲自下旨将其斩首。

自此，东南亚的海面宁静了很长一段时间。

如果说抓捕陈祖义还算处理大明朝自己的国事，那么在郑和第三次下西洋的旅途中，与锡兰国展开的就是一次国与国之间的战争了。锡兰国就是今天的斯里兰卡，是郑和下西洋的必经之地。锡兰国是传说中佛祖释迦牟尼涅槃的地方，到处是佛教圣迹，佛寺里供奉着佛祖的佛牙和舍利子。郑和奉旨前往供奉着佛牙和佛舍利的寺庙布施，一次就献上黄金千两、白银五千两、绸缎五十匹、金铸莲花六对，还有铜香炉、香油、宝幡、花瓶、灯烛等诸多物品不计其数，并立下御制布施碑。

但是锡兰国国王亚烈苦奈儿却非常贪婪残暴，看着这么多好东西进了寺庙，眼珠子都绿了。郑和回程途中船队停靠锡兰山国，亚烈苦奈儿便打算劫了郑和的船队。

亚烈苦奈儿先将郑和骗进都城，同时调兵五万，进攻停在港内的郑和船队。郑和生性机警，率领两千亲兵进城的途中，发现情况不对，立即向港口方向撤退。可是，亚烈苦奈儿已派人用巨木堵塞了道路，船队那边是回不去了。郑和冷静地分析了战局，认为既然亚烈苦奈儿派大军进攻船队，国都必然空虚，于是，他决定突袭锡兰国都城。

郑和一边派人从小路秘密潜回船队，通知副使王景弘奋力抵抗，千万不要让敌人得手；一边率领两千明军，"由间道急攻王城"。结果，郑和率领明军攻破了都城，生擒了亚烈苦奈儿和他的家眷，以及不少当地的贵族显要。领兵打劫船队的将领听说明军回攻都城，赶忙下令撤兵回救。郑和的军队乘胜杀了个回马枪，又把劫船队的敌军打得溃不成军。

锡兰军队只得向明军投降了。

郑和带着亚烈苦奈儿和几个重要官属回到南京，又一次"献俘阙下"。

关于如何处置这个不知天高地厚的亚烈苦奈儿，大明朝众臣异口同声，"皆请诛之。"朱棣却说了一句牛气万丈的话："蛮夷禽兽耳，不足诛。"就把他放了。

但亚烈苦奈儿的国王也当不成了，锡兰国民众另外推举了国王，从此锡兰世代臣服于明朝。

这两次战斗，说明郑和的确是难得的将才。在敌众我寡、被动应战的不利局面下，郑和沉着冷静、指挥有方，海战、陆战都打得很漂亮。明帝国的这支船队像是常驻海上的"维和部队"，尽情展示了大明的国威，"由是西夷畏威怀德，莫不向化矣"。

除了军事能力过硬，郑和的管理能力也很强。在当时的条件下，率领一支全世界最庞大的舰队万里远航，其危险性和困难程度都远远超出我们今天的想象。船队一旦驶出领海，便不可能得到国内的任何帮助，全靠主帅指挥，一切都要随机应变、当机立断。那么多的人和船怎么安排？怎么保障船员的供给？水手生病怎么办？这些都需要特别强的统筹和管理能力才能摆平。

咱们先来说郑和是怎么管这些船的。

他把这两百多艘船，按不同用途，分为宝船、战船、粮船、水船、马船。六十多艘富丽堂皇的宝船，体形巨大，是当时世界上尺寸最长、容量最大的船舶。每艘船身长一百五十八米、宽十六米，载重量可达一千五百至两千五百吨；桅杆长十余丈，铁锚高近一丈，每只重达三千多斤。尤其宝船中郑和的座船，更是富丽堂皇。宝船外表豪华壮观，里边金碧辉煌，从船头至船尾，排列着官厅、穿堂、库司、头门、仪门；上层有书房、聚堂，中层有官室、餐室，雕梁画栋，象鼻挑檐，整座船就像一座一应俱全的宫殿。郑和在这里会见沿途各国的王室成员、政府要员、华侨头领，洽谈商贸往来。

粮船负责承运口粮，水船装载淡水。粮船和水船是整个船队的后勤保障，是全体人员的生命之船。郑和使团每次奉命出海，往返需要两年半至三年时间，海上续航，有时数月至半年不泊岸，即便登陆一些岛国，国贫民穷的小岛也很难提供补给。所以船上所有人员的口粮主要还是要靠自己的储备。郑和第一次下西洋，带了两万七千多人，每人每天消耗口粮一斤半，一天就要耗粮四万一千斤。

郑和还专门研发建造了大型水船，最大水船可装足够一千多人一年的用水量。郑和出海一般备足全体人员一年的用水量，若以每人每天餐饮、卫生需要消耗两千克淡水计算，整个船队一年需要用水大约两万吨。可以说郑和主持建造的这些粮船和水船的规模就创造了世界航海史上的奇迹。

马船有多种功能，主要负责运输载货。比如盐、酱、茶、酒、烛等船员的生活必需物资；对外贸易所用的陶瓷、丝绸、铁器、铜钱、金银等深受海外人民喜爱的物品；还有与各国广泛交流、增进友谊，为首脑、王室、达官贵人带去的价值不菲、富有特色、门类齐全的国礼，这些东西都要装载在马船上。

不光要带出去很多货物，还得带回来不少新东西呢。郑和使团访问沿途各个国家，各国首领争相进贡，其中有不少珍禽异兽：马林迪送的麒麟（实际是长颈鹿），斯里兰卡赠送的狮子，印度赠送的大象，还有一些亚非国家朝贡的千里骆驼、金钱豹、花福鹿等，这些也都需要马船的运载。

咱们再看郑和的人员组建。

船队中不但水手、海军、翻译应有尽有，还按照150∶1的比例为船员配备了军医。此外，还有专门负责对外交流的官员、维修船舶的技工和观测天文气象的专业人员，就连动物饲养员、炊事员、唱戏的演员也一应俱全。

从船的分类、人员配置安排、船队管理，到七下西洋与沿途各个国家的外交策略，全部依靠郑和的智慧、才干和经验。所以说，郑和能从一个小小的战俘，变成后来的大航海家，跟他自己的聪明才智是分不开的。

朱棣能选郑和去下西洋，除了看中他能力超群，还有一个原因，就是郑和有着与众不同的教育背景。

前面我们说了，郑和是穆斯林，信仰伊斯兰教，幼年就开始学习伊斯兰教的教义和教规，成年后他改信佛教，据传，郑和还信仰道教，尤其崇敬海神天妃娘娘（妈祖）。我国沿海一带的渔民及东南亚许多国家都崇信天妃娘娘，把她作为海上的保护神供奉。郑和的多元宗教信仰使得他更具包容性，能够更好地与不同文化背景的人沟通。

郑和的先祖是"回回人"，郑和长得"四岳峻而鼻小，眉目分明"，大家可以想象一下，这就是说，郑和长得浓眉大眼，五官非常立体，在我们现代人看来，这就是一个外国人长相。这样的相貌出使海外，人家看见他也不觉得有隔阂，好沟通。

郑和父亲与祖父均曾朝拜过伊斯兰教的圣地麦加，各位想想，在元朝，没有飞机、高铁，云南与麦加之间是千山万水的阻隔。到圣地麦加朝拜，放今天来说，就是从云南走到沙特阿拉伯去，也差不多跟唐僧取经一个难度了。这可不是一般人能去的，不光是物质上要有保障，还要求朝拜者对沿途的各个国家、文化都要熟悉，还得有超乎寻常的毅力。以那个年代的眼光看，郑和的祖父和父亲可以说是见过大世面的人，郑和从小耳濡目染，对远方异域、海外各国的情况，也比较熟悉。郑和小时候曾因自己的家庭出身吃尽了苦头，但是现在，家庭出身反而成了郑和的优势。

郑和能够获得明成祖朱棣那么深的信任，也绝非易事。成祖雄才大略，他能看上的都不是一般人。其实，早在下西洋之前，郑和已在东洋有过一番作为了。正因为他在东洋屡建功业，才能得到朱棣的赏识，成为船队领导人的不二之选。

明朝建立前后，倭寇猖獗，明太祖朱元璋一怒之下，断绝中日交往，实行海禁。朱棣夺得帝位后，希望四海宾服，便试着开放海禁。谁想到让日本浪人钻了空子，倭寇如潮水般涌入中国，在中国沿海的渔村烧杀淫掠，而且愈演愈凶，有时官军都不能抵挡，百姓更是避之不及，纷纷逃难。

永乐二年（1404），郑和督师十万从桃花渡（今浙江宁波附近）东渡出使日本。根据《明史·戎马志》记载，郑和下东洋主要做了两件事。

第一，晓谕明成祖旨意："使其自行剿寇，治以本国之法。"

第二，"许以贸易"。双方签订《堪合贸易条约》，"堪合"就是明朝颁发的执照签证。日本人可以与明朝进行"朝贡贸易"。中国的丝绸、瓷器、书画、资财等，尽可以通过"合法途径"交易到日本去，而非"野蛮打劫"地拿走。

这时日本的实际统治者并非天皇，而是室町幕府第三任将军——足利义满，眼见明朝大队人马押送着大量宝物到访日本，将军便也不在君臣礼仪的虚名上较劲儿，象征性地杀了二十多个海盗浪人，将首级送给大明使者，接受了明朝封号、金印、冠服等，表示臣服，并且按属国的名分向明朝皇帝呈递国书。

郑和带着二十多个倭寇首级和"臣服表"回国交差。通过郑和的外交活动，大明朝和日本建立了外交关系，签订了贸易条约，"不战而屈人之兵"，朱棣大为满意，从此更放心郑和，屡次对他委以重任。

最后我们来看看，郑和历尽艰险，七下西洋，到底是出于什么目的呢？

对于这个问题，历来各执一词、莫衷一是。后世经人们考察，朱棣派郑和下西洋，主要有三个目的：

一、"耀兵异域，示中国富强"。

二、加强官方贸易。

三、寻找建文帝（朱棣的侄子朱允炆）的下落。

靖难之役中，南京陷落，宫中起火，建文帝不知所终。有人说建文帝"为僧遁去"。《明史·郑和传》则直截了当地说："成祖疑惠帝亡海外，欲踪迹之。"

朱棣是从自己侄子手里抢来的皇位，现在侄子不知所终，还把象征正统皇权的玉玺也带走了，朱棣日日心里不安，就担心哪一天朱允炆再次带着玉玺出现，一呼百应，来个复辟。所以朱棣才会派从小就跟着自己的三宝太监七下西洋，前两个冠冕堂皇的原因都是幌子，"找建文帝"才是成祖命郑和下西洋真正的目的。

郑和可以说是圆满地完成了朱棣交付他的航海任务。中国在海外的威望不断提高，凡船队所到的国家和地区，几乎都派遣了使节到中国朝贡，一派"万国来朝"的繁荣景象。虽然没有找到建文帝，但也一直没有关于建文帝的任何消息，眼看朝局逐渐稳定，朱棣也慢慢安下心来。

这时我们就发现了一个奇怪的现象：如此重要的一个功臣，为什么后世的记载不多？

那么多宝贵的航海资料，都去哪儿了呢？

郑和在历史中被"隐去"，其实是一些人有意为之。

明成祖朱棣去世后，原本就反对遣使出洋的大臣们便群起而攻之。在这部分臣子看来，下南洋花了数十万银钱，只带回来些奇珍异宝，这是标准的劳民伤财。因此明仁宗继位后，下的第一道圣旨就是"下西洋诸番国宝船，悉皆停止……各处修造往下番海船，悉皆停止"。

直到成祖之孙，明宣宗朱瞻基继位后，想起祖父当年"万方玉帛风云会，一统山河日月明"的盛况，才再次派三朝元老郑和出使西洋，但这已是强弩之末了。

1433年，六十三岁的郑和第七次下西洋，远航途中，不慎在印度的古里（今卡利卡特）染病，死在了航海途中。海上气候炎热，不可能将遗体带回中国。部下只好将郑和就地埋葬，将他的头发、靴帽带回中国，宣宗将其赐葬于南京牛首山南麓。

也有人猜测，其实郑和未死，他在海外假死，只是为了追随先父的脚步去圣城麦加。郑和多年来对朝廷效忠，几次下西洋，都是为了寻找圣城麦加。当然，这只是一种猜测。

郑和去世三十多年后，有人向明宪宗说起当年郑和下西洋的事，皇帝于是下诏向兵部索要郑和航海的有关资料。兵部车驾郎中刘大夏事先将这些资料藏了起来，兵部尚书项忠命手下入库，查找了三天也没找到。项忠很生气，库房中的档案怎么会找不到呢？

站在一旁的刘大夏说："当年三宝太监下西洋，花费了数十万银钱，死了上万军民。虽然弄了一些奇货异宝回来，但对国家有什么好处呢？这样的'弊政'，我们做大臣的一定要直言劝阻。即使那些档案还在，也要把它们毁掉，以免再生祸根。何必还追究它们在哪里呢！"

一番话说得项忠如梦初醒，连连称是。

看来，郑和下西洋其实留下了不少档案资料，只不过后来被扣上了"铺张靡费""劳民伤财""弊政"等罪名，官方史书中对郑和的记载自然少之又少，评价低之又低了。

郑和在第七次下西洋之时，年事已高，朝中反对他下西洋的舆论也越来越多，他自己也预感到这次可能会有去无回，所以在最后一次出发之前，郑和以立碑的方式，留下了自己一生航海事业的记录，给历史和后人一个交代。郑和不仅在太仓天妃宫刻立了《通番事迹记》碑，还在长乐天妃宫刻立了《天妃灵应之记》碑。

一碑两刻，分立两地，这也蕴含了郑和的良苦用心：太仓在苏州，离南京近，石碑易被发现遭损毁；长乐在福建，遥远偏僻，石碑更容易长期保存。一旦一碑被毁，还有一碑。

正如郑和预测。《通番事迹记》碑原碑已经不知所终，只在文献中留下碑文。而《天妃灵应之记》碑虽未载入文献，实物却被保存了下来。今天我们了解到的关于郑和下西洋的史实，大多来自当初郑和留下的这些石碑。

两碑既立，郑和安心踏上了西去的航程，两年后，他为国殉职，客死异邦。

郑和死后，曾随郑和远航万里的船队驶回江苏太仓刘家港，永远地停泊在了那里，当年恢宏的宝船再也没有扬起过风帆，船只慢慢地在港湾里腐朽、霉烂。郑和下西洋的史料，也被人为地抹去了许多。但郑和传奇般的个人经历和丰功伟绩不会被遗忘。从富贵公子到卑微的战俘太监，再到战斗英雄、大航海家，把这么一手烂牌打得这么精彩，郑和其人的确了不起！

04

于谦之死：

拯救大明王朝的英雄为何被明英宗处决

"千锤万凿出深山，烈火焚烧若等闲。粉骨碎身全不怕，要留清白在人间。"

今天，我要和大家讲一位了不起的名人，这个人的名字，大家都很熟悉：于谦。

我一说"于谦"，您准得乐：这人我熟！说相声的于老师嘛，抽烟喝酒烫头那个。

爱烫头的于老师确实是一个了不起的人物，改天咱们好好说说他。但是，今儿要说的这个于谦呢，是一位古人，这位古人可不是寻常人物，他是一位千古流芳的民族英雄！是大明朝的社稷之臣！

我们前面讲过顾命大臣、开国功臣，"社稷之臣"是什么概念呢？列位，不是所有的大臣都能称为社稷之臣。首先，得是长期执掌朝政，始终影响全国局势的重臣；其次，得是"以民为本"的忠良之臣；第三，得有扶危定倾、治国安邦的卓绝才能；最后，还得有流芳百世的高尚节操。这四样都得占全了，才称得上一个社稷之臣！

回头看看我们这厚厚的几千年历史，能配得上这个称呼的没几个人。然而，明朝景泰年间兵部尚书于谦，就是这么一个难能可贵的社稷之臣！

于谦，字廷益，浙江钱塘（今浙江杭州）人。于谦出身于官宦世家，先祖做官的历史可以上溯至唐朝。于谦的父亲名仁，字彦昭，于彦昭是一位有崇高理想和道德追求的读书人，在他看来，当时的官场上充斥着太多的污秽与不堪，实在难以与之同流合污。所以于彦昭始终没有踏上仕途，只是隐居乡间，将一身才学传于儿子。

据说，于谦出生前的那个晚上，于彦昭做了一个梦，梦见一个老神仙跟他说："我一生为了大宋奔走，但却不能拯救大宋于水火，实为我文天祥一生之憾事。大明朝再过几十个春秋，必定会有亡国之忧，我不忍心看到华夏再有此等遗憾，所以，我打算转世投胎，来做你们于家的子嗣，以待他日拯救大明于水火。"于彦昭听了这话，大吃一惊，赶快道谢，说不敢当、不敢当。但神仙说完话，转眼就不见了。于彦昭醒来不久，就听到后院传来婴儿啼哭之声，于谦出生了。于是，于彦昭给孩子起名叫"谦"，"以志梦中逊谢之意"，就是说对于文天祥的盛意，于彦昭的心里还一直惴惴受之不安。

于谦到底是不是文天祥转世，我们不敢说，但是于谦本人的确志向高远，十分仰慕那些忧国忧民的爱国志士、英雄豪杰。据说整个于家都是文天祥的粉丝，家中一直挂着文天祥的画像。于谦二十岁出头就考上了进士，二十五岁时就被任命为中央监察机关的监察御史，后来在山西、河南等地当巡抚。于谦为官非常刚正清廉，深得民众爱戴，被山西、河南的百姓誉为"清官""青天"。当巡抚的人得回京述职呀，有人就对他说："你到京城来，即使不带些送礼的银子，至少也应该带点儿土特产打点关系吧？"于谦抬起两袖，回答说："我带的只有清风而已。"

为了表达心声，于谦还特意写了一首《入京》诗："绢帕麻菇（蘑菇）与线香，本资民用反为殃。清风两袖朝天去，免得闾阎话短长。"这首诗在当时远近传诵，成为美谈。"两袖清风"这个成语，就是来自于谦的这首诗。

于谦所处的时代，正是明边防逐渐削弱、蒙古瓦剌部落不断南下的时期。明宣宗去世后，年幼的英宗继位，太皇太后张氏监国。张氏贤明通达，对于贪官污吏、奸佞小人，打击的态度十分坚决，对于清廉官员则予以提拔保护。由于太皇太后治国有道，大明朝也呈现出一派欣欣向荣的景象。

然而好景不长，十余年后，张氏和几位老臣相继去世，英宗长大成人，宠信宦官王振。朝政自此一片混乱。

这个王振，是历代奸臣中的一个奇葩。他本是蔚州（今河北蔚县）一个落第秀才，略通经书，在一家私塾里当教书先生。因才学拙劣，屡试不中，王振就生了歪念，他动了什么歪脑子呢？把自己给阉割了！然后入宫，当了一个大龄太监。

王振入宫的目的，当然不是报效国家，而是谋取功名利禄。王振此人，生性狡黠，最会察言观色，所以宣宗一直都很喜欢他，还让他服侍太子，也就是后来的英宗皇帝。

张太后在时，王振因为贪腐，经常被太后叫去责骂，一度还差点儿掉脑袋，太后一死，就没人制得住他了。英宗皇帝对王振更是言听计从。

正统十四年（1449），北方蒙古族瓦剌首领也先兵分四路，大举进攻明境。也先本人亲率一支军队进攻大同，大同参将吴浩率兵抵御，不幸战死于猫儿庄。败报传到北京，王振便极力鼓动英宗御驾亲征。

王振读过书，所以他不但比普通太监奸猾，还有点儿建功立业的妄想。王振完全不懂军事，他以为只要英宗率领大军亲征，就能把瓦剌兵吓跑。英宗也幻想自己可以像明成祖那样数入漠北建立赫赫军功，他听了王振的话，认为眼下就是大显身手的好机会，便决定御驾亲征！

兵部尚书邝埜和侍郎于谦"力言六师不宜轻出"，吏部尚书王直也率群臣上疏劝谏，但英宗受了王振甜言蜜语的蛊惑，一意孤行。英宗将年仅两岁的皇子朱见深立为太子，令异母皇弟朱祁钰留守北京，然后亲率五十万大军，带领英国公张辅、成国公朱勇、兵部尚书邝埜、户部尚书王佐等百余名官员，向着大同方向进发。

五十万大军的队伍，军政事务都由大太监王振专断。还没等到达大同，粮草补给已经跟不上了，再加上连日风雨，军心浮动，军纪混乱，不断有士兵死亡，僵尸铺满了道路。兵部尚书邝埜与户部尚书王佐多次进谏，要求撤兵，王振大怒，罚他二人在草丛中跪到天黑。

也先老谋深算，看到英宗亲征，他决定诱敌深入，率部北撤。

王振看到瓦剌军北撤，来劲儿了！北上追击！

兵部尚书邝埜认为不妥，一路上没有看到半个瓦剌兵的踪影，必定有诈，于是反复劝阻，王振不听。直到第二天中午，镇守大同的宦官郭敬看出王振完全不了解追击的风险，才秘密向王振汇报了前几场战斗的惨烈，王振听完害怕了，下令部队取道紫荆关回京。

为什么要走紫荆关呢？因为这样就可以经过王振的家乡蔚州，王振打算借这个机会向家乡父老摆摆威风。然而部队走了四十里之后，王振忽然想起，大队人马经过蔚州，一定会损坏他家乡的田园庄稼，于是又改变主意，火速传令，大军改道，向宣府（今河北宣化）方向行进。

行军路线屡变，士兵们疲惫不堪。没等明军进入宣府，瓦剌大军已经追袭而来。明军且战且退，行至土木堡时，王振命士兵就地宿营。兵部尚书邝埜一再要求英宗入居庸关，以保安全，王振就是不准。邝埜被逼无奈，只身闯入英宗行殿，请求英宗速行。王振见状，怒不可遏，一边破口大骂，一边命令士兵把邝埜拖了出去。

第二天，瓦剌大军便包围了土木堡，切断了明军的水源供应。饥渴难忍的军士一哄而起，人马失序，瓦剌军趁机进攻。明军仓促应战，一败涂地。兵部尚书邝埜、户部尚书王佐等六十六名大臣相继为国战死，王振也死于乱军之中。

英宗看到突围无望，索性跳下马来，面朝南方坐下，等待瓦剌兵的到来。瓦剌军官看到他的铠甲与常人不同，便将他送去见也先的弟弟赛刊王。英宗见到赛刊王，便问他："你是谁？你是也先？还是伯颜帖木儿？还是赛刊王？"

这个语气非常自大，赛刊王感觉此人来头不小，立刻报告给了也先，也先让明朝的使者去辨认，这才知道自己掳获了明朝的皇帝！奇货可居！也先大喜过望，命手下好吃好喝地招待英宗，将他软禁起来。

这就是著名的土木堡之变。

皇帝被俘的消息传到北京，文武百官在殿廷上抱头痛哭。太后收罗珍宝绸缎，准备赎回英宗。郕王朱祁钰强作镇定，召集朝臣，商量对策。

翰林院侍讲徐珵自诩对天文、地理、兵法、水利、阴阳五行都有研究，见郕王向文武百官问计，便站出来宣称自己夜观星象，发现京城将有大难，只有都城南迁，朝廷才能幸存。

大家听他这么一说，都有点儿动摇了，一时间不知道如何是好。

就在此刻，时任兵部左侍郎的于谦挺身而出，厉声痛斥道："京师天下根本，宗庙、社稷、陵寝、百官、万姓、帑藏、仓储咸在，若一动则大势尽去，宋南渡之事可鉴也。珵妄言当斩！"

什么意思呢？就是说：提议南迁的人应当斩首！京师是天下根本，只要一动便大势去矣，你们难道不知道宋朝南渡的结局吗？

于谦正气凛然，吏部尚书王直、内阁学士陈循也出面附议，郕王当即委任于谦为兵部尚书，命他全权处理军民抗战，保卫京师。

这个时期，朝野中还有一部分王振的残余势力。都御使陈鉴向郕王进言，历数王振之罪，强烈要求将招致土木堡之变的罪魁祸首王振抄家灭族，廷臣们也纷纷附和。郕王一时间不知如何是好，下令择时改议，诸位廷臣坚决不从。王振的死党、锦衣卫都指挥使马顺见郕王犹豫不决，便站出来叱斥百官，给事中王竑见马顺还在装腔作势，怒不可遏，上前一把抓住马顺拳打脚踢，愤怒的廷臣们一拥而上，竟将马顺当场打死。混乱之中，王振另外两名死党毛贵、王长随也被群殴致死。

眼看血溅朝堂，郕王大惊失色，想要回避。于谦奋力挤站到郕王身边护驾，一边安抚群臣，一边劝导郕王，郕王也回过神儿来，顺应于谦的劝诚，宣布马顺等人罪该诛死，群臣无罪。百官拜谢后陆续离开。

这是明朝历史上唯一的一起恶性朝堂斗殴事件，史称"午门血案"。如果不是于谦急中生智，后果不堪设想，于谦退出左掖门的时候，朝服的袍袖都被众人撕裂了。吏部尚书王直握着于谦的手叹道："国家正是倚仗您的时候。今天这样的情况，即使是一百个王直也处理不了啊！"

从此，举朝文武都十分倚重于谦，于谦也毅然以社稷安危为己任。

在当时的情况下，想要不被瓦剌挟持，大明皇室只有两种选择：

一、立年幼的太子为君，郕王朱祁钰摄政。这种选择在和平时期是可以的，但在瞬息万变的战争时期，实在是弊多利少。

二、另立王为君。当时朝中唯有郕王朱祁钰摄政，宗室中也没有其他可供选择的人物了。另立新君的重大举措，唯有太后可以主持。在这个生死关头，于谦再次提出"社稷为重，君为轻"的口号，大义凛然地请皇太后把皇位交给郕王，这样一来，瓦剌手中的英宗就完全失去了政治价值。

郕王朱祁钰没想到自己有一天会成为皇帝，还试图推辞。于谦告诉他，他们这是为了国家，为了防止瓦剌用英宗进行要挟，不是为了个人的私利。

郕王只得临危受命，在众人的拥护下登基为帝，即明代宗，改年号为景泰，遥尊明英宗为太上皇。

此时明朝最有战斗力的精锐部队都已在土木堡失陷，剩下的士卒尽是些老弱病残，人数还不到十万。为了稳定民心，于谦调了河南、山东和南京等地的军队入京，人心遂稍稍安定。

原镇守大同的副将石亨①在土木堡之战中战败，单骑逃回，被贬官下狱。于谦认为战败的主要责任并不在他身上，不但将其释放，还委任以京师总兵官的重任。

此外，于谦又请名将指挥京城的火器部队、骑兵部队，镇守重要关口，并严惩了一批贪生怕死、玩忽职守的将校。

---

① 石亨，陕西渭南南志道里（今渭南市临渭区官路镇）人。明朝将领，官至太子太师，封忠国公。

当时有数百万石粮食储备在通州，因无法快速运到北京，有人担心被瓦剌军夺走，建议一把火烧掉，于谦不同意。他立刻组织官民力量紧急运粮，不但官府征用五百辆大车日夜不停地运输，还动员百姓及官兵家属、亲友自备车辆运粮，运费由官府支付，凡是能运到北京二十石粮食的百姓，都可以额外再得到一两银子的奖励。这个政策得到了百姓的大力支持，重赏之下，运粮任务很快就完成了。于谦又大笔一挥，为官兵预支半年工资和军饷，官兵们自然欢呼雀跃，士气大振。

经过一个多月的整军备战，北京城内兵精粮足，军民一心，于谦亲自整饬兵备，部署要害，为北京保卫战做准备。

也先得到英宗皇帝作为人质，十分得意，兵分三路，自居庸关、紫荆关一路南下，直逼北京，势如虎狼。

于谦毫不示弱，调遣诸将带领二十二万将士，在九门外摆开阵势：都督陶瑾镇守安定门，广宁伯刘安镇守东直门，武进伯朱瑛镇守朝阳门，都督刘聚镇守西直门，镇远侯顾兴祖镇守阜成门，都指挥李端镇守正阳门，都督刘得新镇守崇文门，都指挥汤节镇守宣武门，于谦自己和石亨率领副总兵范广、武兴在德胜门外列阵，准备抵挡也先。

于谦命各城门全部关闭，然后下令：临阵将领若是不顾部队，先行退却，可以斩将领！军士不顾将领先退却的，后队斩前队！

全军将士都明白，这是决定大明朝气运的死战。将士们枕戈待旦，静候瓦剌大军到来。

十月十一日，瓦剌军兵临城下，明军副总兵高礼、毛福寿在章义门主动迎击瓦剌先锋部队，夺回被掳的明朝军民千余人，首战告捷，军心大振。于谦又派人夜袭也先，使其疲惫。

十月十二日，也先决定打出英宗这张人质牌，他将主力列阵在西直门外，挟持英宗皇帝到德胜门外的土城，要求朝廷派于谦、石亨等高级将领亲自出迎，并索求金帛数以万万计，企图以此将明军主将擒获，迫使明朝献城。

明代宗，也就是原来的郕王朱祁钰说了："不准！"

也先这才发现，明王朝对于自己手里的诱饵英宗，已经没有多少兴趣了。看代宗那意思，可能还巴不得英宗赶紧死。

沮丧之余，也先决定把英宗放在前面当作挡箭牌，全力攻打德胜门。于谦命令德胜门的大部队隐伏待机，佯装败退。也先取胜心切，立即挥动万余精骑呼啸追击，结果军队进入设伏地域，于谦指挥神机营发射火铳、火箭，也先的军队被杀得人仰马翻，阵脚大乱。明军总兵官石亨，率伏兵冲入敌阵，奋勇厮杀。瓦剌军溃败，也先的弟弟孛罗、平章卯那孩全部战死。

也先连忙转移队伍去攻打西直门，都督孙镗全力相搏，城上的守军也向瓦剌发射火铳、火箭，高礼、毛福寿、陶瑾、石亨等人也及时赶来支援。也先只得从西直门撤军。

十月十四日，瓦剌军改为进攻彰义门，副总兵武兴以命相搏，和都督王敬一起挫败了也先的前锋。敌军正在退却，代宗派来监军的太监率数百骑兵追击敌阵，想要抢功。明军阵势陡然混乱，武兴死于乱箭之中，瓦剌军乘虚而入，向彰义门内反扑，就在这九死一生的紧要关头，京城居民纷纷爬上屋顶，向也先的部队投掷砖瓦、石块儿，一时间杀声震天。于谦派出王竑和毛福寿赶去增援，这才将敌军压退。

两军相持了整整五日。

眼看和谈不成，作战又连连失利，也先萌生了退意，他听说于谦之前调遣的各地部队很快便会开到京城勤王，害怕自己的后路被截断，便在十五日晚上，带着英宗，由良乡一路逃走了。于谦派出将领追击，在固安、霸州又打了一仗，擒获了十八名敌军将领。

至此，京师保卫战基本结束。

土木堡之变发生后，几乎所有人都以为，大明朝气数已尽：皇上让人俘虏了，大明的精锐部队被一网打尽，京城门户洞开、财力匮乏……大明似乎注定要覆灭了。

在这种条件下，于谦率领着一支老弱病残的二线部队，生生扭转了战局，为大明王朝强行续命，可以说，于谦就是策划、组织和领导大明军民保卫北京城，逼退了瓦剌兵的大功臣。

战后论功行赏，明代宗要加封于谦少保、总督等职位。于谦说，四郊多堡垒，这是卿大夫的耻辱，怎么敢求取赏赐功劳呢！坚决推辞。

咱们开篇就说了社稷之臣的四个标准，现在回过头来看看，于谦支持新帝、组织反击，这是对大局的影响；提出"社稷为重，君为轻"，为了保护百姓的安危，说换皇帝就换皇帝，这是以民为本的良臣；至于扶危定倾、治国安邦的卓绝才能、高尚的节操，那就更不用说了，不夸张地说，于谦就是拯救了整个大明王朝的英雄。

这么一个伟大的英雄式的人物，最终却落了一个极其悲惨的结局。

也先回到驻地后，又扣留了已经成为太上皇的英宗将近一年的时间，眼看从他身上榨不出什么油水，又老被明军追着打，他也挺心烦，于是就派人南下求和，说愿意放英宗朱祁镇回去。

他倒是愿意放人了，人家明代宗还不想要呢！

受命于危难之际的代宗朱祁钰大体可算是一个明君，他不负众望，使明朝社稷转危为安，这是值得肯定的。但是人一旦做了皇帝，尝过了权力的甜头，就不肯轻易让出位子了。

明代宗不愿意迎接被俘虏的哥哥回国，为此与群臣争执得不可开交。就在此时，于谦发话了①，坦言景泰帝的帝位已经稳定，所以不必疑虑，应该尽快迎接太上皇回来。

在于谦的建议下，代宗朱祁钰老大不情愿地把哥哥朱祁镇迎接回京师，囚禁在南宫里面。这位名义上的太上皇被锦衣卫看守，严密管控，软禁朱祁镇的宫门上的锁都灌了铅，仅留下一个小洞，给朱祁镇投递饮食。

---

①《明史·于谦传》记载：谦从容曰："天位已定，宁复有他，顾理当速奉迎耳。"景帝本来对奉迎英宗已露不悦之色，见于谦如此，遂顾而改容曰："从汝，从汝。"

景泰帝贪恋帝位这件事，其实可以理解，但是他废除了朱祁镇儿子的太子之位，改立自己的独生子朱见济为怀献太子，这就有点儿说不过去了。

景泰三年（1452），朱见济被立为太子，转年十一月便夭折了。怀献太子刚死，大臣们就开始私下议论，应该复立沂王（英宗的儿子朱见深）为太子，但是景泰皇帝认为此时自己尚不满三十岁，正是所谓春秋鼎盛之时，还期待自己尽快生个龙种，再建亲子皇储。

孰料事与愿违，在三年多的时间内，景泰帝不仅没有生育一男半女，反而由于沉溺女色而身患重病，身体每况愈下。景泰七年（1456），景泰帝卧病不起。

景泰八年（1457），朱祁钰病重，石亨看见朱祁钰的病态，心想：景泰帝病已沉重，如有不测，又无太子，不若乘势请太上皇复位，倒是不世之功。

石亨是谁呢？就是前面那个被于谦提拔的总官兵。

他立即找到了前府右都督张𫐐和宦官曹吉祥，告诉二人朱祁钰已经不行了，商议要为自己谋后路。这三个野心勃勃的投机分子，决定将赌注押在太上皇朱祁镇身上，拥立朱祁镇复位，如果此事能够成功，三人就是大功臣，必定能够飞黄腾达。

石亨和张𫐐又连夜去找徐珵。徐珵大为兴奋，宣称自己夜观天象，见紫微有变，帝星移位，催促石亨尽快下手。

几个人经过详细谋划，决定在正月十六晚上动手。

正月十六白天，于谦等几个大臣商议，决定一起上奏请复立沂王为太子。众人推举大学士商辂主笔，草拟奏折《复储疏》，然后众大臣挨次署名。疏成后已经是日暮西山，来不及奏上朝廷。群臣于是决定，次日清晨朱祁钰临朝时，再将奏疏递上去。

所有人都没有料到，政变就在这天晚上爆发了。短短几个时辰，不但改变了明朝的历史，也改变了许多人的一生。

当夜，石亨等人趁夜色前往南宫去找太上皇，咱们前面说过，南宫宫门的锁都是灌了铅的，坚固异常，怎么也打不开。石亨就让人用绳子吊起一根粗大的木头，数十名官员、兵丁一齐举木撞门。虽然没有把门撞开，但把院墙震坍了，众人一拥而入。

朱祁镇此刻还没休息，正在秉烛读书，见一大帮武将闯进来，还以为是弟弟派人来杀自己，不由得惊慌失措。众人见此情景，便一起俯伏在地，齐声喊道："请太上皇登位！"

朱祁镇这才明白过来："你们要请我复位吗？此事须要审慎。"

石亨等人把太上皇请进轿子，这时天色已经微露晨曦，太上皇一边走，一边询问石亨等人的官职、姓名。一行人等匆匆到了东华门，警卫不肯开门，轿子里就喊了："我是太上皇！"

守门的也傻眼了，这是什么情况？不敢拦着啊，东华门大门洞开，石亨直接把太上皇送进奉天门，看着太上皇在殿上升座，徐珵便带领众人跪拜，口中高呼"万岁万万岁"！

前几天，代宗刚刚宣布，说自己十七日早朝要会见群臣，因此文武大臣一早就来到宫门外面等候，忽然听到殿内传来声声"万岁"，无不惊愕。

就在这时，钟鼓齐鸣，宫门大开。徐珵出来，向诸位廷臣宣布：太上皇帝复位，请入内祝贺！

太上皇对大臣们说："景泰皇帝病重，群臣迎接朕复位，各位继续任事如故。"

石亨等武将侍立一旁，虎视眈眈。各位文臣面面相觑，只好下跪参拜。

与此同时，代宗，也就是景泰皇帝朱祁钰正在寝殿梳洗，准备临朝，听到前面撞钟播鼓，景泰帝十分敏感，立即追问左右："莫非是于谦不成？"

什么意思呢？就是问，是不是于谦在前朝谋反篡位了？

左右惊愕万分，不知道该如何回答。尴尬片刻后，宦官兴安回奏，说是太上皇复位了，不关于谦的事。

朱祁钰连说："好，好，好。"他喘了几口气，重新回到床上，面朝墙壁躺下。

英宗复辟后，改换年号，景泰八年被改为天顺元年（1457）。重登皇位的英宗吸取了景泰帝的教训，对病中的弟弟毫不手软，命手下将其活活勒死在宫中，景泰帝死时只有三十岁。

这还不算，英宗"毁所营寿陵，以亲王礼葬西山"，不准弟弟葬入皇陵。明朝诸帝中只有二帝不能进皇陵，一是死得下落不明的建文帝，再有一个，就是这位景泰帝。

石亨和曹吉祥、徐有贞迎接太上皇恢复了帝位，宣谕朝臣以后，立即把于谦逮捕入狱，诬陷于谦制造不轨言论，又和群臣策划迎接册立襄王，要将于谦判处死刑。

新上任的英宗还有些犹豫，说，于谦是有功劳的。

徐有贞进言说，不杀于谦，复辟这件事就出师无名。

这句话分量很足，明英宗的主意拿定了。

正月二十三日，于谦被押往崇文门外，斩立决。

为大明朝续命的社稷之臣于谦为啥会死于非命呢？

这和他的性格有关系。

极力想杀害于谦的，有两个人，一个是徐有贞，一个是石亨。

徐有贞，原名叫徐珵，就是土木堡之变时主张南迁的那个翰林院侍讲。他是个很有才华的人，《明史》称他："为人短小精悍，多智数，喜功名。凡天官、地理、兵法、水利、阴阳方术之书，无不谙究。"

徐有贞热衷功名，早在永乐十九年（1421）就和于谦一起赴北京参加会试，结果于谦高中进士，他却名落孙山。宣德五年（1430），于谦以兵部右侍郎衔巡抚山西、河南两省，徐有贞才考取进士，授翰林院编修。他心术不正，仕途也不顺，通籍后十七年才当上一名正六品职衔的翰林院侍讲，但他恃才傲人，自以为仰观天文可知人间之吉凶，俯察地理能明历朝之得失，诸子百家，无一不晓。徐有贞的前半生一直活在耻辱中，在土木堡之变时，他主张南迁，受到于谦的严厉斥斥，从此声誉扫地，几次想升迁都没成功。

不得已，徐珵把名字改为徐有贞，希望仕途能顺利一点儿。有一次，国子监有一个空缺的职位，徐有贞为了争取到这个职位，还特地去拜访了于谦，希望他能不计前嫌，在皇帝面前举荐自己，让自己再为大明发光发热。

于谦并不因言废人，他认为徐有贞是有一定的能力和抱负的。人才能为朝廷所用，自然是社稷之福，所以便爽快地为他做了引荐。然而景泰帝朱祁钰却迈不过这个坎儿，于谦向他推荐徐有贞时，皇上第一时间就想起当年劝他逃跑的那个厌货了！这次举荐自然没有成功。徐有贞不检讨自己的胆小无能，反而怀疑是于谦故意捣乱，一直对于谦怀恨在心。

在石亨他们"夺门之变"实施之前，徐有贞抓住了于谦他们当时写的《复储疏》中"早择元良"四字做文章，到处说"于谦遣兵去长沙迎立襄王世子去了"。徐有贞的目的在于让反对于谦的石亨等人赶快动手实行"夺门之变"，迎立太上皇早日复辟。他认为，如果于谦当政，自己今生今世的功名富贵也就到此为止了。徐有贞一手制造的所谓于谦"迎立外藩"问题，其实都是信口胡言。

根据明朝太祖高皇帝朱元璋制定的祖制成法，欲招外藩亲王入京，非持有金牌敕符不可。但金牌敕符都收在大内禁中的印绶监，没有当今皇帝圣旨或者太后的许可，任何人都万万不能私自取出。所以要证明于谦的清白，只要吩咐印绶监诸档进行清查检阅，如果襄王府金符尚在，那所谓的迎立襄王世子之说，也就不攻自破。

太监们奉旨查阅各藩王府金牌敕符，结果回奏："各王府金符俱在，独缺襄王府金符。"英宗听说襄王府金符不在，勃然大怒，认为于谦准备迎立襄王世子，立即批示判处于谦死刑。

好好的襄王府金符，怎么就忽然不见了呢？说起来话就长了，当年明宣宗驾崩之时，皇太子朱祁镇只有九岁，当时的皇太后张氏喜欢仁宗的第五皇子襄王朱瞻墡，便以"国有长君，社稷之福"为理由，要立襄王为君，命令印绶监取出襄王金符，准备派人持金符远赴湖南长沙，迎立襄王入京继统。

此举遭到了三位阁老为首的朝廷大臣的坚决反对，经过一番劝说，张太后也觉得自己的理由不如"立国以嫡"名正言顺，也就取消了自己的主张。但张太后毕竟年事已高，记性不好了，她取出了襄王府金符，却忘记将其送归印绥监收藏，所以"襄王金符"这个重要的证物，自宣德十年（1435）至天顺元年（1457）一直留在张太后当年所居的深宫暖阁。

而"于谦准备迎立襄王世子"这个罪证也就无法辩驳了！

如果说，于谦得罪徐有贞是出于为国家考虑的缘故，得罪石亨，就只能说于谦真是为人太耿直了。石亨在北京保卫战中功勋不如于谦，而且是于谦一路提拔起来的。事后石亨被封为侯爵，他自己心里有点儿愧疚，于是上书推荐于谦之子于冕任官。这件事本是石亨为了报答于谦的举荐之恩，也是一番好意，结果被于谦知道之后，婉言谢绝，直接打脸了。

之后于谦又上奏，将石亨的侄子石彪调离大同镇。当然，石彪的确是有过错在先，他为人贪婪残暴，口碑极差。但是这一举动，让石亨对于谦羞怒成仇。

从石亨的角度看，于谦不给自己面子！我替你要赏赐，你不领情也就算了，还要捅我刀子！试问如此不懂官场潜规则的于谦，怎能不遭到同僚们的记恨？

策划"夺门之变"的这几个人，基本都是被于谦弹劾过的人。这些人执掌了大权，便不择手段地挟私报复，对于谦下了毒手。

于谦为人忠贞廉洁，但是太过耿直，很难跟同僚处理好关系。有一件小事，我们可以从中看出于谦心直口快的性格。有一次，于谦跟新来的兵部侍郎李贤说，吏部那个老人怎么还不告老还乡？李贤说，听说那位官员告了几次，皇上没同意。

于谦就说，那就是他告得没诚意了。

李贤说，不能吧，我看他还蛮诚实的。

于谦说，那要是真想退的话，病卧在床，一个月不上朝，皇上肯定放归。

"水至清则无鱼，人至察则无徒。"我们能看出来，除了天命难违，于谦这样一位英雄式的社稷之臣，最后死于冤屈，和自己的性格也有脱不开的关系。

虽然白璧微瑕，于谦也仍然是一位值得我们凭吊和纪念的伟人。

我们以一首于谦的诗作为结束吧。这首诗名叫《石灰吟》，是于谦十七岁时写下的一首托物言志的七言绝句，它就像一个神秘的预言，预示了于谦为国献身，千古流芳的命运。今天我们再读这诗的时候，还能感觉到那种"一片丹心照汗青"的高风亮节：

　　"千锤万凿出深山，烈火焚烧若等闲。粉骨碎身全不怕，要留清白在人间。"

05

魏忠贤：

一个大太监的发家史

天启年间，北京城里流传着一句歌谣："委鬼当头立，茄花满地红。"

"委鬼"就是"魏"，暗指大太监魏忠贤；"茄花"暗指朱由校的乳母客氏，因为在北京话里面，"客"这个字便读作"茄"音。这两人相互勾结，把皇宫内外搞得昏天黑地。

提到皇帝，大家会下意识地想起"万岁"这个称呼，然而中国历史上有一个人物，开创了一个独一无二的称呼："九千九百岁。"

九千九百岁——离"万岁"，就差那么一点儿。

这人是谁呢？大太监魏忠贤。

1644 年 4 月 25 日，明朝末代皇帝朱由检（崇祯皇帝）在煤山自缢，明朝至此而亡。据说，在崇祯皇帝自缢的前五天，太监曹化淳曾当着他的面哭道："若大家（指魏忠贤）在，时事必不至此。"

一句话如晴天霹雳，将崇祯皇帝拉回十七年前。

崇祯皇帝在位的十七年间，一向以明君自诩。登基之初诛杀魏忠贤、剪除阉党，一度是他平生最引以为傲的政绩。此刻面对曹化淳的悲泣，他想起了明熹宗朱由校死前对自己留下的遗言："（魏忠贤）恪谨忠贞，可计大事。"

当天，崇祯传下一道口谕，命人秘密收殓魏忠贤的遗骸，葬于香山碧云寺。

魏忠贤是奸臣吗？是，也不是。

魏忠贤是忠臣吗？是，也不是。

他是从动荡不安的时代背景中脱颖而出的一个复杂人物。

一个历史人物身份再显赫，总归是爹妈生、父母养的。原生家庭对人的影响巨大，要了解魏忠贤，我们首先要了解他的双亲。

关于魏忠贤父母的身份，目前有两个版本。版本一以流行小说《梼杌^①闲评》为代表。《梼杌闲评》里说：魏忠贤的父亲叫魏云卿，是江苏的一个戏子，母亲叫侯一娘，是女艺人。戏子遇见女艺人，有了说不清道不明的故事和绯闻，于是就有了这么一个儿子。

版本二由魏忠贤的老搭档、老朋友太监刘若愚^②提供。刘若愚奉命编写明宫廷杂史《酌中志》，这是一部关于明宫廷事迹的重要文献。其中记载了魏忠贤的家世：魏忠贤的父亲叫魏志敏，母亲刘氏，两人都是农民。魏志敏只身到城里打工，刘氏和魏忠贤就成了留守妇女和留守儿童。

无论从哪个版本来看，魏忠贤的出身都很贫苦。魏忠贤年幼时，家里遭了强盗，一家人穷困潦倒、混迹街头。为了维持生计，魏忠贤从小就会察言观色，时时小心，处处谨慎，服侍起人来更是殷勤备至。魏忠贤这个人有他的优点：千伶百俐，善于逢迎，用今天的话来说，这是个"社会人儿"，而且魏忠贤长得挺帅，虽然没怎么受过教育，却多才多艺，唱歌、弹琴、下棋、踢球……样样都很精通，是个"玩儿主"。

终日混迹于烟花之地，魏忠贤耳濡目染，养成了许多恶习，尤其喜欢赌博、酗酒，但他也不是一味浑噩，他会仗义出手，救下被强人抢走的女子；也会对心爱的女人念念不忘，百般照顾；他对兄弟十分仗义，乐于助人……以上种种可以看出，魏忠贤是个性格复杂的人。

---

① 梼杌，别名傲狠，中国神话中上古时期的四凶之一。所谓"四凶"，最早指的是上古年间四位残暴的部落首领，后来被杜撰为他们部落图腾的四种怪物。

② 刘若愚作为阉党，本来应该被碎尸万段，但因为认罪态度好，有知识有文化，所以将功赎罪，靠写揭发材料保住了身家性命。

魏忠贤娶过亲，老婆姓冯，两人还生了一个女儿，但是魏忠贤婚后恶习不改，继续吃喝嫖赌，很快就弄得家徒四壁，还欠下了一屁股的赌债。老婆不堪忍受，女儿也被魏忠贤卖掉还赌债了。

也许是离婚又欠债，感到生活没了出路；也许是"双商"爆表的人不甘于平庸生活；也许是被债主逼得无路可走，魏忠贤赌徒心理大爆发，决定入宫做太监。

在明朝，有专门为太监做去势手术的机构，而且收费不低，做一个手术，少说要五两白银。但魏忠贤此刻穷得连这五两白银都凑不出来，万般无奈之下，魏忠贤一咬牙！挥刀自宫！

然后，他改名换姓，用李进忠①的名字入宫做了太监，开始了新的人生。

入宫之前，魏忠贤就与不少太监熟识。有野史说，他这个净身手术做得并不彻底，仍然保留有一些男性的功能，这也为后面的崛起留下了伏笔。总之，万历十七年（1589），魏忠贤进入宫廷，从一个穷困潦倒的无业游民，变成了皇宫里的太监。

魏忠贤的新生活开始得并不顺利。明朝皇宫招收太监，一般都要机灵乖巧、相貌周正的少年，大多只有十几岁，而魏忠贤入宫时已经二十三岁了，目不识丁又身无分文，只能从最底层做起，他不仅要干倒马桶之类的粗活儿，还得把自己的上司伺候好。

太监圈子很难混，很多老太监不但身体残缺，心理也严重扭曲，经常把情绪发泄到新来的小太监身上，魏忠贤的高情商和好性格就在此时发挥了作用，不管别人说什么，他始终不急不恼，整天乐呵呵地干活儿、伺候人、巴结上司，一点儿脾气都没有。

凭着这股子机灵劲儿，魏忠贤得以在宫中安身立命。就在这个时候，魏忠贤遇到了人生中的第一个贵人——太监魏朝。

---

① 后来获得皇帝重新赐姓"魏"。

万历三十三年（1605），明神宗的皇孙朱由校出生，魏忠贤被魏朝介绍到慈庆宫，专门办理皇太子朱常洛的膳食。魏忠贤利用之前在宫中结下的人缘，每日从各库太监那儿索要食材或者财物、玩物，甚至还能找到一些不在时令的水果和鲜花送给朱常洛，因此赢得了朱常洛的欢心。另外，魏忠贤还在慈庆宫认识了一位影响了他一生的女子——朱由校的乳母客氏。

在宫里，太监和宫女长期不能过正常的家庭生活，生理和心理不免失衡。为了解决这个问题，宫里就流行一种"对食"关系。从字面上看，是男女合伙儿吃饭的意思，实际就是临时夫妻，客氏和魏朝就是"对食"关系。

客氏在十八岁就进宫做了朱由校的乳母，她的老相好魏朝在慈庆宫侍奉，与慈庆宫的主事太监王安交情深厚。魏朝经常在王安的耳边称赞魏忠贤，因此魏忠贤也深得王安的信任。由于魏朝常要跟随王安外出办事，很少有空陪伴客氏，客氏就开始勾搭魏忠贤。魏忠贤本就好色，两人一拍即合。有了客氏这棵大树，再加上王安的庇护，魏忠贤在宫中渐渐站稳了脚跟。

就在此时，发生了号称"明末三大案"之一的"移宫案"，魏忠贤在其中扮演了重要的历史角色。

"移宫"，按照字面理解，就是从一个宫殿搬到另一个宫殿，看似简单，其间却是暗流汹涌。

朱常洛做太子时，宫中有"东李""西李"两位选侍①。朱由校是朱常洛的长子，生母王才人虽然地位尊贵，却不如西李得宠。恃宠而骄的西李动辄对王才人凌虐辱骂，年幼的朱由校眼见母亲被跋扈的西李欺负，也不敢反抗，养成了逆来顺受的懦弱性格。

万历四十七年（1619），王才人去世，朱由校被托付给西李选侍照管。西李为了控制朱由校，命他与自己同居一宫。

万历四十八年（1620）七月，明光宗朱常洛即位。朱由校和西李随之移居乾

---

① 选侍，明代妃嫔称号。

清宫。朱常洛原打算封西李为皇贵妃，但西李的野心更大，直接向皇帝提出要当皇后。就在这个节骨眼上，明光宗朱常洛忽然驾崩了，在位时间还不满一个月，因此光宗又被称为"一月天子"。

西李封后的梦想破灭，大为光火，她不但自己赖在乾清宫不肯走，还与魏忠贤沆瀣一气，将明熹宗朱由校扣押在乾清宫。

朝臣们可不干了，东林党人杨涟带着几十位元老重臣闯入乾清宫，要为明光宗朱常洛哭丧，还要见皇长子朱由校商谈即位之事。西李选侍再三阻拦，架不住群臣据理力争，大太监王安与东林党人素有默契，看西李选侍犹豫不决，便趁机将皇长子牵了出来。

杨涟等人一见到朱由校，立刻下跪行礼，山呼"万岁"。行过了礼，杨涟一把将太子塞进轿子里，诸位大臣抬起轿子就往宫外跑！西李选侍这才回过神来，忙让魏忠贤等人去追回皇长子，宦官们追上去，拉着轿子质问："你们要拉少主去哪儿？少主年轻，怕见生人！"

杨涟勃然大怒，大声斥骂道："殿下是群臣之主，四海九州都是殿下的臣子，他还怕什么人？"

众宦官被骂得哑口无言，这才悻悻退去。这时再看朱由校，他的袍子都被追赶的太监们撕裂了。

杨涟等人把朱由校抬到了前殿文华殿上，举行了"正东宫位"典礼，正式确立了他的皇储地位。然后，大臣们把朱由校安排到慈庆宫，由东宫伴读太监王安负责他的安全。

十六岁的朱由校终于摆脱了西李等人的挟制，顺利地向皇帝宝座走出了第一步。西李选侍一计不成，又生一计，挟持朱由校的目的落空，她又提出：凡大臣章奏，须先交由她过目，然后再交朱由校。

这个提议当然遭到了朝臣们的强烈反对。西李又提出要朱由校封自己为皇太后，朝臣们一样不肯买账，西李大怒，就扎在乾清宫当钉子户，死活不肯搬走。眼看九月初六就要举行登基大典了，九月初五当天，西李仍然大摇大摆住在乾清宫。

朱由校要登临大位，就必须回到乾清宫。为了让西李尽快"移宫"，一众大臣多次上奏，要求西李选侍移居哕鸾宫。著名东林党人、"铁面御史"左光斗上表说："选侍既非嫡母，又非生母，俨然居正宫，而殿下乃居慈庆，不得守几筵，行大礼，名分倒置，臣窃惑之。殿下春秋十六龄矣……倘及今不早断，借抚养之名，行专制之实，武后之祸将见于今。"

这个话说得很严重了，西李选侍读到以后，恼羞成怒，数次命人宣召左光斗，想要治他的罪，左光斗态度强硬，拒绝听宣，说"我是天子的命官，不是天子召见，我不去"。

朱由校也读到了这篇奏章，内心深处，他其实是赞许左光斗的，在东林党人的支持下，他终于克服了多年来对西李的畏惧，主动下令让西李搬出乾清宫。

这段时间，前朝后宫各个派系的斗争已经趋于白热化，为了让西李移宫，诸位内阁大臣干脆每天都站在乾清宫门外不走了，大太监王安也入宫劝说西李。眼看手中已经没有任何可用的筹码，西李选侍只能无奈地带着自己生的八公主，搬到了哕鸾宫。

朱由校终于回到乾清宫，正式即皇帝位，"移宫案"告一段落，后来这个词也成了派系斗争的代名词。

按常理说，"移宫案"之后，西李失势，与她狼狈为奸的魏忠贤应该也难辞其咎。可是在王安等人的庇护下，魏忠贤居然平安无事地蒙混了过去，甚至从此平步青云，扶摇直上了！

这是为什么呢？我们要从明熹宗朱由校说起。

朱由校从小就不爱读书，当了皇帝之后也一样不务正业，每天惦记着锯木头、刨木头、漆木头，人称"木工皇帝"。他生性慵懒懦弱，依赖性强，对乳母客氏非常倚重，这份倚重，自然也恩泽到了魏忠贤。

每当朱由校锯木头的时候，魏忠贤等人就会拿来许多公文奏疏，请皇帝审批。

朱由校大为扫兴："我知道了，你们处理吧。"

朝廷大权，就这样牢牢操控在魏忠贤的手中。

魏忠贤与客氏勾结在一起，通过控制了朱由校，间接控制了整个内廷。在外朝，他的势力范围也越来越大，他是怎么操纵朝廷的呢？

一、养打手。

魏忠贤获得皇帝的准许，可以在宫中练兵，号称"内操"。人数有上万之多，而且人人都装备了火器，相当于第二个"神机营"，可以想见，他的气势有多大。

二、养"儿子"。

为了稳固自己的权力，魏忠贤不停地在外朝官员中，寻找和培植自己的代理人，形成一个以自己为核心的政治集团。他通过利用或挑拨朝臣的纷争，逐渐实现了排除异己、安插私人的目的，最终控制了整个朝廷。

举个例子，礼部尚书顾秉谦就是一个趋炎附势的小人，在一次家宴中，顾秉谦硬要给魏忠贤当儿子，魏忠贤当即赏给他纹银二百两，以示嘉奖。从此顾秉谦想提拔或罢黜哪位官吏，魏忠贤一律照准。这么一来，魏忠贤的"儿子"一下子就多起来了，别看他是个太监，他的"儿子"们遍布朝野内外。

三、掌管东厂。

东厂是明朝时期设立的特务机关，一般都是由皇帝亲信的宦官担任领导人的，是世界历史上较早设立的国家特务情报机关。东厂只需要对皇帝负责，办事情不需要经过司法机关的批准，可以随意缉拿臣民。魏忠贤接管东厂之后，可以说已经接近权力的顶峰了。

四、建生祠。

朝野内外对魏忠贤的个人崇拜疯狂到了什么地步呢？——给"九千九百岁"建生祠！

天启六年（1626），浙江巡抚向皇帝提议，要为魏忠贤建生祠。这位巡抚极尽阿谀奉承之能事，说大明之所以国泰民安，全要归功于魏忠贤。朱由校不但不愤怒、不降罪，还为这个生祠赏赐匾额"普德"。

官僚们敏锐地察觉到了最新的政治风向，唯恐落后，纷纷积极响应，在各地为魏忠贤建立生祠。一时间，魏忠贤的生祠不但遍布全国各地，就连京城也不例外。

鼎盛时期的魏忠贤，一年中多次出行，每次随行人数都超过万人，他坐着羽帘青盖的华美马车，铙鼓鸣镝之声，随着轰隆而过的车轮，隐没在飞扬的黄土之中。锦衣卫官校腰围玉带，提刀相随，夹驰于左右。百官想要递奏章，要用最快的马才能赶上他的车队。所过之处，百姓欢呼九千岁，有些人干脆叫他"九千九百岁"，日子久了，民间很多百姓只知朝廷有魏忠贤，而不知有熹宗！

朱由校治下的大明王朝，本已风雨飘摇。以魏忠贤为代表的阉党和东林党之争，更加剧了明朝的灭亡。

能和阉党抗衡，东林党可谓有一定的实力，这两党谁该为明朝的灭亡负责？众说纷纭，难以定论。

我们先了解一下东林党。

东林党是明朝末年以江南士大夫为主的官僚政治集团。"东林党"之"党"是朋党，而不是近代政党。万历三十二年（1604），顾宪成等人修复宋代杨时讲学的东林书院，与高攀龙、钱一本等讲学其中。当时正值明末社会矛盾日趋激化的时候，东林党人提出了廉正奉公、振兴吏治、开放言路、革除朝野积弊等进步口号，但他们主要为大地主、大商人等利益集团发声，对当时的饥荒、灾民漠不关心。

东林党在当时遭到了来自阉党的强烈反对，明末激烈的党争局面由此形成。

两党之间的斗争有多激烈？举个例子，在"移宫案"中带领朝臣闯进乾清宫，拥熹宗朱由校即位的杨涟，就是东林党人，号称"东林六君子"之一。杨涟对魏忠贤的行为深恶痛绝，带头对魏忠贤进行弹劾，提出魏忠贤二十四大罪。魏忠贤听闻此事，惊恐万状，立刻跑到朱由校处哭诉，客氏也在一边煽风点火，朱由校听完，完全没有放在心上，反倒斥责杨涟多事。

魏忠贤从此对杨涟深恶痛绝，指使爪牙，诬陷杨涟受贿，将其关进了监狱。魏忠贤命人用铜锤将杨涟的肋骨砸断，又用钢钉做成刷子，刷杨涟的身体，杨涟的身上被刷得连一块好肉都没有了。不到一个月，杨涟就被活活折磨死了。

有观点认为，明朝灭亡，最大的原因就是阉党误国：魏忠贤残忍杀害东林党人，又到处认干儿子、干孙子，弄得官场乌烟瘴气，秩序混乱，边关也没有人管，任由后金崛起。虽然崇祯皇帝最终干掉了魏忠贤的阉党，但是为时已晚，崇祯也无力回天了。

还有一种观点是东林党也误国：东林党人满口仁义道德，干的事却和魏忠贤差不多，一样排除异己、拉帮结派，对于国家大事和百姓生计，却从没给出过正确的意见。

崇祯皇帝临死前说"诸臣误朕""文臣人人可杀"，是因为崇祯在位的十七年间，任用的都是东林党人，现在要亡国了，当然对于东林党人失望至极。想到东林党的文臣们争权夺利，阻拦自己与后金议和，崇祯当然会埋怨，认为东林党是明亡的罪魁祸首。李自成破城前夕，崇祯下密旨收魏忠贤的遗骸厚葬于碧云寺，明显是对杀魏忠贤一事感到后悔。

如果当初崇祯信任魏忠贤的阉党，极有可能会与后金议和，然后整顿力量，从容消灭农民军。东林党有"汉贼不两立"的儒家道德束缚，因此对于议和坚决抗拒，而阉党没有任何道德约束，只会本能地选择对自己生存更有利、更现实的政策。

此外，东林党人代表了当时江浙富商和地主豪强的利益。阉党与东林党原本可以互相制衡，崇祯上台后，打破了这种平衡，东林党人趁机取消或降低了海外贸易税、矿税、盐税、茶叶税等税种，朝廷的税收来源只能单一依靠农业，偏偏那几年天灾不断，大量农民无衣无食，流离失所，只能揭竿而起，谋一条活路。可以说，"杀阉党"间接造成了明末的农民大起义。

那么，崇祯不杀阉党的话，大明就会得救吗？

也不太可能，崇祯继位时，正是阉党权势熏天的高光时刻，皇帝若不对阉党开刀，便只能被其架空，无法掌握真正的权力。

综上所述，明朝的"癌症"已经进入晚期，无可挽回，无论崇祯怎样抉择，都难以凭一己之力带领大明走出困境。

06

戚继光的名将升职门道：
情商在线业务好！

戚继光能"四提将印"，真要感谢张居正这个大靠山。这两人里应外合，彼此成全，一方面是贤相良将发自本能地互相欣赏；另一方面，戚继光情商高、为人处世老到，这也是一个重要原因。

　　戚继光是抗击倭寇的民族英雄，人人皆知。其实戚继光不仅抗击倭寇有功，还是威慑蒙古、修筑长城的大军事家，直到今天，八达岭长城下还摆放着戚继光的雕像。

　　明朝是个非常重文轻武的朝代，武将待遇差、权力低，大权都握在文臣手里。明朝末年，阉党与东林党互相倾轧，党争不断。教科书上"刚正不阿"的戚继光是怎么从这么恶劣的政治环境中脱颖而出的？今天就来和大伙儿一起研究研究。

　　戚继光，山东蓬莱人，字元敬，号南塘，是我国历史上最杰出的军事家之一。戚继光深谙为官之道，历经宦海沉浮，始终恩宠有加，他先后经历了嘉靖、隆庆、万历三朝，被称为"三朝虎臣"。

　　要研究戚继光，首先要从明朝嘉靖年间的倭患谈起。

　　什么是倭寇？通常认为，倭寇就是指骚扰朝鲜、中国沿海各地和南洋的日本海盗。

这个看法有一定道理，倭寇确实源自日本。14世纪，日本海盗广泛活跃在朝鲜半岛，掠夺米和奴隶。当时日本常年战乱，很多战败的武士都无法为生，只能去朝鲜半岛抢夺粮食。中国过去称日本为倭国，日本海盗因此也被称为倭寇。

但在嘉靖年间，活跃在明朝东南沿海的倭寇可不都是日本人。许多倭寇首领是中国人，这些货真价实的大明子民，都在海上做走私贸易。

那"倭寇"里有没有日本人呢？有，少量日本底层浪人受雇于中国走私贩子，数量不多。

因为这群走私者跟之前活跃在朝鲜半岛的日本海盗的行事风格很像，所以，官方就把这些中国走私贩子也叫作"倭寇"或者"楼寇"了。

为什么堂堂大明朝的子民，要落草为寇、搞非法走私呢？

明朝自从明太祖以来，一直实行"海禁"。禁止民间私自进行海上活动，对外贸易的权力被官方垄断。

海上贸易一直是沿海居民重要的谋生手段。严禁沿海民众出海贸易，无异于断人生路，这就激化了官民的矛盾。

换言之，明朝嘉靖年间，戚继光参与的抗倭战争，其实是明朝关于"海禁"与"反海禁"的内部斗争。

嘉靖年间，倭寇经常骚扰浙江台州一带。面对凶悍的倭寇，明朝官军既无进攻之勇，又无防守之能。虽然在人数上数倍、数十倍多于倭寇，但十战九败，于是倭患越来越严重。最嚣张的一次，嘉靖三十四年（1555）八月，一百多个倭寇登岸后深入数千里，一路杀进了南京城！

南京可是大明的陪都啊！当倭寇杀到南京城下时，一百多个倭寇只剩了六十余人，南京城驻有军队十二万人，竟然闭门不敢应战，听任倭寇四处劫掠。

这百余人的倭寇，最后转掠至苏州，才被彻底歼灭，在与其对抗的过程中，明军累计伤亡竟达四千余人。

就在这个时候，时任登州卫指挥佥事①的戚继光，因为在山东半岛抗倭有功，调任到了倭患最为严重的浙江。

戚继光发现，浙江守军军纪涣散，尽是些市井油滑之徒，根本没有战斗力可言。

这其实也跟明朝的武将制度有关系，当时大明的武将大多是世袭的官家子弟，少量的民间选拔也非常粗糙，主要考察兵丁能不能耍刀耍枪，文化方面更加粗疏，只需要粗通文字即可，谋略兵法全不理会，结果招来了很多地痞流氓。

于是文官们就说了：没事没事，没有文化，可以学习嘛。

然后开办了一个专门培养军官的"文化补习班"，给这些莽汉讲解儒家经典。

兵熊熊一个，将熊熊一窝，这样培训出来的军官素质可想而知了，他们带出来的兵，自然也根本不会打仗。

戚继光不一样，他从小受到良好的教育，懂兵法，会带兵，属于有思想有文化的武将。他下到部队考察时，发现当时的明军纪律松弛、武艺稀松，跟熟练使用倭刀、重箭的倭寇相比，战斗力实在太弱。

戚继光于是找到自己的上司，时任直浙总督的胡宗宪陈明利害，言辞恳切地要求招募新兵。胡宗宪是个通达事理的官员，他明白，倭患已经严重到不打不行了，便让戚继光放心招兵。

戚继光便起身奔赴义乌。

为什么去义乌呢？不久之前，在义乌发生了一场大规模的聚众斗殴事件。为了争夺一座矿山的所有权，义乌的农民矿工与永康、处州（今丽水）的农民矿工打群架，双方各有几千人参加，死伤惨重。

戚继光看问题的角度与众不同，他对义乌人同仇敌忾、剽悍团结的风格很是欣赏，他觉得：义乌人既然这么能打架，要是从义乌招兵，练出一支劲旅抗击倭寇，"一旅可当三军"。

---

① 相当于现在登州军分区参谋长。

经过严格挑选，戚继光招募了三千多名义乌矿工，并在其中挑选了一位既有德行又有名望的矿工领袖，作为监军。嘉靖三十八年（1559）的冬天，戚继光带着这支由三千义乌新兵组成的军队，进驻台州，开始了严格的训练，这就是流传后世的精锐之师戚家军的原型。

谁能想到，这支令敌军闻风丧胆的精锐之师，一开始不过是打群架的矿工呢？

招募来了新兵，戚继光便开始培训他们熟悉作战方法。

江南水乡，小路居多，又有许多丘陵沼泽，不适合大部队集体行军作战，而且倭寇单兵作战能力强，倭刀又非常坚利。戚继光根据地形、敌军的特点，发明了一种特殊的阵法——鸳鸯阵。

鸳鸯阵的阵形以十二人为一队，最前面是队长，第二排的两人一个拿长牌、一个拿藤牌①，长牌手遮挡倭寇的重箭、长枪，藤牌手不仅拿着藤牌，还佩戴标枪和腰刀，攻守兼备，这两个人的存在，主要是为了掩护后面的士兵前进。

再后边两人叫狼筅手，狼筅的原材料是毛竹，南方的一种竹子，选坚实的老竹削尖，保留四周尖锐的枝丫，作为武器。狼筅长达三米，狼筅手利用武器前端的利刃刺杀敌人，这样就能掩护盾牌手推进。

接着是四个长枪手，左右各俩。

再后面是两个手持镗钯的士兵，担任警戒、支援等工作，镗钯的形状有点儿类似于猪八戒用的九齿钉耙。

最后一名是负责伙食的火兵，后勤很重要。

鸳鸯阵阵形变化灵活，把各种武器，长的短的互相结合，它是一个左右对称的阵形，所以名字叫鸳鸯阵。

鸳鸯阵强调的是团体配合，不需要团队中有武艺特别出众的兵丁。各种武器也很好操作：盾牌只需要举着，长枪、狼筅只需要士兵力气大就可以操作。戚继

---

① 就是用藤条编织的盾牌。

光练兵的基本思路就是发挥出这些农民和矿工力气大的特长，只要团结一心，战斗力就能大大加强。

戚继光不仅重视作战方法，治军更是严格，对军法的重视几乎到了不近人情的地步，就算是亲儿子犯了军法也不例外。民间戏曲里有一段很著名的"戚继光斩子"，就是说的这件事。

戚继光率领戚家军抗击倭寇，连战连捷。有一次，为了彻底消灭一小股退守据点不出的倭寇，戚继光命自己的儿子戚印为先锋，率领军队抄近路伏击。临行前戚继光一再叮嘱儿子：与倭寇接战，千万记得只许败，不许胜，等城中的倭寇全部出援，再一举歼灭。

戚印率军到达常风岭，埋伏起来，倭寇的队伍沿着山道走来，前面还押着一些抢掠来的妇女。戚印见状，气愤万分，竟然忘记了父亲交代的"只许败不许胜"，马上下令军队展开总攻，把倭寇打得落花流水。

戚继光在听完儿子禀报之后，勃然大怒。说他违反军纪，不服从指挥，应该以军法处置，便命将校将其绑出辕门外正法。诸将苦苦求情，说戚印虽然触犯军令，但大败倭寇，可以将功抵罪。戚继光却说：戚印明知故犯，贻误军机，不容不诛！若不杀戚印，则军纪难以严明。最终，还是斩了儿子。

虽然只是戏曲中的故事，但也可以看出戚继光"军纪严明，铁面无私"的一面。

在整顿军纪方面，戚继光对临阵脱逃的士兵惩戒非常严厉。他知道士兵上阵前逃脱最喜欢用的借口就是上厕所，便规定，两军阵前，哪个士兵要是敢离队上厕所，就要被割去耳朵。

制定这些严厉的军纪，戚继光觉得是理所应当的。有一次他发表阵前演说，大意就是：你们来当兵，其实日子过得很舒服！平时没有仗打的时候，有农民们纳税养着你们。你们以前也是农民，都知道种田的人一年到头每天都劳累不堪。现在田都不用种了，政府养你们，就指望你们打几场胜仗！要是连胜仗都打不了，花钱养你们干吗呢？

这样培训出的军队自然是勇武刚毅，后来万历年间，戚家军还被调往朝鲜平壤，围歼日本军队。当时戚继光已经去世，但戚家军依然士气高昂、所向披靡，连朝鲜人都评价："南兵不顾生死，一向直前。""南兵"指的就是戚家军。

戚继光能打胜仗，他的夫人也功不可没。

戚继光的正房夫人王氏，出身武将之家，性情刚烈，完全不是封建时代寻常的柔弱女子。野史上说她"威猛，晓畅军机，常分麾佐公成功"。

民间传说，戚继光怕媳妇，怕得不要不要的。有个流传至今的小故事，说戚继光的手下调侃他惧内，戚继光被部下所激，顶盔掼甲骑上马，命亲兵接夫人入军营。帐内众将皆盔明甲亮，手执利刃，杀气腾腾，意在给夫人一个下马威。不一会儿，夫人抵达营帐，见了这等阵势，毫无恐惧之色，反而目光威严，对着戚继光喝道："唤我何事?"

戚继光跌落马背："请夫人阅兵。"

王夫人的能耐可大了，不只是会管理老公。嘉靖四十年（1561），两万余名倭寇乘船百艘，进犯浙江省十余处港口，一时警报频传。戚继光就赶往了当时最告急的宁海。倭寇得知戚继光出兵宁海，台州空虚，于是分兵三路乘虚而入，一路烧杀抢掠，来到了新河城。

新河城内士兵几乎全部出征，城中百姓人心惶惶。留守在城内的王夫人见到这种情况，挺身而出，下令打开军械库，发动城中妇女穿上军装，手执武器，混在城中假扮守卫。

倭寇到了新河一看：哟！城中守卫这么多！吓得没敢攻城。

过了几日，戚继光的部队才赶回新河城，大败倭寇。可以说，多亏了王夫人急中生智，拖住了倭寇大军，才保住了新河一城百姓的性命。

之后的几个月，戚继光先后与倭寇大战九次，连战连捷，戚家军威名遍传东南诸省。倭寇对戚帅畏惧如猛虎，送其外号"戚老虎"，再不敢进犯江南，倭患至此方才平息。戚继光抗倭有功，一时间名震朝野。

历史上很多武将都在建立功勋之后，遇到政敌的构陷，或者是上司的猜疑，最后落了个凄惨的下场。但是戚继光凭借着他的才干和智慧，赢得了贵人的赏识。

戚继光的贵人是谁呢？

大明内阁首辅——张居正！

戚继光结识张居正的时候，隆庆帝还在位料理朝政呢，张居正还没有走到自己仕途的顶点，但是他对戚继光的支持，是一以贯之的，持续了整整十六年。

明末没有太平年月，嘉靖帝担心倭寇，隆庆帝害怕鞑靼。隆庆帝时，蒙古鞑靼人屡次突破边境防线，甚至直逼京师。《明史》中记载："游骑至滦河，京师震动，三日乃引去。"就是说蒙古骑兵跑来滦河城，搞了个京郊三日游，全京城的人都吓得要死，最后蒙古人又大摇大摆地回去了。

皇帝很紧张，召集群臣问："蓟为畿辅重地，今虏势猖獗，谁能锁钥北门？"

就是说，蓟镇（今河北唐山一带）一直是军事重地，现在蒙古人这么猖狂，谁能守住我北方门户啊？

谁呢？

群臣面面相觑，最后报出同一个名字：

戚继光！

大明朝为加强北方防务，将长城沿线划分为辽东、蓟州、宣府、大同、太原、榆林、宁夏、固原、甘肃九个防御区，称之为"九边"或"九镇"。

其中，蓟州镇东起山海关，西至居庸关，拱卫京师，是九镇中最重要的一镇。

蒙古人频繁入侵，皇上害怕了，召集群臣商量，让谁来把守蓟州镇。大家讨论来讨论去，就有人说："福、浙总兵戚某，协某练兵，所向无敌。"就是说，把戚继光调来驻军蓟镇，蒙古人肯定害怕！隆庆帝当即决定，把戚继光调来北方参与边防事务。

这次北上，成就了张居正和戚继光的惺惺相惜。张居正很欣赏戚继光，他认为戚继光有勇有谋，正是能够辅佐自己成就"相业"的将才。

而戚继光也因为屡建奇功，名扬京师，好多奇闻逸事甚至传到皇帝的耳中。

传说戚继光在闽浙沿海抗倭的时候，有一次，提前得知了倭寇行踪，戚继光便率领部下埋伏在倭寇必经之地，还下令每位士兵砍一棵松树，然后"执松而坐"。

倭寇一来，看见前方有一片"松树林"，觉得十分安全。没想到刚一走近，戚继光便吩咐："擂鼓！"只听鼓声雷动，众将士一股脑把松树扔了，冲下山来杀敌。天降奇兵，把倭寇吓破了胆。

传说福州特产"光饼"也跟戚继光有关系。据说戚家军军纪严明，将士没有吃早饭的时间，为了解决这个问题，戚继光下令让军需官、伙头兵做烧饼，烙成铜钱的形状，用绳子穿在脖子上，边走边吃，这样就省去了埋锅做饭的时间。

大家把这种面点叫作"戚继光饼"，后来叫习惯了，就简称为"光饼"。

戚继光怕老婆也有其根源，这个根源就是我们上回说的，他把自己儿子斩了。据说戚继光夫人因此伤心欲绝：你不是斩子吗？你不要后代，就不许再纳妾，反正我岁数大了，不能生养了，你就跟我一个人过一辈子吧！

为了接续血脉，戚继光偷偷纳了两个妾养在外面，有了两个儿子。十多年后，夫人得知此事，跟戚继光大吵大闹，让他把两个儿子都带回府上。戚继光见大事不好，便把王氏的弟弟，也就是自己的小舅子叫来。

小舅子是戚继光的幕僚之一。戚继光说，现在有三条路摆在你姐姐面前，我自己没法跟她说，麻烦你一定转告她。

上策，妾和儿子都留着。

中策，留住儿子，把妾赶走。

下策，玉石俱焚，你姐杀掉我的儿子，我带领士兵杀掉你们全家，然后弃官潜逃。你看着办吧。

第二天，小舅子跪在王夫人跟前，苦苦哀求。

王夫人说："他让我没了后代，我就让他没后代，这事没完！"

弟弟大哭道："姐姐你死了没关系，难道你就忍心我们灭门吗？戚继光连自己的儿子都敢杀，他还怕谁？"

王夫人只好妥协，把戚继光的儿子留下抚养，两个妾则每人打了几十棍子，撺了出去。

当然，这几个故事都是民间传说。下面我们聊聊正史。

当时跟戚继光一起调任蓟北的还有他的老上司谭纶，谭纶跟戚继光既是老搭档、老朋友，又在抵御外敌方面主张一致。张居正起初跟戚继光不熟，但他支持谭纶，因此也为戚继光的边防事业提供了有力的后盾。

谭纶其实是个文官，但也有带兵的本事，抗倭名将戚继光、俞大猷都是他的部下。当时倭患严重，谭纶上书抱怨说，我们的边防事务，干涉的文臣太多了，争来争去，没有效率，做不了真正该做的事。

文臣们很不同意：边关事务你也不能一个人说了算啊！我们不管，你就去乱打仗，打败了怎么办？！希望圣上裁决！

两边都上书到京城，过了没两天，兵部和都察院下旨：皇上已经确认，边防事务就交给谭纶和戚继光了，你们其他人不要去打扰他们。

其实这个决定，正是张居正多方周旋的结果。

排除了文臣们的干扰，张居正还想方设法地给戚继光升官，好让他有大展拳脚的舞台。当时戚继光的职务叫"三镇兵务"，他抱怨说，我虽然是三镇兵务，但我上面还有各个镇的总兵，碍手碍脚的，叫我怎么施展本领呢？

没过俩月，京城传旨过来：给戚继光升官！升成三镇总兵！

这一下，戚继光不管是练兵还是制定军规，都方便了很多。这也是张居正四处奔走、积极促成的。

张居正还力挺戚继光修筑长城。明长城在嘉靖年间就已经开始修筑，戚继光巡视塞上，发现这些城墙非常低薄、破损严重，既不能掩蔽士卒，又没有空间贮存军火器具，敌军只要在高处射箭，台上守军就全部完蛋，换言之，旧长城根本无法阻遏蒙古人的武装袭击。

戚继光上书：要在城墙上加修空心敌台三千座！

敌台是一种城墙上的防御工事，有箭窗，可以储藏武器，能够大大加强城墙的防御力。

这一下捅了马蜂窝，朝中几乎没有人同意，史书记载："人情汹汹，流言四起，忌者欲因此中以奇祸，政府诸公亦皆惧而求罢。"

戚继光的老上司谭纶也反对说，一开始是我建议要修敌台的，但是试了试，筑造敌台耗资太过巨大，这个主意要好好考虑。

眼看着修筑城墙的计划就要泡汤，张居正又一次选择支持戚继光。为了解释修筑敌台的好处，张居正"因机解惑，舌几欲敝而唇几欲焦矣"！说得舌头都要断了。在张居正的劝说下，明穆宗终于出面，表示支持。

隆庆五年（1571），三千座敌台全部建成，形成了"十四路楼堞相望，两千里声势相援"的防御体系。蒙古人几次进犯都被戚家军击败，从此，戚继光和蓟镇长城一起威慑着鞑靼人。八达岭长城下，至今还摆放着戚继光的雕像。

综上所述，戚继光能"四提将印"，真要感谢张居正这个大靠山。这两人里应外合，彼此成全，一方面是贤相良将发自本能地互相欣赏；另一方面，戚继光情商高、为人处世老到，这也是一个重要原因。

作为对比，我们可以看看在抗倭战争中与戚继光并称"俞龙戚虎"的俞大猷。他在抗倭初期就已经深入战场，战功不在戚继光之下，但是他为人耿直，不会跟文官集团打交道，几次被冒领军功。而一旦战败，文官们就让他背黑锅，最后俞大猷只能含冤入狱，非常憋屈。

戚继光就不一样了，据说他经常给张居正送礼，"时时购千金姬"，就是经常购买很贵的胡人美女，送给张居正，投其所好；给张居正写信的时候，戚继光还自称是张居正的"门下走狗"，姿态非常谦卑。野史里甚至还有说送媚药的——当然这个正史中没有记录，大家姑妄言之姑妄听之。

虽然戚继光非常懂事，但张居正与他交好，倒也不见得是出于这么功利的目的。张居正有封信中记录了这样一件事：戚继光差遣人给自己送了礼物，张居正觉得太贵重了，就象征性地留了一点儿，其他还回去了。所以戚继光送礼，是感谢张居正的知遇之恩还是表达一个合作的姿态，这是见仁见智的事。

张居正活着的时候权势滔天，死后却遭到朝廷的集体弹劾。

说到这里，我们势必要交代一下张居正的背景。

张居正，江陵人，人称"张江陵"，是明朝中后期著名的政治家、改革家，辅佐万历皇帝开创了万历新政。

张居正乳名"白圭"，从小就聪颖过人，是荆州府有名的神童。他五岁识字，七岁能通六经大义，十二岁考中秀才，十六岁中举人，二十三岁中进士，名气极大。在他成才的道路上，有两位伯乐不能不提：一位是荆州知府李士翱。小白圭考秀才的时候只有十二岁，李士翱看他机敏伶俐，十分怜爱，不仅嘱咐他认真读书，长大后尽忠报国，还取"居"官需遵循"正"道之意，替他改名为"居正"。

另一位伯乐，是湖广巡抚顾璘。顾璘少有才名，也是一个了不起的人物。嘉靖十六年（1537），十三岁的张居正第一次参加乡试，文章写得花团锦簇，本来应该顺利得中举人，但顾璘看他年少气盛，希望能够让他多加磨砺，以成大器，便故意"压"了张居正一科，直到嘉靖十九年（1540）才让张居正中举。

顾璘对张居正十分赏识，曾对别人说"此子将相才也"，为了让自己的门生成才，顾璘解下玉带赠予居正："希望你树立远大的抱负，做伊尹、颜渊，不要只做一个少年成名的举人。"张居正也懂顾璘的良苦用心，对顾璘十分感激。后来张居正步步高升，始终将国家兴衰视为己任，他力挽狂澜，奇迹般地在北疆化干戈为玉帛，在一定程度上缓解了国内的阶级矛盾，延长了明王朝的国祚，确实没有辜负两位伯乐的重托。

隆庆六年（1572），万历皇帝登基，张居正成为内阁首辅，实行一系列改革措施。万历十年（1582），张居正病逝，享年五十八岁，谥文忠。

张居正是明代唯一一位生前就被授予太傅、太师的文官。但张居正的改革损害了一些官僚大地主的利益。神宗虽然尊张居正为师，心中也对这位老师有诸多不满。张居正刚死了四天，神宗就抄了他的家，张居正的家属自杀的自杀，流亡的流亡。戚继光跟张居正是一条绳上的蚂蚱，此时也受了牵连。有人趁机上书说：戚帅在南边的时候战功卓越，到了北边，没什么建树，还是让他南下吧！神宗认为有理，便调了戚继光去广东。

万历十三年（1585），给事中张希皋再次弹劾戚继光，戚继光因此遭到罢免，只能怀着"君恩自是优功狗，世事浑如看纸鸢"的悲凉心情，踏上返回故乡蓬莱的路。在返乡途中，戚继光的弟弟戚继美受牵连而死，戚继光赶回老家后，趴在弟弟的灵柩上号啕大哭。

　　多年军营生活让戚继光得了严重的肺病，因为经常需要送礼，戚继光手里没有什么积蓄，老了之后，穷得连治病的钱也没有。而且戚继光的夫人，就是之前提到的让妇女穿军装守城的巾帼英雄王夫人，因为不满意他在外纳妾，早早就把戚继光给休了。

　　万历十五年（1587）冬天，河南道御史傅光宅上疏朝廷，建议再度起用戚继光。结果，不但这个建议被驳回，傅光宅本人也遭到了"夺俸"的处分。这无疑是对戚继光政治生涯的彻底否定。忍受着贫穷、病痛双重折磨的戚继光失望至极，同年十二月八日，病逝于蓬莱。

　　身为特进光禄大夫少保兼太子太保左都督的一品高官戚继光，身后事却十分凄凉，朝廷方面置若罔闻，杳无声息。两年后，戚继光的长子戚祚国到京师请求恤典，朝廷才下诏祭葬。

07

金圣叹：
他才是千古第一段子手！

"字付大儿看，盐菜与黄豆同吃，大有胡桃滋味。此法一传，我无遗憾。"

金圣叹生活在明末清初的动乱时代。他的身份很难定义：说是大文学家也行，说是书法家也行，还有后人说他是中国的幽默大师。金圣叹非常有才华，文学史上非常著名的"腰斩水浒"，就是他干的。

《水浒传》的主流版本有三个，即一百二十回本、一百回本、七十回本，从阅读的完整性来说，一百二十回本的故事性最强，适合初读；一百回本，一般认为是施耐庵的版本；而七十回本就是金圣叹的"腰斩版"了，主要是将后三十回彻底删去，并且增加了卢俊义的一场噩梦做结。金圣叹批改的七十回《水浒传》，也是后人眼中非常经典的一个版本。

人要是太有才，就很难逃得出"恃才傲物"的怪圈，金圣叹就是这么个人，不仅有才，还是个怪才。

传说中，金圣叹一共参加过四次科举考试。第一次参加时，考官出的试题叫："吾岂匏瓜也哉，焉能系而不食。"

这个题目出自《论语》，意思是：我岂能像匏瓜一样，就只能系在藤上让人看，而不能吃呢？匏瓜是一种梨形的瓜，它是爬藤类植物，果实吊在藤架上，和现在的南瓜、丝瓜、葫芦瓜是相近物种。这句话体现了一种入世的态度，孔夫子觉得：即使天下再乱，也要做有利于国家人民的事情。考官就要求大家以这句话为主题，写一篇文章。

金圣叹是怎么写这篇作文的呢？他在试卷上绘了一个光头和尚，一把剃刀。主考官问他这是什么缘故，他回答说："此亦匏瓜之意形也。"

他的意思是：匏瓜就是秃瓢，所以画个和尚这就是形，画和尚和剃刀，和孔子积极出世的用意正相反，他要逃避世俗，这是他要表达的意。

故意与考官背道而驰，这次考试的结果可想而知。

金圣叹第二次参加科考的作文题目为"吾四十而不动心"。语出《孟子》，孟子说他四十岁起就不动心了。

段子手金圣叹又不知被触动了哪根神经，在试卷上写道："空山穷谷之中，黄金万两；露白葭苍而外，有美一人。试问夫子动心否乎？曰：动动动动动动动……"在卷子上连写了三十九个"动"字，考官又看不懂了，问他为何这么写，金圣叹解释："三十九个动字，正隐藏着'四十不动心'之意，这不就是孔夫子所说的'四十不惑'吗？"

金圣叹毫无悬念地被轰出了考场。

到第三次考试，大作文题目是"西子"，金圣叹提笔就来："出其东门，西子不来；出其南门，西子不来；出其北门，西子不来；出其西门，西子来乎？西子来乎？"

阅卷老师差点儿没被气吐血，金圣叹再次名落孙山。

因为之前三回考试的表现，金圣叹已经在考官这里出名了，考官们直接把他列入黑名单，所以第四回参加考试的时候，他换了个假名张人瑞，这回他正经了一把，认真作答，不再扯淡，结果直接考了第一，中了秀才。但金圣叹马上转身遁走，不再往上考了：兄弟只是想证明一下自己，就不陪诸位玩儿了。

金圣叹以游戏人生的态度参加科举考试，其结果自然可想而知。试想，即便圣叹君参加当代高考，如此应试答题，也会以零分败北落第。从此，大清朝的科举仕途大门，对他彻底地关闭了！

说到这里，我们可能也会有些好奇。科举考试这么严肃的大事，他应付起来跟玩儿似的。堂堂《水浒传》，四大名著之一，他说改就改，还改出了名。这个神奇的人，到底什么来路呀？

金圣叹，生于明万历三十六年（1608），名采，字若采，明亡后改名人瑞，字圣叹，吴县人。生而颖异，敏感早慧。可以说是一个小神童，七岁读杜甫诗《远征》，感伤人生无常；十岁入乡塾，习儒家经典而意惛如；十一岁读《妙法莲华经》《离骚》《史记》《水浒传》《西厢记》等，培养了广泛的阅读兴趣。

金圣叹的叛逆从十几岁就开始了。上课时听先生讲八股文，他感到既困惑又茫然，最后他干脆不念了。用今天的话说就是：金圣叹同学对清朝教育体制很绝望，因为教材不说人话。

虽然幼年生活优裕，但是金圣叹父母早逝，很快就家道中落了。他的家世生平鲜为人知，迄今尚未发现金圣叹为自己或家人写的传记性文字，后人只能从他写过的诗词中，找到一点儿蛛丝马迹。

在金圣叹为数不多的存诗中，有一首《孤儿吟》，后人根据这首诗中描述的场景推测：当年金家遭遇了家难，父母双亡。金圣叹和兄弟们被分别送走避难，失去了父母、祖母、兄弟及义仆，金圣叹变成了一个孤儿，也算是一个苦出身的孩子了。

仕途大门关闭后，金圣叹开始从事封建迷信活动——扶乩。明清时期的文人爱玩儿扶乩降神的游戏，金圣叹自幼笃信佛教，二十岁时自称乃天台宗祖师智颛弟子的化身，以泐庵大师之名，在吴中一带开始了长达十余年的扶乩降神活动。

扶乩是什么意思呢？扶乩是中国民间信仰的一种占卜方法。在扶乩中，需要有人扮演被神明附身的角色，这种人被叫作鸾生或乩身。神明会附身在鸾生身上，写出一些字，以传达其想法。信徒通过这种方式，与神灵沟通，以了解神灵的意思。

　　扶乩要准备带有细沙的木盘，没有细沙的话，也可用灰土代替。乩笔插在一个箩箕上，有的地区是用一个竹圈或铁圈，圈上固定一支乩笔。扶乩时乩人拿着乩笔不停地在沙盘上写字，口中念某某神灵附降在身。

　　金圣叹主持的法事中，最著名的一次，就是崇祯八年（1635）在叶绍袁家，为之招来亡女叶小鸾之魂。

　　叶氏为当地大姓，文人辈出，叶绍袁是晚明进士，也做过小官。叶绍袁和妻子沈宜修都是出身文学世家，二人一共生了八男五女，皆才貌双全。一家人退隐林下，和乐融融。

　　一年秋天，三女叶小鸾偶染小恙，竟至不起，年仅十七岁。长女因哀伤过度，也随之辞世。到崇祯八年，这个家庭再次遭受一连串不幸，次子因科举失利于二月抑郁而死，八子在四月患惊风夭折。后来叶家听说金圣叹扶乩的本事高，就请他来家里做法事。金圣叹哪有请神的本事，无非就是通过扶乩，给叶家老两口一点儿精神抚慰。

　　要说这个叶家的三闺女，那是亭亭玉立，容貌娇媚，琴棋书画无所不精，胸襟见识亦与通常女子不同："每日临王子敬《洛神赋》或怀素草书，不分寒暑，静坐北窗下，一炉幽香，与琴书为伴"，"又最不喜拘谨，潇洒多致，情高旷达"。这些呢，都是叶绍袁忆写的女儿形象，也就是叶小鸾生前的一些事迹。金圣叹本来就是个知识分子，跟叶家也算是相熟，对叶小鸾生前的故事也都了解，对这个才女也很欣赏。金圣叹接这个活儿之前，也做了一番功课。

　　金圣叹来到叶家，法器都摆好，开始请神，对着悲伤的一家人解说叶小鸾往昔因缘：叶绍袁前世为宋词大家秦观，夫人宜修为秦观之妻；夫妇二人在轮回路上都曾与女儿小鸾有过一番遇合，女儿小鸾本是月宫里的女侍书，仙名寒簧，住在缑山仙府。这些不是随口杜撰，是在研读了小鸾诗词作品后，金圣叹自己做的文学加工。而最让后世人称奇的，就是金圣叹和所谓的叶小鸾的一段对话。

金圣叹以泐庵大师身份书于沙盘之上。

师问：曾犯杀否？答：曾犯。

师问如何，答：曾呼小玉除花虱，也遣轻纨坏蝶衣。

问：曾犯盗否？答：曾犯。不知新绿谁家树，怪底清箫何处声。

问：曾犯淫否？答：曾犯。晚镜偷窥眉曲曲，春裙亲绣鸟双双。

问：曾犯妄言否？答：曾犯。自谓前生欢喜地，诡云今坐辩才天。

问：曾犯绮语否？答：曾犯。团香制就夫人字，镂雪装成幼妇词。

问：曾犯两舌否？答：曾犯。对月意添愁喜句，拈花评出短长谣。

问：曾犯恶口否？答：曾犯。生怕帘开讥燕子，为怜花谢骂东风。

问：曾犯贪否？答：曾犯。经营细帙成千轴，辛苦莺花满一庭。

问：曾犯嗔否？答：曾犯。怪他道蕴敲枯砚，薄彼崔徽扑玉钗。

问：曾犯痴否？答：曾犯。勉弃珠环收汉玉，戏捐粉盒葬花魂。

　　这段精彩的对话，不仅当场引得小鸾的父亲绍袁感伤不已，也打动了无数的古今文人。当时的一个大文人钱谦益，赞小鸾"矢口而答，皆六朝骈俪之语"，指的就是这段文字。其实这些被后世文人赞不绝口的精彩文字，真正的作者是金圣叹本人。金圣叹打造的这位叶小鸾的形象，清丽俊雅，超尘脱俗，饱读诗书，结果在花样年华香消玉殒了。当时众多文人因这段诗文，对小鸾心生爱慕，悔恨没有机会一睹这位才女的风采。后来也有人说，曹雪芹写《红楼梦》中的林黛玉，就是以叶小鸾为原型来塑造的。

　　从此金圣叹这位怪才就出名了。

　　古人的"狂"和"怪"是建立在真才学的基础上的，是一种读书积累到足够的"量"之后的"质"的顿悟，从而把书读"活"了。金圣叹就是这样，他从小读书，而且很有自己的见解。光读书还不够，还要给天下书籍"排座次"，类似古龙小说里百晓生列兵器谱一般。

　　金圣叹评《离骚》为第一才子书，《南华经》（庄子）为第二才子书，《史记》

为第三才子书，《杜诗》为第四才子书，《水浒传》为第五才子书，《西厢记》为第六才子书。虽然当时天下读书人认为他太狂妄，他排的很多书籍，比如《水浒传》和《西厢记》，在当时的眼光来看，也都是"离经叛道"的书，但在今天看来，这"六才子书"仍然屹立不倒，确确实实是咱们老祖宗留下的宝贝。

前面我们说了他批改《水浒传》，《水浒传》在今天的文学地位很高，被评为四大名著之一。其实在当时科举制盛行的大环境下，这样的小说是被边缘化的，举个不恰当的例子，有点儿像如今的网络文学，但是金圣叹独具慧眼，多次为《水浒传》发声，甚至说古往今来最好的文学作品是水浒，古往今来最明事理的君子是施耐庵。这股子劲头儿都有点儿现在"脑残粉"的架势了。

可以想象，某个月色溶溶的夜晚，金圣叹对《水浒传》又进行了一番眉批、夹注、尾批，终于没地方再下笔了，大才子突然觉得光评点已经不能过瘾了，于是最终还是按捺不住冲动，将《水浒传》的后三十回生生给砍了。他不光删《水浒传》，也删《西厢记》。《西厢记》金批本砍掉了第五本，以"惊梦"终结全篇，使大团圆的结局变成震撼人心的悲剧。经他批注点评的经典名著，畅销不衰，一时洛阳纸贵，深受欢迎，可谓名利双收，本来是穷困潦倒的一个跳大神的神棍，一下就火遍江南了。

我们常说性格决定命运。金圣叹与众不同的性格，决定了他人生轨迹的走向：科举仕途必然走向惨败，文学批评却大获成功，似乎注定要成为彪炳史册的文学大家！但是这种狂妄、玩世不恭的态度，也注定了他的结局不会完满。

顺治十七年（1660），苏州吴县县令任维初搜刮民财，中饱私囊，民间积怨极深。这一年的年底，朝廷开始向百姓加派钱粮，任维初命人剖开大竹片，若有谁抗命不按时缴纳钱粮，就用竹片痛打一顿，甚至还曾杖毙一人。

后来顺治帝驾崩，按照朝廷规定，举国上下的百姓都可以在国丧期间去寺庙里哀悼、凭吊顺治帝。消息传到苏州，很多书生和百姓聚集在文庙，一面缅怀先帝，一面向上请愿，要弹劾县令任维初。那一天金圣叹也在庙中，了解事情缘由后，向来敢说敢做的他第一个走到前台，来了一场痛快淋漓的演说。

金圣叹将矛头指向包庇部下的巡抚朱国治，"顺治十八年二月初四，江南生员为吴充任维初，胆大包天，欺世灭祖，公然破千百年来之规矩，置圣朝仁政于不顾，潜赴常平仓，伙同部曹吴之行，鼠窃狗盗，偷卖公粮。罪行发指，民情沸腾。读书之人，食国家之廪饩，当以四维八德为仪范。不料竟出衣冠禽兽，如任维初之辈，生员愧色，宗师无光，遂往文庙以哭之……"群情激愤之下，人们开始浩浩荡荡向巡抚朱国治的治所进发，一千多人堵在大堂门口，要求惩办任维初。

巡抚朱国治是任维初的顶头上司，而"官官相护"更是官场上亘古不变的道理，朱国治大为震怒，当即命手下逮捕了五名秀才。后来事情越闹越大，以金圣叹为代表的十一名主犯全部被抓。这就是当时著名的"哭庙案"。金圣叹被作为首犯拘捕，冠以"摇动人心倡乱，殊于国法"之罪，被判死罪。

如果是常人，被判处死刑，要不就跪地求饶，要不就一心等死了。结果这个千古怪杰被抓之后，在监狱里还琢磨起了对子。两年前金圣叹到一个寺庙游玩，和寺庙的住持聊到深夜，住持留下一联——"半夜三更半"，一向自负的楹联圣手金圣叹竟然对不出，这个下联整整困扰了他两年。眼看临近刑期，他在狱中突然一激灵，想到了下联——"中秋八月中"，把他高兴坏了。

行刑的前一天，金圣叹把狱卒叫来，神秘兮兮地说，自己有封很重要的家书，要托他转交给家里人。狱卒当然不会帮他递信，而是将他的绝笔信上交给了自己的领导，领导打开一看，是这么一行字：

"字付大儿看，盐菜与黄豆同吃，大有胡桃滋味。此法一传，我无遗憾。"

您瞅瞅这位爷，到了生命的最后一刻，还在调戏社会游戏人间。行刑当天，和金圣叹一起被斩首的同伴早吓得没魂儿了，金圣叹却忽然间抬起头说："杀头，至痛也；藉没，至惨也。而圣叹无意中得之，不亦乐乎？"

他又悄悄对近旁的刽子手说："我耳朵里有两张银票，这银票是留给你的，为的是要你行刑时第一个砍我的头，别让我遭罪。"

刽子手挺高兴，果真第一个砍了他的头，头颅落地，耳朵里滚出两张字条，打开一看，一个写着"好"，一个写着"疼"。

金圣叹一生恃才放旷、磊落倜傥，活得俏皮，死得有创意。他最大的兴趣爱好就是调戏社会——科举制度原本是神圣不可侵犯的，他却偏要一再撩逗；喜欢哪个著作，就非要给人家做批改，还要删。但大家千万别以为他只是个爱耍小聪明的人。我们回头看看，他的每个身份都很厉害：文学评论家，白话文开拓者，可以说是诗词歌赋样样精通，清朝首屈一指的畅销作者。金圣叹让特立独行的人生态度和幽默贯穿了自己的一生。他才是千古第一段子手！

08

蓝玉案：

明朝"灭霸"朱元璋，一个响指万臣死

朱标死后，朱元璋选择了朱标的儿子朱允炆继承皇位，朱允炆还是一个小毛孩子，根本没有见识过腥风血雨的权力斗争，温和的性格注定他没有政治威望和驾驭群臣的手腕，根本镇不住蓝玉这样的将领。

喜欢历史的朋友，对于"洪武四大案"都不会陌生。

"洪武四大案"，又称"明初四大案"，指的是明朝初年，太祖朱元璋一手炮制的四个重大案件。有人直接称之为大屠杀，从太祖的办案手段来看，这么称呼也有一定的道理。

四大案包括：洪武十三年（1380）的胡惟庸案，洪武九年（1376）的"空印案"（一说为洪武十五年，1382年），洪武十八年（1385）的郭桓案，洪武二十六年（1393）的蓝玉案。

其中，胡惟庸案与蓝玉案习称"胡蓝之狱"，是朱元璋诛杀开国功臣的政治事件。对于朱元璋，清代史学家赵翼做过这样的评价："明祖藉诸功臣以取天下，及天下既定，即尽取天下之人而尽杀之，其残忍实千古未有。盖雄猜好杀，本其天性。"

根据史书记载，蓝玉案中一共有一万五千人遭到诛杀，而且被诛杀的人很多都是当年和朱元璋一起打下大明江山，为明朝的开辟立下过汗马功劳的开国元勋。蓝玉案是洪武年间影响最深远的大事件，也是最能凸显朱元璋心狠手辣的一个铁证。之前我们谈刘伯温的时候，讲过一些胡惟庸案的始末，那么这次，我们就来聊一聊蓝玉案。

要说蓝玉案，首先得来看看蓝玉到底是怎样的一个人。

蓝玉是淮西勋贵集团的重要人物——淮西勋贵集团是朱元璋赖以建立明朝、统一南北的核心力量，在长达十余年的创业过程中，淮西将臣跟随朱元璋南征北战，功绩卓著，最终成为大明王朝的开国元勋。前面说过的李善长、胡惟庸，都是淮西集团的中流砥柱。

蓝玉在官场中的一路晋升，也跟他的背景、人脉离不开。蓝玉一生中最重要的一个贵人，就是常遇春。

我们说评书的时候，经常提到常遇春，《大明英烈传》里说他：马踏贡院墙，戳枪破炮，摔斗跳台，扯天子半幅龙袍，揪袍捋带，酒泼太师，杯砸怀王，单膀力托千斤闸。摔死金头王，撞死银头王，枪挑铜头王，鞭打铁头王，二十七座连营一马踏为灰烬。怀远安宁黑太岁，打虎将军常遇春。当然，这是经过文艺作品美化的常遇春。

事实上，常遇春从小生活在贫苦的农民家庭。元朝末年，群雄割据，战乱不断，人祸之外，还有天灾，百姓流离失所，民不聊生。青年常遇春不甘心一辈子都耕田种地，索性投奔了一位叫刘聚的绿林大盗，刘聚觉得常遇春有胆识有勇气，就把他留下，任命他为什夫长，将他当成自己的心腹培养。

常遇春便跟着刘聚当起了土匪，每天不是拦路抢劫便是入宅盗窃。一开始常遇春还觉得这小日子过得挺舒服，大碗喝酒大块吃肉，又有金银财宝，比在家乡种地、受人欺辱要舒服多了。时间一长，常遇春发现刘聚只知道打家劫舍，格局、眼光都比较狭隘，也没有什么长期的人生规划。

常遇春是个精细的人，他开始思考自己未来的去向，有一次，他去和州抢掠，刚好遇上了朱元璋率部进攻和州。此时的朱元璋早已是割据一方的枭雄，常遇春对朱元璋行侠仗义、有勇有谋的行事作风也有所耳闻，这次在和州，常遇春发现，朱元璋管辖的军队纪律严明，对百姓没有丝毫侵犯，两下一对比，刘聚的格局就不值一提了。

常遇春认定：朱元璋是个能成大事的人物。

他当机立断，带着几十个手下去投奔了朱元璋，自荐担任朱元璋起义军的先锋。

朱元璋此时已经是割据一方的枭雄，对常遇春的态度很是冷淡，他问常遇春，既然已经投奔了刘聚，为何还要转投到自己麾下。

这个问法，几乎等于婉拒了。常遇春心知肚明，立刻拿出最大诚意，恳求朱元璋收留自己："我在刘聚手下打家劫舍，虽然不愁吃不愁穿，但是刘聚只知道抢掠和盗窃，并无大志。我听说将军是位贤明智者，因此前来投奔，为将来的前程愿效死力。"

朱元璋听完，觉得此人很有志气，不像一个普通的土匪，又问："你能跟我过江打仗吗？"

常遇春回答："将军指到哪里，我愿打到哪里，渡江之日，愿为先锋。"

朱元璋看常遇春身材高大魁梧，膂力超人，十八般兵器样样精通，态度也颇为诚恳，就把他留了下来。打从这儿起，常遇春弃暗投明，成为朱元璋旗下数一数二的战将。

骁勇善战的常遇春在战场上表现得无可挑剔，他不但在渡江一战、攻打集庆（今南京）等战役中大获全胜，还凭借出色的军事能力和武力，覆灭了对朱元璋威胁最大的敌人陈友谅和张士诚，一举攻下了元大都，解除了元军对北平的威胁，成为明朝开国六王之一，战功仅次于徐达。

说了这许多的常遇春，那常遇春跟蓝玉有什么关系呢？据史书上记载，常遇春的夫人蓝氏正是蓝玉的姐姐，换句话说，蓝玉就是常遇春的小舅子，后来常遇春和蓝氏生下的女儿成了懿文太子朱标的正妃，蓝玉的女儿也嫁给了朱元璋的第十一个儿子朱椿，成为蜀王妃，一来二去，蓝玉也就跨进了皇亲国戚的行列，很受朱元璋的器重。

蓝玉也是一个智勇双全、有勇有谋的人才，从小的梦想就是当一位征战沙场的大将军。投奔朱元璋之后，他就被分到了姐夫常遇春的帐下，跟着常遇春血战沙场，屡立战功，很快就成了能跟常遇春平分秋色的名将。

常遇春几次三番在朱元璋面前夸奖蓝玉的战绩，朱元璋看他年少有成，又是太子妃的舅父，便计划把他培养成太子朱标的心腹——朱元璋心里明白，老一辈武将过世之后，国家一定要有人能够接手守卫国土的重任，蓝玉正好是一个不错的人选。

蓝玉早年的军旅生活过得比较压抑，虽然他很有军事天赋，但年龄小、参军时间晚，在他之前，为大明朝开疆拓土的著名将领已经有太多太多：徐达、傅友德、常遇春……将星璀璨！虽然蓝玉跟随常遇春一起出征，也只能打个副手、跑个龙套、当个先锋什么的，所以，蓝玉对于主帅这一位置的渴望非常强烈。

常遇春年仅四十就英年早逝，实在是出乎所有人的意料。但蓝玉终于看到了出头的机会！比他资历老的开国元勋们老的老，死的死，蛰伏已久的蓝玉终于等来了咸鱼翻生的这一天。

洪武二十年（1387），蓝玉以征虏左副将军的身份，跟着大将军冯胜出征纳哈出。纳哈出是成吉思汗四杰之一木华黎的后裔，也是元朝末期辽阳行省的实际统治者。冯胜跟随朱元璋四处征战多年，战功累累，被封为宋国公，"诏列勋臣望重者八人，胜居第三"，就是说他在朱元璋的战将里名列第三，是仅次于徐达和常遇春的名将。朱元璋看纳哈出是名臣的后人，也是一个铁骨铮铮的硬汉，很想把他收归到自己帐下。但纳哈出一心只想复国，无论朱元璋给出的待遇有多丰厚，他都置若罔闻。

元朝灭亡后，元顺帝一路往北逃窜到辽东，建立了北元，纳哈出手握重兵二十万，在金山驻军，招兵买马，成了北元军力的脊梁骨。他占领的地盘草原宽阔，水草丰茂，朱元璋就更想把他招入麾下了，多次派遣使者以及从元朝收服的老将去劝降，但都是无功而返。

在一个大雪纷飞的日子，有探子来报，一支元军驻屯在庆州（今内蒙古巴林左旗西北部）。于是，在暴雪的掩护下，蓝玉亲自率领轻骑兵突袭，杀死了北元的大将平章果来，还擒下了他的儿子不兰溪，大破北元士气。

之后，蓝玉又率领大军进入金山（今辽河北岸），扎营驻屯。纳哈出看到大军压境，也察觉到北元的气数快尽了。前来劝降的元朝老将也一直对他说明朝皇帝朱元璋怎样礼贤下士，怎么盼望他偃旗息鼓，只要他肯罢兵归顺，必为封侯之列。纳哈出有些心动，几个月后，纳哈出亲自率领了数百骑兵，到蓝玉的军营约降。

蓝玉立刻设宴款待，还亲自为他敬酒。纳哈出一饮而尽，又斟酒回敬蓝玉，蓝玉出于表示友好的目的，将自己身上的蟒袍脱下，对他说："请穿上这件衣服，咱们再继续喝酒！"

这让纳哈出觉得很不舒服，认为这是胜利者对失败者的恩赐，是一种侮辱，这叫铁骨铮铮的纳哈出如何接受？而蓝玉呢，本就是个赳赳武夫，骨子里带着武人的骄傲，见纳哈出不肯穿，便不喝对方敬来的酒。双方争执不下，纳哈出就翻了脸，把酒泼到地上，准备逃跑。

恰在这时，冯胜的女婿，也是常遇春的儿子常茂，突然跳了出来，一刀砍伤了纳哈出的臂膀。现场的人一看大事不妙，连忙招呼身边的士卒，簇拥着纳哈出去见冯胜。冯胜毕竟是一个久经沙场的大将军，相比蓝玉还是沉着冷静许多，他马上好语安慰纳哈出，这才将纳哈出的情绪稳定下来。

尽管纳哈出最后还是归降了朱元璋，但蓝玉这一出意外，却让大将军冯胜背上了"指挥不当"的黑锅，再加上冯胜在凯旋后，遭小人举报，说他私藏了许多辽东地区的优质兵马，抢掠妇女，冯胜就这么被朱元璋撤下了大将军的头衔。

洪武二十一年（1388），朱元璋封蓝玉为征虏大将军，命令他统率十五万大军北征，讨伐最后的元朝势力。

蓝玉终于得到了梦寐以求的主帅位置。但是，这次任务绝不简单，不但路途遥远，路上还要经过荒芜的沙漠，后勤补给很难供应得上，一旦迷路，后果难以想象。

蓝玉率领军队进至庆州，大漠深处，粮草、淡水都极度匮乏，而且经常刮起沙暴，什么都看不见。蓝玉探知元主驻扎在捕鱼儿海（今贝尔湖），便率领大军抄近路，日夜兼程赶到百眼井，此地离捕鱼儿海尚有四十里，仍不见敌兵，士兵们疲惫不堪，蓝玉也陷入了进退两难的局面：进，很难发现元朝主力部队；退，尚有一丝希望将主力部队安全带回，但那就是无功而返了。

正在他想引兵返回的时候，定远侯王弼提出异议："我们率领十万多士兵，进入漠北腹地，一无所得，匆忙率兵回去，将用什么来回复皇上的诏命？蓝将军，我们就听你一句话，是进，还是退？"

蓝玉思索再三，决定力排众议采纳王弼的意见，继续行军。他命令将士们在地下挖洞做饭，不要露出炊烟和火光；又命王弼做前锋，快速进军，迫近敌营。

此刻狂风大作，卷起大漠中的黄沙，天昏地暗，元主认为明军缺乏水源和粮草，不能深入进击，加上明军不适应大漠的风沙天气，更不可能追击至此，因此完全没有做任何防备。王弼的部队一路前行，元军竟没有丝毫察觉，直到明军摸到元军营前大举进攻，元军才大吃一惊，匆忙迎战。

明军这一仗胜得毫无悬念，俘获敌兵七万七千人，顺利擒获了元主，消灭了元朝残部的主力部队。朱元璋得到蓝玉的捷报，大喜，称赞他的战功堪比汉朝的卫青、唐朝的李靖。蓝玉班师还朝之后，又被晋封为梁国公。

蓝玉一生的事业，这时已经达到了辉煌的顶峰。

蓝玉虽然功勋卓著，但朱元璋发现，想定蓝玉的罪也不难。因为蓝玉虽然有本事，却也有些居功自傲、飞扬跋扈，犯的错误是一数一大堆。

有一回，蓝玉看到了一个元朝的妃子，生得国色天香，蓝玉一时兴起，哪管什么法规制度，竟强行侮辱了这位妃子。这位元妃也颇为刚烈，竟因此悲愤自杀。

此时大明刚刚建立，朱元璋正在积极安抚元朝旧臣，对北元残余势力实行怀柔政策，蓝玉在这个节骨眼上欺辱元妃，不但违反了朱元璋三令五申的政策，还令北元残部震怒，为明朝边境带来了不可估量的隐患，朱元璋因此对蓝玉产生极大不满。

之前纳哈出事故，朱元璋已经看出蓝玉性格上存在的缺陷：意气用事，没有大局观，做事不分轻重缓急。现在又来一出元妃事件，本性多疑的朱元璋对蓝玉就更不放心了。

蓝玉惹的祸可不止这么两件。北伐征讨的时候，蓝玉率部经过喜峰关，由于部队抵达时已是深夜，守关的官员没能及时打开城门迎接，蓝玉一怒之下，竟让士兵架起大炮轰炸关口，率领大军破门而入。

喜峰关地势险要，自古为兵家必争之地，明建立后，朱元璋为了防止北元的复辟，在喜峰口建起了关卡重镇，万万没想到，这个关卡居然被自己人给炸掉了，这让朱元璋非常生气！军队是我们老朱家的，你蓝玉不过是帮忙管理军队，你竟敢调动军队炸我的关？打我的人？这还了得！

但朱元璋转念一想，蓝玉毕竟是个难得的统兵之才，又刚刚在捕鱼儿海一战中大获全胜，最后还是对他从轻发落。朱元璋原本打算封蓝玉为"梁国公"，因为蓝玉屡有过失，朱元璋便将"梁"改为"凉"，"梁国"地处中原，土壤肥沃，而"凉国"就是现代歌曲里面经常唱到的西凉，土地荒芜，人烟稀少。用今天的话说，这是降了职，又送上一曲《凉凉》。

虽说朱元璋对蓝玉手下留情，蓝玉却不知收敛，反而更加恣意骄横，气焰更加嚣张。

在地方上，蓝玉私自蓄养了上千奴仆、义子作为亲信，这批人依仗着蓝玉的权势，横行乡里，霸占民田，他还让家人走私云南盐一万余引①。蓝玉还曾经强占民田。负责纪律检查的御史接到民众投诉，便入朝举劾蓝玉，蓝玉不仅毫无悔改之心，还用私权把御史给办了。

蓝玉不仅在地方上为所欲为，甚至还把手伸向部队。

蓝玉统兵多年，在军中颇有威望，因此他在军队行事更是肆无忌惮，不经朱元璋同意便擅自起用自己的亲信官员，布置自己的党羽。但是，朱元璋也是马背

---

① "引"是古代的计量单位，每引都有两百斤或四百斤。

上得天下的武人，最忌手下大将拥兵自重。蓝玉自恃功高势大，骄横不法，当上了太子太傅后还不满足，居然在很多人面前大叫："以我的功劳难道不能给个太师吗？我征西征北受了多少辛苦，如今取我回来，只道封我做太师，却着我做太傅，太师倒着别人做了。你每肯从我时便好，若不肯时，久后坏了你。"

这一回，蓝玉是彻底把朱元璋给惹火了，之后凡是蓝玉的奏疏，朱元璋一律不闻不问，蓝玉和朱元璋算是结下了解不开的梁子。

我们前面说过，朱元璋的本意是想把蓝玉培养成为自己长子朱标的心腹。太子朱标虽然年轻，却聪颖通达，性格又温文尔雅、仁慈宽厚，对大臣老师十分恭敬，在诸王中威信很高。蓝玉虽然跋扈，对朱标还是忠心耿耿的，加上蓝玉是太子妃的舅父，有这层关系在，朱元璋认为，蓝玉虽然毛病不少，还是可以留给朱标用的。

洪武二十五年（1392），朱标英年早逝，太子亡故，蓝玉算是彻底凉了。皇帝原本想把他培养成太子心腹，现在太子没有了，留他何用呢？而且，朱标死后，朱元璋选择了朱标的儿子朱允炆继承皇位，朱允炆还是一个小毛孩子，根本没有见识过腥风血雨的权力斗争，温和的性格注定他没有政治威望和驾驭群臣的手腕，根本镇不住蓝玉这样的将领。

为了给孙子清除障碍，朱元璋开始对自己一手扶持起来的蓝玉下狠手了。

洪武二十六年（1393）二月，锦衣卫指挥蒋瓛告发蓝玉谋反，说他勾结景川侯曹震等公侯，企图趁皇帝到郊外举行"藉田"仪式时，发动兵变。

洪武四大案的最后一案——蓝玉案终于拉开了序幕。

朱元璋很快就以谋反的罪名逮捕了蓝玉，并以迅雷不及掩耳之势，将他押进监狱、严刑审讯，最终从蓝玉嘴里掏出了长篇供词，写成了《逆臣录》，这本书里洋洋洒洒记录了一万五千人的谋反罪状。这一万五千人蓝玉同党，无一幸免，全部被诛杀。洪武年间的功臣宿将，几乎被蓝玉案一扫而空，那些在胡惟庸案中幸存下来的王公大臣，当初还心存侥幸，他们万万没有想到，自己比老战友们也只多活了十几年而已。

终究没有逃过这一刀啊!

在明朝,犯了谋逆之罪的人,通常都要被凌迟处死,但"凌迟"这个刑罚实在太过血腥了,念及蓝玉与自己是儿女亲家,朱元璋心软了一下,决定宽大处理:碎剐改成剥皮。

刽子手按照指示,将蓝大将军全须全尾儿整张人皮剥下来,算是留了全尸,这张人皮被送给了蓝玉的女儿蜀王妃以作"留念",在蓝玉被处死时,蜀王也被朱元璋召到南京"入朝谢恩",这里面颇有不可说的意味。

但是,"蓝玉案"之所以被历史称为奇案,必然是没有那么简单。

吕景琳先生曾发表过一篇文章,叫作《蓝玉党案考》,他认为这个案子"是完完全全的一个假案,不但牵连而死的一二万人是无辜的,就是蓝玉本人也没有谋反的行动和策划"。

实际上,在这个《逆臣录》中,审讯官搜罗了近千人的口供,却唯独没有凉国公蓝玉、景川侯曹震的口供,也就是说,这两个主犯根本不承认"谋反"。而且我们试着从蓝玉的角度去想一想,虽然自己曾经为明朝的江山拼死拼活,也立下过无数的汗马功劳,但毕竟还是一个新贵将领,既没有深厚的军备根基,又没有充分的策划准备,怎么可能谋反,造反这个事可不是闹着玩儿的。

话说回来,如果蓝玉是死于自己的目无王法、飞扬跋扈,也不值得皇帝这么大动干戈,杀掉上万朝臣。

那这背后究竟有什么原因,让朱元璋转身成为"灭霸",打起了响指呢?

历史上有很多人评论朱元璋滥杀无辜、残忍暴力,其实大杀功臣并非朱元璋的本意。在洪武二十三年(1390),也就是胡惟庸案发之前,臣子们只要没有严重的违法乱纪行为,没有参与小政治集团,表现得谨慎谦恭些,在朱元璋的统治下求得自保,也并非难事,常遇春、徐达等人就在大明王朝得到了善终。

说到底,蓝玉案真正的导火索,还是太子朱标之死。

蓝玉这样的开国功臣,文韬武略、能谋善断,但又很容易膨胀,只有朱元璋能够控制他们。太子朱标也跟着雷厉风行的老爹在朝政上历练过一番,见识过大风大浪，加上头脑聪明、性格积极上进，在文武百官面前也还算有点儿威信，说白了，就是勉强能压得住阵。

但朱允炆就完全没办法压制住这群元老了，朱标这一死，可以说是坑死了一大票功臣。当时朱元璋已经年过半百，为了处理这个突发状况，只好大开杀戒。毕竟大明朝是自己一手打下来的，千辛万苦当上了皇帝，让朱家扬名立万，又怎会眼睁睁看着自己用血汗打下的江山被小皇帝拱手让给外人呢？

因此我们可以得出结论，蓝玉案发生之前，朱元璋心里显然是早早就写好了脚本，蓝玉在整个屠杀过程中，不过是充当了一只出头鸟，凡是跟各地藩王私下勾搭过的官员都遭到了此案的牵连，蓝玉不过是给了老朱这个剧本一个冠名罢了。

话题最后再回归到蓝玉身上。蓝玉的一生极富戏剧性：他的前半生一直笼罩在名将的阴影中，没有太多表现的机会，然而幸运女神并没有亏待他，蓝玉中年时成功地踏上人生巅峰，当了一回主角。他本应是像卫青、李靖一般千古流芳的名将，然而当他站上山巅时，却失足落下，摔了个粉身碎骨，难道这一切都要怪蓝玉命运不济吗？

答案当然是"不"！

徐达、常遇春这一批开国功臣能善始善终，说明了蓝玉的悲剧至少有一部分是咎由自取，是他飞扬跋扈、容易膨胀的性格所导致的必然结果。

无论蓝玉和朱元璋谁对谁错，他们终于还是在历史书上留下了浓墨重彩的一笔，放到今天来看，也算是得到了幸运女神的偏爱。

捡 史

Jian Shi

肆

两宋春秋

01

宋仁宗：

这张千古帝王之好人卡我就收下了

"百事不会，只会做官家。"

　　之前跟大家聊过不少明清时期的帝王将相的逸事，今天，我想跟大家讲一个宋朝的皇帝——宋仁宗。

　　宋仁宗这个皇帝啊，要论名气是真比不过其他的皇帝，但是世人对他的评价非常高，他驾崩的时候，连邻国的百姓都跟着痛哭了好几天。大家知道，乾隆皇帝一向自视甚高，古往今来的皇帝，没有几个能让乾隆爷看得上的。他一生只有三个最佩服的皇帝：一个是他爷爷康熙，一个是唐太宗李世民，还有一个，就是我们今天要讲的这位。这位的名气不如前两位，但是绝对值得老百姓发一张好人卡，他就是宋仁宗。

　　宋仁宗为什么会获得这么高的评价呢？

　　我们先看看他在位期间的盛况。

　　北宋传九帝，仁宗居第四。宋仁宗赵祯十三岁的时候就继位了，五十四岁驾崩，在位时间达四十二年之久，是整个两宋时期在位时间最长的皇帝。

仁宗在位的四十二年间，国家安定、社会繁荣，文化和科学技术也得到了长足的发展，尤其是人才兴盛、良臣辈出，在中国的历朝历代都是不多见的。

我先简单给大家数数啊：唐宋八大家中有六位出在宋朝，三苏（苏洵、苏轼、苏辙）、欧阳修、曾巩、王安石，这六位名家都出在宋仁宗统治期间，最关键的是，这些人不仅是大文豪，他们都还做过官，都效力于朝廷。此外还涌现了柳永、司马光等著名词人和文学家，中国古代文艺事业在仁宗治下得到了前所未有的蓬勃发展。政治方面，也出现了包拯、富弼、范仲淹、文彦博等忠直能干的官员。

不仅如此，咱们中国古代的四大发明，有三大发明都是在仁宗时期出现或开始广泛运用的。首先，活字印刷术在此期间得到大范围的推广；据曾公亮等人编纂的《武经总要》记载，火药虽然早就被发明了，但直到这个时期，才首次被作为武器使用，之后，火药便开始大量用于战场；指南针的发明也是很久以前的事了，但是明确记载指南针的装置和使用方法的文字资料见于《梦溪笔谈》——这本了不起的名著也是宋仁宗时期的进士沈括撰写的。

熟悉历史的朋友都知道，唐太宗的"贞观之治"、唐玄宗的"开元盛世"，都是社会安定、经济繁荣的太平盛世，但是在大多数宋朝人的眼里，"仁宗之治"远超过"贞观之治"。我们可以通过数据来感受二者的差别，贞观之治时期，中国的人口有三百多万户，开元盛世也不足八百万户，而仁宗盛世，人口达到了一千两百多万户！仁宗在位的四十二年间，国家人口净增长三百七十九万户，光是这个增长的户数，就相当于唐太宗贞观之治时期的总户数了。税收也远远超过此前的时期。

且不说这些盛况，大家想想，历朝历代，一个皇帝手下可以出这么多能人，足以说明这个皇帝大有可取之处，以至于史书上出现了一句很极端的描述，说宋仁宗"百事不会，只会做官家"。也就说宋仁宗什么都干不了，但他天生就是做皇帝的料。为什么这么说呢？我们来仔细分析分析。

首先，宋仁宗对人仁慈、宽厚和善。宋太祖赵匡胤杯酒释兵权，和平地实现了文人治国的转变，太祖之后的几代皇帝都谨守此训，并且发扬光大，到了宋仁宗亲政的时候，更是把这种治国理念推行到极致。

跟大家讲几个小故事。仁宗嘉祐年间，苏轼的弟弟苏辙参加科举殿试，在试卷里边写了几句，大概的意思是说："我在路上听人念叨，宫中美女数以千计，只以饮酒作乐为生，皇上既不关心百姓疾苦，也不跟大臣们商量治国安邦的大计。"这几句话分量可不轻，你一个小小的举子，把道听途说来的事写在试卷上头，这就算放在普通人身上，当事人也得跟你没完，何况那是在古代，你写的还是当时的皇上！你想想，皇帝贵为九五之尊，天天准时上朝，日理万机，好端端地卖力干活儿呢，忽然被人说自己不关心百姓疾苦，只顾玩乐，搁谁身上不得生气？那肯定得勃然大怒啊！

没等皇上说话，考官们已经都给吓坏了，这个苏辙虽然文笔了得，也有见地，但是怎么能在考卷里抹黑当朝皇帝呢？所有的考官都不敢录取他。

谁知道这个时候，宋仁宗说话了："朕设立科举，本来就是要广采博集天下的有识之士，这个苏辙年纪轻轻，也没当过什么官，就这样的出身，竟然还敢于如此直言，好！很好！应该特予功名。"

这是何等宽宏大量！殿试，是皇上亲自参与选拔进士的考试，一旦录取就算是天子门生！苏辙竟然在殿试考卷上批评皇帝，宋仁宗还把他和他哥哥苏轼一起录取了，兄弟俩后来都做到了很高的官职。这件事换在其他任何一个朝代都是不可能发生的。

除了苏家两兄弟，王安石也是宋仁宗发掘的人才。王安石学识渊博、诗文俱佳、议论脱俗，但是为人比较狂傲，很有个性，他考中进士之后，跟各位同事之间的关系都不是很和谐，动不动就拿人出来撑。这种个性很可怕的啊！天天说别人不好！其他大臣就集体上奏了，说这个王安石实在是要不得，要是放在别的朝代，王安石可能就已经被贬官或者发配边疆了，但是宋仁宗没有，他认为王安石这个人是很有才能的，不仅要用，必要时还可重用，所以一直把王安石留在原位。

仁宗对王安石的赏识确实没有错，王安石一生清廉为官，后来他推行变法，意图改变北宋积贫积弱的局面，对北宋是有贡献的。

除了重用有才之人，宋仁宗对"犯错"臣子的处罚也是比较仁慈的。他惩罚臣子有三个原则：一、不动怒杀人；二、不枉设罪名；三、不牵连亲属。

对于犯错的官员往往从轻处置。即使下令贬官，过不了多久，大多数人又能复职。

除了生性仁慈宽厚，宋仁宗还有一个优点：他作为皇帝，非常善于纳谏。善于纳谏是什么意思呢？不是光听听，听完之后还真的照做。现在还有不少人专门研究宋仁宗在位时期，宋朝的纳谏制度等，大家有兴趣可以去找来看看。

千古流芳的青天大老爷包拯就是仁宗一手提拔起来的官员，如果仁宗不清明，就不可能有产生"包青天"的政治环境。包拯当年在担任监察御史和谏官的时候，经常跟宋仁宗在朝堂上吵架，犯颜直谏。有一次，包拯在朝堂上要求宋仁宗罢免三司使张尧佐的职务，理由是这个人太平庸了，张尧佐可是仁宗宠妃张贵妃的伯父啊！宋仁宗很为难，勉强想了个变通的方法，说那让张尧佐去当节度使吧。没想到包拯更加激烈地反对，还带领七名言官与宋仁宗理论。仁宗生气地说："节度使是个粗官，为什么还要争？"言官唐介不客气回答道："节度使一职，太祖（赵匡胤）、太宗（赵光义）都曾经做过，恐怕不是粗官。"

宋仁宗没有办法，最终还是采纳了包拯的建议。回到后宫后，仁宗对张贵妃说："你只知道要节度使，你难道不知道包拯是御史吗？"

大家这时候可能要说了，这堂堂一国之君，怎么还能被言官逼得这么狼狈？其实不然，张尧佐本来也是靠着张贵妃才坐上他的职位，这个人有多少能力，宋仁宗是很清楚的，说他善于纳谏，其实关键在于他纳得明白。

宋仁宗"仁"到什么地步？除了仁慈宽厚、善于纳谏之外，我们再来讲讲他的私德。据记载，当时四川有一个老秀才，写了一首诗，四处传播，诗里面有两句："把断剑门烧栈阁，成都别是一乾坤。"这句诗是什么意思呢？大意就是说：咱们造反吧，起个义，成都这个地方以后肯定大不一样。

这首诗不久就传到了成都太守那儿，太守一看吓坏了，赤裸裸的造反！这老家伙要疯啊！赶紧找人把老秀才绑起来，送给宋仁宗发落。这事要是搁在明清两朝，老秀才估计就要被诛九族了，还好他碰上了一个特别"佛系"的皇帝。宋仁宗了解前因后果之后，笑着说："这哪里是造反，分明就是老秀才年纪大了，想求个官做，写首诗泄私愤而已。"

如果故事到这里就结束了，还不能体现宋仁宗的"佛系随缘"，宋仁宗最后不但命人放了老秀才，还真给了老秀才一个小官当，让他过了一把官瘾。

这种小事可以说不胜枚举。有史书记载，有一次宋仁宗跟一群大臣一起在花园里散步，屡次回头张望，随从们都不知道发生了什么，也不敢问。又走了一会儿，皇上又回头左顾右盼，但依然没说什么。这种事情发生了三五次。回到皇宫后，宋仁宗立刻对妃子说道："朕渴坏了，快倒水来。"妃子就纳闷儿了，问他在外面的时候怎么不喝水。宋仁宗回答说："朕屡屡回头，但没有看见他们准备水壶，如果我问起此事，肯定有人要被处罚了，所以就忍着口渴，回来再喝水。"

还有一次，仁宗在宫中听到丝竹歌笑之声，就问说，这是哪儿在莺歌燕舞啊？宫里人回答说：这是民间的酒楼在作乐呢。还顺势补了一句：官家（就是皇帝）且听，外间如此快活，都不似我宫中如此冷冷落落也。

意思是抱怨皇上了，您看民间都那么热闹，宫里面却这么冷清，也没喝点儿酒，唱点儿小曲儿。这个时候宋仁宗幽幽地回答说："汝知否？因我如此冷落，故得渠如此快活。我若为渠，渠便冷落矣。"

仁宗这胸怀真是宽广！宁愿自己冷落，只要民间的老百姓开心就够了。

宋仁宗还有一个特点，他非常勤俭节约，这一点在民间也是广为流传。有一天，宋仁宗加班儿到深夜，又累又饿，很想喝碗羊肉汤，但最后还是强忍着饿，愣没说出来。到了第二天，皇后知道了这件事，就劝他："陛下日夜操劳，千万要保重身体。想吃羊肉汤，随时吩咐御厨准备就好，怎么能让龙体受亏呢？"

宋仁宗说："宫中一时随便索取，会让外边看成惯例。"他解释说，自己晚上要是吃了羊肉汤，御厨就会夜夜宰杀准备侍奉，一年下来得死数百只羊，形成定例之后，宰杀之数肯定不计其数。他不忍心。

宋仁宗仁德的事迹还有很多，比如给百姓减轻赋税，鼓励商业活动。北宋时期实行的是"藏富于州县，培护本根"的政策，但尽管如此，他在位期间的国家税收收入仍然远远高于其他时代。在仁宗以后，宋朝已经摆脱农业社会进入商业社会，庞大的国家财富主要来自商税，除农村、农业、农民外，更来自城市、商业、商人。因为人口多，落到普通百姓身上的税务反而减轻了。

宋仁宗不主张征战。百姓们非常爱戴这位皇帝，以至于他驾崩的时候，大宋的使臣到辽国致送讣告，辽国皇帝都忍不住握着使臣之手号啕大哭，说"四十二年不识兵革矣"。

连敌国的首脑也表达出尊敬与哀悼，国内国外的老百姓，更是远近皆哭。

当然，人无完人，虽然宋仁宗在位期间一片繁荣，但是很多当时的政策也有很大的弊端。比如说，宋仁宗的武功在北宋皇帝里算倒着数的，但是他的军队规模却远远高于其他几位皇帝在位时期的，仁宗的军队规模之大，可谓空前绝后。

宋代养兵是非常花钱的，花钱到什么程度呢？朝廷其他开支全部加起来通常还不到军费的一半，所以宋仁宗期间，很多人都愿意去当兵，因为军队福利真的很好。这就给后来的管理带来了很大的弊端，但宋仁宗却没有想办法解决，他在军事方面确实不太行。

儒家经典《大学》里有句话说："为人君，止于仁。"《宋史》里用这句话来评价宋仁宗，这可能是对君主人品的最高评价了。当然，一个皇帝的好坏、伟大与否，评判标准不是单一的，但总的说来，宋仁宗的这个"仁"，的确当之无愧。

02

宋仁宗：
狸猫真的换了太子吗

"自今大娘娘平生分明矣。"

　　南来的北往的、五湖四海的朋友，很多都听过"狸猫换太子"的故事，这个故事的主人公不是别人，正是我们讲过的宋仁宗赵祯。

　　"狸猫换太子"的故事之所以会在民间流传，和宋仁宗扑朔迷离的身世有很大关系。

　　据野史记载，宋真宗赵恒最宠爱的妃子是刘德妃。刘德妃虽然只是个街头卖艺的女子，但天生容颜娇媚，歌喉婉转，刚刚成年的韩王赵恒对刘德妃一见钟情，将其纳入王宫。后来赵恒被立为太子，后又登基称帝，刘德妃恩宠更甚，一路从"美人""婉仪"晋升到了"德妃"。只可惜刘德妃虽然深受皇上宠爱，却一直没能生育。刘德妃为竞争皇后之位，提高自己的身价，便想出了"借腹怀孕"的诡计，指使身旁一位姓李的侍女去引诱皇帝。

　　一次，在刘德妃沐浴之时，真宗果真临幸了这个侍女，不久侍女就怀孕了，刘德妃便也装作怀孕的样子。其实侍女怀孕是真，刘德妃只是安排计策，准备移花接木而已。

在李妃有孕之前，宋真宗的后妃们曾经生过五个男孩，都先后夭折了。宋真宗正处于无人继承皇位的难堪之中，心急如焚地想要得个皇子。据记载，李氏有身孕时曾跟随宋真宗出游，不小心碰掉了头上的玉钗。宋真宗心中暗卜道：玉钗若是完好，当生皇子。随后左右取来玉钗，果然完好如初。这一传说，也从侧面反映出了宋真宗求子若渴的迫切心态。

十月怀胎，一朝分娩，李妃和德妃的两个"龙种"先后呱呱落地。为了争当正官娘娘，工于心计的德妃将李氏所生之子换成了一只剥了皮的狸猫，还污蔑李妃生下了妖孽。宋真宗大怒，将李妃打入冷宫，刘妃却如愿以偿地登上了梦寐以求的皇后宝座。李氏慑于刘后的权势，眼睁睁看着自己的孩子被别人夺去，不敢流露出任何不满情绪，否则不仅会危害自身，也会给亲生儿子带来灾难。

这个被抱走的男婴，就是日后的宋仁宗赵祯，生母不能照顾他，赵祯是由刘后和杨淑妃抚养长大的。

乾兴元年（1022），宋真宗赵恒病危，赵祯时年十三岁。真宗对年幼的儿子极不放心，唯恐稚子无力驾驭朝政，大权落入他人之手。临终前，真宗将诸大臣召至寝殿，宰相丁谓代表文武百官在真宗面前承诺，皇太子聪明睿智，已经做好了继承大统的准备，臣等定会尽力辅佐。更何况有皇后居中裁决军国大事，天下太平，四方归服。臣等若敢有异议，便是危害江山社稷，罪当万死。

这实际上是向真宗保证，自己将全力辅佐新皇帝，决不容许任何人有废立之心。真宗当时已经不能说话，只是点头微笑，表示满意。

事实上，真宗晚年已经对朝政失去了兴趣，国事多由刘皇后裁决，皇后的权势越来越大，基本上控制了朝政，再加上宰相丁谓等人的依附，真宗担心太子被架空，也并非毫无道理。真宗留下遗诏，要"皇太后权同处分军国事"，相当于让刘后掌握了最高权力。

或许是出于男权意识，或许是基于传统观念，后世的评论者经常将刘后比作唐代的武则天，对她当政非议甚多。加上宋初有过兄终弟及的先例，而真宗又刚好有一个精明强干的弟弟赵元俨，便出现了许多传闻，说刘后在真宗临终时，以不正当手段排斥泾王赵元俨，泾王闻听此事后，明白自己已成为刘后当权的障碍。为了避免遭到刘后的残酷政治打击，他立即闭门谢客，不再参与朝中之事。

宋真宗病逝后，十三岁的宋仁宗登基即位，宋仁宗秉性温和，一直和养母刘太后共议朝政，更多的时候是由刘太后主理朝政。

在刘太后在世时，宋仁宗一直不知先皇嫔妃中的李妃就是自己的亲生母亲。这大概与刘太后有直接关系，毕竟她在后宫及朝廷内外都能一手遮天。在这种情况下，恐怕不会有人冒着生命危险，告诉宋仁宗这个天大的秘密。

明道二年（1033），刘太后病逝，仁宗刚刚亲政，这个秘密就被逐渐公开了。是谁最早告诉仁宗实情的呢？很难考据，刘太后政敌不少，每个人都有可能向仁宗告发真相，公认可能性最大的是"八千岁"皇叔赵元俨和杨太妃。

赵元俨自宋真宗死后，过了十余年的隐居生活，闭门谢客，不理朝政，在宋仁宗亲政之际，他突然复出。据此推断，赵元俨即使对皇帝告以真相，也是情理之中的事。

杨太妃自仁宗幼年时期便一直照料其饮食起居，宋仁宗对她也极有感情，在宫中称刘后为大娘娘，呼杨太妃为小娘娘，在当时的政治环境中，杨太妃说出实情也是极有可能的。

蒙受了整整二十年的欺骗，宋仁宗才得知自己的生母是李妃，然而李妃已在明道元年（1032）不明不白地死去了，宋仁宗抑制不住内心的悲伤，一面亲自乘坐牛车赶赴安放李妃灵柩的洪福院，一面派兵包围了刘后的住宅，以便查清事实真相。

当时朝中多有传言，说李妃死于刘后之手，宋仁宗便命手下打开李妃的棺木，以查验真相。棺木打开时，只见以水银浸泡、尸身不坏的李妃正安详地躺在棺木中，容貌如生，服饰华丽，仁宗这才叹道："人言岂能信？"随即下令遣散了包围刘宅的兵士，并在刘太后遗像前焚香，道："自今大娘娘平生分明矣。"

言外之意就是刘太后是清白无辜的，她并没有谋害自己的母亲。

李氏是在临死时才被封为宸妃的，刘太后在李太妃死后，本想秘而不宣，以对待普通宫人的礼仪举办丧事。但宰相吕夷简力劝大权在握的刘太后：要想保全刘氏一门，就必须厚葬李妃。

刘太后这才意识到问题的严重性，决定以高规格为李宸妃发丧。生母虽然得到厚葬，但却未能冲淡宋仁宗对李氏的无限愧疚，他一定要让自己的母亲享受到生前未曾得到的名分。经过朝廷上下一番激烈争论，最终，宋仁宗将宋真宗的第一位皇后郭氏列于太庙之中，而另建一座奉慈庙，分别供奉刘氏、李氏的牌位。刘氏被追谥为庄献明肃皇太后，李氏被追谥为庄懿皇太后。

奉慈庙的建立，最终确立了仁宗生母的地位，同时也意味着年轻的仁宗在政治上的日益成熟，逐渐摆脱了刘太后的阴影。

"狸猫换太子"这个故事流传得很广，真假难辨，下面我们就从其中三个疑点出发，看看这个故事到底是真是假。

第一个疑点：案件是包拯所审吗？

在民间传说中，"狸猫换太子案"是由包拯包大人亲自审理的，包大人经过详细的研究调查，替仁宗皇帝找回了自己的亲生母亲。但是，我们稍微对照一下史料就能发现，案件审理的时间，是在刘后过世、宋仁宗亲政的明道二年，此时包拯刚中进士不久，由于父母年事已高，朝廷任命他为大理评事、建昌（今江西永修）知县，他都辞不赴任，一直在家侍奉双亲。直到景祐三年（1036），包拯才出来做了天长知县，这只是一个七品芝麻官，根本没有资格和机会去审理"狸猫换太子"这样的大案。

第二个疑点：刘后真有这么阴险毒辣？

根据史书记载，刘后并非阴险毒辣之人，反而仁慈善良，顾全大局，她待宋仁宗如同己出，尤其注重对他的教育。忙于政务的同时，还请来天下名儒为他讲习经史，培养他的学养和德操。宋仁宗对刘太后也十分孝顺，刘太后病重，他大赦天下，为她祈福。刘太后生日，他越制率百官给她拜寿，做到了一个儿子对母亲孝顺的极致，可谓母慈子孝。

明道二年，六十五岁的刘太后因病去世，宋仁宗顺利接班，从此亲政。这一页本来大可神不知鬼不觉地翻过去，为这对其乐融融的母子留下许多美谈。然而，世上没有不透风的墙，有人在宋仁宗面前说起了他的身世之谜，一石激起千层浪，在朝廷上下引起轩然大波。在这之前，刘太后与宋仁宗的关系一直是非常亲厚的。

第三个疑点：宋仁宗知身世后，做了傻事？

翻开《宋史·仁宗本纪》，查阅刘太后去世前后的记载，很难发现宋仁宗为揭开自己的身世之谜而采取了什么血雨腥风的举措，身世揭秘的过程似乎波澜不惊。然而，尽管史家有意遮掩，我们仍能从字里行间梳理出惊险的情节，感受到事态的严重和宋仁宗内心的矛盾。

从记载中可以看出，刘太后驾崩后，宋仁宗马上就获悉自己为李宸妃所生，随即把宰相吕夷简、枢密使张耆、枢密副使夏竦、参知政事陈尧佐、礼部尚书晏殊等刘太后任命的朝廷重臣，悉数贬出了京城，一个都没有留下，并重新任命了一批刘太后时代不得志的官员为朝廷大臣，政府班底被彻底洗牌。

接着，仁宗追尊李宸妃为皇太后，并在朝廷上下实行"封口"，再也不准议论刘太后垂帘听政那些事。

在此过程中，被身世之谜弄得心力交瘁的宋仁宗，还做了一件让自己特别后悔的傻事。据南宋王铚《默记》载："章懿李太后生昭陵（仁宗），而终章献（刘氏）之世，不知章懿为母也。章懿卒，先殡奉先寺，昭陵以章献之崩，号泣过度。章惠太后（杨淑妃）劝帝曰：'此非帝母；帝自有母宸妃李氏，已卒，在奉先寺殡之。'"另据北宋邵伯温《邵氏闻见录》载："燕王谓仁宗曰：'陛下宸妃所生，宸妃死以非命。'"

章惠太后是宋真宗的妃子杨氏，宋仁宗为太子时，杨氏一直照料他的生活起居，宋仁宗对她感情极深；燕王是宋真宗的弟弟、宋仁宗的叔叔赵元俨，也是"狸猫换太子"剧中八贤王的原型。这两位宋仁宗最亲的人，一个说刘氏不是他的亲生母亲，一个说亲生母亲为人所害，无疑是给了宋仁宗一个晴天霹雳。情急之下，宋仁宗快马加鞭赶到停放李宸妃灵柩的奉先寺，开棺验尸，寻找真相。李宸妃的棺材用四根铁索吊着，停放在一口大井上，宋仁宗开棺一看，发现她面容完好，栩栩如生，明显不是毒药所害。

把这些大事细细梳理成一条线，就不难看出刘太后去世不久那些日子里，在宋仁宗的主导下，朝廷上下发生了翻天覆地的变化，虽无刀光剑影，但明显伴随着鹤唳风声。

不过，开棺验尸之后，宋仁宗非常后悔自己的鲁莽，觉得有愧于刘太后对自己的抚育之恩，于是，"诏中外勿辄言皇太后垂帘日事"，把身世问题抛却一旁，全身心投入到更重要的边防要务和改弦更张的朝廷大事之中去了。

故事本身就足够狗血，而且还牵涉到当今皇上，这自然最容易成为街头巷尾的谈资，也最容易以讹传讹，故事在传播过程中不断被添枝加叶。之前提到，早在刘氏刚死时，就已流传李氏死于非命的说法，便是一个明显的例子。

随着时间的推移，宋仁宗认母一事渐渐地丧失了原本的面目，而逐步地离奇化、神话化。

综上所述，不难看出历史上并无所谓"狸猫换太子"一案，大家听到的传说，基本上是真实历史和民间传说混合而成的民间故事，并且在流传过程中被增加了离奇的狸猫元素，从而炮制出了我们所听到的离奇故事。这个故事汇集了各种耸人听闻的流行元素，因此被改编为各种戏剧。唱到后来，每个剧种的剧情发展都不尽相同。有的版本是往包公案上靠拢，有的版本是往《三侠五义》上靠拢。这个戏本身就有很多迷信的因素，在布景道具上也超越了其他的戏，各种声光电配合，剧情发展和舞台布景都成为它最大的看点。我们熟知的著名京剧老生、武生演员京剧小达子李桂春先生，就是以三十二本连台本戏《狸猫换太子》中塑造的南派包公的艺术形象广受好评。

宋仁宗认母的故事是真，而由此衍生出的传奇故事也被世人永久记住，成为直到今日仍流行不衰的民间传说。

03

苏家那点儿事（一）：
苏轼，用余生放飞自我

绝大多数流传至今的苏轼诗词和散文，都是他在被贬斥地方以后才写出来的。
不论是"一蓑烟雨任平生"，"也无风雨也无晴"还是"大江东去，浪淘尽、千古风流
人物"，都是苏轼在经历了人生历练、宦海浮沉后的感悟。

  之前和大家聊了聊宋朝的好皇帝宋仁宗。仁宗在位期间人才辈出，"唐宋八大
家"中有六位都出在宋仁宗在位期间，其中苏洵、苏轼、苏辙又是父子兄弟。说
到这里，我们必须讲一讲老苏家这点儿事了，一家三父子，个个是文豪，这么大
成就，怎么来的呢？

  苏家三父子都被认为是中国历史上的文坛大家。尤其是苏轼，不但是北宋中
期的文坛领袖，还在诗、词、散文、书、画等各方面都取得了很高的成就。其诗
题材广阔，清新豪健；其词开豪放一派，与辛弃疾并称"苏辛"；其文著述宏富，
豪放自如，与欧阳修并称"欧苏"，为"唐宋八大家"之一。

  苏轼善书法，为"宋四家"之一；又擅长文人画，尤擅墨竹、怪石、枯木等。
已经这么有才华了，偏偏苏轼性格还很好，他的一生几起几落，但是他始终我行
我素，泰然处之，活得十分潇洒。

  苏轼的弟弟苏辙呢，在政坛成就斐然，一路做到了副宰相。他们俩的父亲苏

洵名气稍微弱一点儿，但是他培养出了两个这么杰出的儿子，自己又写得一手好文章，对时事政治颇有见地，也是名气在外。

这无疑是历史上中国文坛光环最耀眼的家族之一了，而且他们家里里外外的事还都很有趣，咱们今天先来聊聊三苏里最有名的人：苏轼。

老话说：学而优则仕。在北宋，读书人只有两条道路，要么当老师，要么考公务员。宋仁宗嘉祐元年（1056），四十八岁的苏洵准备带着苏轼、苏辙两兄弟进京赶考。入京前，苏洵先带着苏轼、苏辙两兄弟去拜访了益州知府张方平，张方平看了他们仨写的文章，很是赏识，提笔便写了一封推荐信，向翰林学士欧阳修推荐苏家三父子。

欧阳修是当时的文坛领袖，一代文宗，地位举足轻重。他与张方平其实并没有什么私交，说得再明确一些，非但没有私交，两人还因政见不同，已经结怨良久了呢！

但是，张方平知道欧阳修胸襟豁达，一定会为国惜才，不会因与自己的私怨而迁怒于苏家父子。果然，欧阳修读到苏氏父子的文章后，大喜过望，立即向宋仁宗上《荐布衣苏洵状》，在皇帝和士大夫间极力推誉，苏洵从此名动京师。

苏家三父子拿到两位文豪的推荐信后，就跑去参加考试了。举人考试，对苏轼和苏辙来说只是小菜一碟，自然是顺顺利利地考过了。嘉祐二年（1057），兄弟两人一起来到京城参加礼部的进士考试。这一年的主考官不是别人，正是翰林学士欧阳修。

策论一场，欧阳修出题《刑赏忠厚之至论》。这是什么意思呢？就是请各位考生举例论证：古代君王奖惩赏罚方面都是本着宽大为怀的原则。这题目不是很好写，它一则要求考生有丰富的历史知识，再则要求考生有独立思考能力和一定的理论水平。

苏轼写得怎么样呢？

点检试卷官梅尧臣批阅试卷时，发现其中一篇特别精彩，颇具"孟轲之风"，便呈给欧阳修阅。欧阳修读后，觉得此文立论高远，层次清晰，文字老到，有大家风范。几个副主考也传阅了这篇文章，都惊叹不已，认为无论文采和观点，都堪当压卷之作，可以毫无争议地列为第一。

欧阳修提起笔来，准备将这篇文章取为第一，笔还没落下来，他忽然心里犯起了嘀咕：这文章太好了，是谁写的呢？想来又想去，欧阳修断定：别人写不出这么好的文章，一定是我的学生曾巩所写！我可不能随便给他第一名！要是传出去，大家说我徇私舞弊怎么办呢？！得啦，给他个第二名吧。

他与梅尧臣商量，将此文考生列为第二。

欧阳修万万没想到，天下之大，奇才辈出，这篇文章竟出自一个名不见经传的眉山小伙子苏轼之手。这一年苏轼只有二十二岁，写了第一名的文章，却只拿到了第二名，确实有点儿小遗憾，但也侧面印证了欧阳修的慧眼识珠和大公无私。

欧阳修后来在给梅尧臣的信中盛赞苏轼的文才，说："读轼书，不觉汗出，快哉快哉！老夫当避路，放他出一头地也。"看到才情横溢的后学晚辈，年过五十的欧阳修竟然兴奋得满头大汗，连呼"快哉"，信誓旦旦地要为年轻的苏轼保驾护航，爱才之情，溢于言表。

在欧阳修的推荐下，苏轼的文章开始在公卿大夫们之间广为流传，就连皇帝也成了他的铁杆粉丝，《宋史》中记载："仁宗初读轼、辙制策，退而喜曰：'朕今日为子孙得两宰相矣。'神宗尤爱其文，宫中读之，膳进忘食，称为天下奇才。"

不夸张地说，苏东坡一亮相就惊艳了整个大宋。

新科进士苏轼先去外地当了几年县官。随后在宰相韩琦的建议下回京城，在史馆当了个管理员。这时，宋神宗钦点王安石出任同中书门下平章事，令他在全国范围内推行新政和变法。而苏轼对变法是持反对态度的，并且多次上书抨击新法案的弊端，这自然引起了王安石的不满，想尽办法弹劾苏轼。苏轼也觉得自己在京城快待不下去了，就上书请求离开京城。

在之后的七八年里，苏轼一直在外为官，杭州、密州、徐州、湖州……一路走来，革新除弊，因法便民，颇有政绩。此外，他还赏玩山水，纵情诗歌，买了小妾朝云，收了"苏门四学士"①，欧阳修过世之后，苏轼成为公认的文坛盟主。

德高望重的苏轼以绚烂的文采征服了整个北宋，每写一篇新文章，都会被全国各地的文人雅客反复传诵。虽然仕途不顺，但是当时，苏轼已经是整个北宋文坛的扛把子了。

就在被贬到湖州当知州这一年，苏东坡遭遇了人生中的一大劫难。当时的朝廷政局很混乱，苏轼虽然官职不高，又只是地方官，但他在文坛地位高，影响大，老话说得好：枪打出头鸟。政敌抓住苏东坡的一个小把柄，狠狠地利用了一把。

元丰二年（1079），四十三岁的苏轼乐呵呵去湖州当太守，照惯例，要写一篇谢恩表，给皇上说点儿好话。苏轼就写了《湖州谢上表》。这种官样文章，向来不过例行公事，略叙为臣过去无政绩可言，再谢皇恩浩荡，但苏轼是诗人，笔端常带感情，即使是写《湖州谢上表》这样的官样文章，也不免加了几句牢骚话："陛下知其愚不适时，难以追陪新进；察其老不生事，或能牧养小民。"意思就是：我老啦，跟不上新上任的年轻人了，也不会生什么是非，所以皇上把我派到这个偏远的地方当官，我呢，还能教养一下当地的百姓。

这话本没有错，但当朝的检察官隶属新党，是苏轼的政敌，原本就想找点儿理由把苏轼这个文坛领袖扳倒，眼下他们抓住机会，立刻拿着这篇文章质问苏轼：你这话是什么意思？你是暗示我们新上任的这些人爱搬弄是非吗？你这么写就是扰乱朝政！

他们还从苏轼的诗作中挑出他们认为隐含讥讽之意的句子，指控苏轼"愚弄朝廷，妄自尊大""衔怨怀怒""指斥乘舆""包藏祸心"，总之，就是说他讽刺政府，莽撞无礼，对皇帝不忠。在新党口中，苏轼已经犯下了弥天大罪，死有余辜。

结果苏轼到湖州上任还不到四个月，就被强行绑回了京城，收押在监，严刑逼供。

---

① 苏门四学士即黄庭坚、秦观、晁补之、张耒四人合称，四人都出自苏轼门下，最先将此四人并称加以宣传的即苏轼本人。他说："如黄庭坚鲁直、晁补之无咎、秦观太虚、张耒文潜之流，皆世未之知，而轼独先知之。"（《答李昭玘书》）。

苏轼的文名，天下皆知，当朝多人都为苏轼求情，就连已经退休的王安石也上表劝神宗说：圣朝不宜诛名士。太皇太后曹氏也亲自出面力挽，神宗只得下令从轻发落，苏轼终免一死，贬谪为"检校尚书水部员外郎黄州团练副使本州安置"。

这就是宋朝历史上轰动一时的"乌台诗案"①。

苏轼在被关押一百多天之后，终于重获自由。终于走出监狱的苏轼心情好得不能再好了，当天晚上就立刻又写了两首诗，其中一首写道："却对酒杯浑是梦，试拈诗笔已如神。此灾何必深追咎，窃禄从来岂有因。"意思是：端起酒杯，刚刚过去的事情就像是做了一场大梦！我再试着提笔写诗，依然觉得有如神助，大难过去了，何必想那么多呢？人生和官场的事，难道都是有原因的吗？

所以说苏轼为人非常乐观，从这首诗里就能看出苗头。四十多岁的人了，官做得不大，还坐了牢，刚放出来，马上又要奔赴偏远地区，但他自我感觉还不错，收拾收拾，就赶赴黄州上任去了。

苏轼带着一家二十多口人来到黄州，口袋里的钱将将够一家人省吃俭用撑一年的，没有办法，他向当地官府申请了五十亩的荒地，弄个锄头，开始耕种。

这块地在黄州城东门外的一块土坡上，所以苏轼管它叫"东坡"，管自己叫"东坡居士"。靠着这块东坡，苏轼勉强解决了一家人的温饱，还跟邻居交上了朋友。苏东坡在黄州学会了种地、做菜、炼丹，甚至还练习了一段时间的瑜伽……有一次他在黄州主簿刘监仓家吃米粉煎的酥饼，这个饼又酥又脆，非常香甜，苏轼吃高兴了，忍不住问刘监仓这个饼叫什么名字。对方回答说，山野小吃，哪有什么名字。苏轼大笑说，那就叫"为甚酥"吧！为甚酥，为甚酥，你为什么这么酥！

好友潘邠老家酿了酒，请他来喝，苏东坡喝完觉得很酸，开玩笑说，你这个

① 所谓"乌台"，指的是御史台——官署内遍植柏树，因此御史台又称"柏台"，柏树上常有乌鸦栖息筑巢，乃称乌台。苏东坡惹的这起案件先由监察御史告发，后在御史台狱受审。所以这个弥天大案又被称为"乌台诗案"。

酒哪是酒啊，这是做醋的时候放错了水吧？你这个酒就叫作"错著水"吧！

后来有一次苏家一家人出门春游，没带吃的喝的，就给这两家人写信，说："野炊花间百物无，杖头惟挂一葫芦。已倾潘子错著水，更觅君家为甚酥。"

苏轼名满天下，很多人仰慕他的才华，专程追到黄州请他喝酒，想跟他交个朋友。苏东坡这个人一颗赤子之心，从不摆文豪的架子，交友非常随性，谁来找他，他就大大方方与人家一起玩儿。他当年的同乡好友巢谷得知他被贬至黄州，便赶来探望他，巢谷又是帮苏东坡种地，又是帮苏东坡盖房，还给东坡的儿子当家教。两人经常一起一边品尝苏东坡发明的东坡肉，一边吟诗作对，其乐融融。

苏东坡好不容易开始享受生活了，朝廷却忽然下了一纸诏书，把他调去汝州。到了汝州，他刚打算在附近的宜兴住下，皇帝又要他去五百里外的地方接新的任命，走到一半，又接到诏书，允许他在宜兴居住，于是他又带着一家人往回走，到了宜兴不到十天，又来消息了，让他去山东登州做太守，好容易到了登州，住了五天，宋哲宗又要他进京……

真是折腾啊，整整一年零八个月，苏东坡一家都在忙着赶路。小妾生的儿子也在奔波中夭折了。

苏东坡到了京城后，八个月内连升三级，从区县小官变成了翰林大学士，原来这是神宗皇帝的遗命。尽管如此，弹劾苏东坡的上书从没中断过。政敌没办法从他的政绩上找到把柄，就拿着他的诗词做文章，动辄向皇上打小报告。苏东坡受不了了，再次离开京城，出京前，好心的老臣文彦博前来送行，劝他不要再写诗了。苏东坡闻言大笑，答道：是啊，我若写诗，我知道会有好多人准备作注疏呢。

尽管如此，苏东坡的太平日子也仅仅持续了五年，五年之后，他再次被贬到英州（今广东英德），人还没到英州，路上又被降职三次，改派到了广东惠州。

苏东坡惊讶地发现，惠州当地竟然也有大把他的粉丝。苏东坡交游广阔，素来以与士农工商各色人等谈天为乐，到惠州不过三年，便"鸡犬识东坡"。

他居住在惠州的嘉祐寺，当地百姓对他既敬重又喜爱，兴致一起来，苏东坡又写了首诗，"报道先生春睡美，道人轻打五更钟"，说自己在条件恶劣的岭南地区，意外地可以睡上踏实的好觉，实在可贵，连道士敲钟都是轻轻的。

据说这首诗传到京城后，被当时的权臣章惇看到，他冷笑道：苏轼竟如此快活？

很快，苏东坡便由惠州再被贬到儋州（今海南儋州市），在北宋，放逐儋州是仅比满门抄斩轻一点点的处罚。苏东坡的许多粉丝都为他感到不平：一个少年成名、才华横溢的天才，竟被一贬再贬，甚至在晚年还被贬到儋州这么偏远的地区，真是千古奇冤啊！

但是，我们也要看到，绝大多数流传至今的苏轼诗词和散文，都是他在被贬斥地方以后才写出来的。不论是"一蓑烟雨任平生"，"也无风雨也无晴"还是"大江东去，浪淘尽、千古风流人物"，都是苏轼在经历了人生历练、宦海浮沉后的感悟。

苏轼曾对弟弟苏辙说过："吾视今世学者，独子可与我上下耳。"意思是天下之士，只有你可以和我一较高低啊！这体现了苏轼作为兄长，对弟弟的才华的骄傲。可是苏辙认为："既而谪居于黄，杜门深居，驰骋翰墨，其文一变，如川之方至，而辙瞠然不能及矣。"意思就是：哥哥自从被贬斥到黄州以后，深居简出，学问更加精深渊博，他的文风大变，如同大江大河奔涌而来，而我只能惊叹，永远无法望其项背。

经历了多年的贬谪生涯后，苏东坡四处奔走，活成了一个行走版的"舌尖上的中国"。用今天的眼光看，苏东坡是个名副其实的"吃货"，走到哪里吃到哪里，流放黄州期间，苏轼发现黄州的猪肉物美价廉，不但将大量热情投入到对东坡肉的钻研开发中，甚至还写过一首饱含热情的《猪肉颂》来夸黄州猪肉：

"净洗铛，少着水，柴头罨烟焰不起。待他自熟莫催他，火候足时他自美。黄州好猪肉，价贱如泥土。贵者不肯吃，贫者不解煮，早晨起来打两碗，饱得自家君莫管。"

另外，他不是在黄州开了一块名叫"东坡"的荒地吗？当时黄州连年干旱，但在苏轼开垦荒地当年三月，忽然天降大雨，喜迎丰收的老农民苏东坡在井边发现了许多野生的芹菜，大喜过望，因为"蜀人贵芹芽脍，杂鸠肉作之"。因此他还在《东坡八首》里写了"泥芹有宿根，一寸嗟独在。雪芽何时动，春鸠行可脍"，不但把发现芹菜这事记下来，还策划好了怎么吃——所谓春鸠就是斑鸠，肉质鲜美。芹芽春鸠脍是川菜中的传统名菜，有一千余年的历史。苏东坡看到野生芹菜，立刻想起了家乡这道美味的菜肴，决定用野生斑鸠的肉来脍芹菜，"东坡春鸠脍"也是他经常用以招待友人的拿手菜。

绍圣元年（1094），年近六旬的苏轼被贬至惠州，受到了岭南百姓热情的欢迎，苏轼便把皇帝赏赐的黄金拿出来，捐助疏浚惠州西湖，并修了一条长堤。为此，"父老喜云集，箪壶无空携，三日饮不散，杀尽西村鸡"，百姓有多高兴呢?连着喝了三天大酒，还把村西边的鸡都杀光了。苏轼不光自己吃，还跟老百姓一起开 party，带着大家吃鸡喝酒，玩儿得很 high。

后来苏轼久居惠州，又写下了"日啖荔枝三百颗，不辞长作岭南人"。说起来苏东坡是真爱美食，东坡肉、东坡鱼、东坡羹、东坡豆腐、琵琶虾、龙井虾仁……东坡蜜酒、真一酒、天门冬酒、桂酒、万家春酒、酴酸酒、罗浮春酒……这些饮食佳酿，都是他被贬斥地方时游山玩水之余琢磨出来的。

秉性中不可磨灭的特质，伤害了苏轼，也成全了苏轼。他在流亡中想明白了很多人生的道理，不再像年轻时那么激进，变得豁达而从容，渐渐地成了我们现在熟悉的苏东坡，他的诗词也因此获得了独特而鲜明的魅力，得到了无数读者发自内心的喜爱。

04

苏家那点儿事（二）：

天才一族是怎样练成的

莫听穿林打叶声，何妨吟啸且徐行。竹杖芒鞋轻胜马，谁怕，一蓑烟雨任平生。
料峭春风吹酒醒，微冷。山头斜照却相迎。回首向来潇洒处，归去，也无风雨也无晴。

——苏轼《定风波·莫听穿林打叶声》

才华和气度都超凡脱俗的苏东坡，在大宋朝是"国民偶像"一般的存在，不但宋朝百姓热爱他，就连契丹人也对他的诗文推崇备至。元祐四年（1089），吏部尚书苏辙奉命出使辽国，庆贺辽主生辰。奉使途中便看到了契丹人翻刻的《眉山集》，住进驿馆后，一抬头又看到墙壁上也题有苏轼的诗文。大辽都城中许多人听说来访的宋使是苏轼的弟弟苏辙，纷纷聚拢来向他打听"大苏"的近况。苏辙也不禁开始思念哥哥，并挥笔写下《神水馆寄子瞻兄四绝》，其中"谁将家集过幽都，逢见胡人问大苏。莫把文章动蛮貊，恐妨谈笑卧江湖"一诗，写的就是这段经历。

苏轼之所以成为苏轼，除了天资聪颖，还离不开孩童时代父母的教育和影响，我们今天就来聊聊，天才的父母是如何培养天才的。

三苏的家乡位于四川眉山。北宋时期，眉山还是一个不知名的偏僻小镇，距离首都开封路途遥远，从眉山去一趟成都，要乘船顺流而下，走二百里路程。

根据苏洵的记载,苏家的历史可以追溯到汉朝。武周时期,苏家出过一位宰相,叫作苏味道,苏味道后来被贬官到眉州当刺史,他的子孙后代就在此地定居下来,这才有了眉山旺族苏家。

苏洵的两个哥哥都考中了进士,其中有一个还去外地做了官,在当时的眉山轰动一时。眉山百姓中还兴起了一股好好学习,考科举,争取做官的风气,等于直接改变了当地的社会风气。《三字经》里说:"苏老泉,二十七,始发奋,读书籍,彼既老,犹悔迟。尔小生,宜早思。"这句话是用来教育年轻人认真念书的,其中的"苏老泉",说的就是苏洵,说他二十七岁才开始认真学习。

其实苏洵十八岁的时候就参加了乡试,去考举人了,可惜没考中,当然这也不足为奇。很多人都是考了一年又一年,考到六十岁还是童生的大有人在。但苏洵比较另类,第一次没考中,他就果断决定不考了!开始到处游玩。

更奇葩的是他爸爸苏序,看见儿子放弃学业,一点儿也不担心。同村的父老替他着急:"你管管你儿子呀!别让孩子玩儿了,干点儿正事吧!"

苏序笑着说:"非忧其而不学者也。"——我呀,就不担心儿子不学习。

为什么这么说呢?苏序了解儿子,知道苏洵擅长自由创作,喜爱"我手写我心"的自由的表达方式,科举考试对文章格式做了各种严格的规定,与苏洵的天性相悖,于是索性任由儿子随着自己的天性去发展,对儿子纵情山水的行为"纵而不问"。

苏洵四处赏玩大好河山之余,还娶了眉山大理寺丞程文应的女儿程氏为妻,程氏年十八,这是一个很厉害的小姐姐,在"三苏"成名的过程中起到了决定性的作用,这是后话。

游山玩水的日子过得很快,一晃苏洵二十七岁了。有一天他回到家里,跟程氏说,我想了想,现在要重新去读书应试也还来得及,但这样一来,家里的负担就重了,也没人来经营,你看怎么办好呢?程氏回答,我早就想过此事了,之所以没开口,是因为我不希望你是出于对我的责任感而去读书,既然你自己主动提出了,那你就放心读书去吧,家里的事别管了。

苏洵便放下忧虑，专心去读书了。景祐四年（1037），苏洵去京师礼部考进士，第二年又参加了"茂才异等科"的考试，两次均未被录取。这回他没有放弃，又苦读了八年书，三十八岁这一年再次参加科举，仍然名落孙山。

苏洵回家思索良久，决定从此不参加科举考试了，他要自由地读书，做一个真正的学者。他将自己为了应付科举而作的文章全部烧掉，重新拿出自己喜爱的《诗》《书》《礼》《易》《乐》《春秋》以及诸子百家的论著，开始为自己读书。

相传苏洵开始为自己读书之后，态度和以前迥然不同了，他投入到什么程度呢？有一年的端午节，夫人特地煮了几个粽子，剥好，再备了一碟白糖，一起端进书房给他吃。到了中午，程氏进书房打算收拾一下盘碟，发现苏洵嘴角都是墨痕，白糖丝毫不见少，原来苏洵只顾读书，错把墨汁当白糖，吃粽子时蘸了许多墨汁入口，他一心只在书中，粽子都吃完了也没发现味道有什么不对。

景祐四年苏轼出生了，又过了两年，苏辙也出生了。苏洵也渐渐把主要精力放在了培养儿子上。

苏轼、苏辙两兄弟天资聪颖，但生性活泼，十分贪玩儿。为了培养两兄弟对读书的兴趣，苏洵戏精上身，经常故意在两个儿子玩耍的时候，出现在一个他们俩看得见的角落，假装在那儿看书。小哥儿俩很好奇啊，赶紧跑过去看看爸爸在干啥，每到这时，苏洵就故意慌慌张张地把书给藏起来，好像是在藏什么宝贝似的。这就引起小哥儿俩的兴趣了，苏轼便经常带领苏辙趁爸爸不在的时候偷书看，久而久之，两个孩子都爱上了读书。

苏洵对儿子的阅读方向也做了很仔细的引导，他给孩子们读的主要还是儒家经典，除了四书，便是韩愈、司马迁等人的著作。苏洵从自己的经历出发，不让孩子死记硬背，而是活学活用，带着两个儿子一边读书一边讨论内容，不拘泥于书中的资料，爷儿仨读完书后，还要一块儿讨论历代兴废成败的动因。

有一次，他们读到当朝大臣富弼的《使北语录》。当时北宋王朝受到辽国的侵略，富弼便写下这篇文章，送给辽国的君主，劝他停战。富弼的观点是：打仗这个事情耗费国力，国家是吃亏的。为什么你的大臣总鼓励你打仗呢？因为他是想要立功。苏洵就对两个儿子说：你们怎么看待这件事？苏轼说：汉武帝与匈奴打仗的时候，大臣严安也告诉过汉武帝这个道理，但是不及富弼说得透彻。

这时候苏轼他们才十余岁，苏洵就引导他们讨论时事政治了，这样的小插曲在他们三父子之间每天都会发生。苏轼和苏辙后来都进入朝廷，成为政府高级官员，这与父亲早年引导他们关注时事政治、独立思考的教育方式是分不开的。

在苏洵的指导下，苏轼兄弟遍读经史百家之书，长大后的苏辙写诗回忆："惟我与兄，出处昔同。幼学无师，先君是从。游戏图书，寤寐其中。"（《再祭亡兄端明文》）就是说：我跟我哥哥幼年读书的时候，只有一个老师，就是我父亲。我们跟着父亲，以读书为乐，醒着和睡着的时候都在读书。

在写作方面，苏洵为避免儿子走弯路，把自己失败之后总结出来的经验，全数传授给了两个儿子，指导他们很快进入成熟的写作。

苏洵还时常教育他们培养自己的道德品行。苏洵写过一篇小文章，叫《名二子说》，写了自己为两个儿子苏轼、苏辙命名的缘由，表达了对儿子的希望与告诫，并介绍了二子的性格。苏洵说，苏轼的"轼"是车子上的一个小部件，这个东西装在车的最前面，看上去可有可无，实则绝对不能去掉，他以此告诉苏轼，我知道你能力大，但是做人要低调，就像"轼"这个东西一样，将才华收敛在心中，厚积薄发。

苏辙的"辙"字，指的是车跑过之后在地上留下的印记。天下的车没有不顺着辙走的，但谈到车的功劳，车轮印从来都不参与其中。即使这样，车毁马亡，也不会责难到车轮印上。这车轮印，是能够处在祸福之间的，既能够让功，也能避开灾祸。苏辙的性格比较沉稳内敛，知子莫若父，苏洵取这个名字，就是希望苏辙一辈子能够平平安安的。

苏洵跟苏轼苏辙两兄弟之间的关系，亦父亦师亦友。可以说，苏洵对两个孩子在文学修养乃至为人处世方面的影响和教育，在孩子成长的过程中起了决定性的作用。

在眉山，程家不但是首富，也是名门望族。程氏为了让苏洵安心读书，接过了整个家庭生活的重担。她将自己的嫁妆卖掉，悉心经营，不到数年，家里比过去反而富裕了许多。可见程氏是非常有理家的才干的，但她有一个现在的世界富豪们也很认同的观点：家中钱财太多，反而累及子孙。

怎么办呢？程氏开始搞慈善事业，帮助当地的贫困人家，凡婚丧嫁娶有困难的，都给予赈助，因此得到远近乡人的称赞。

除了养家，程氏其实也是个大才女，她非常好学，头脑也机敏，尤其爱读《史记》《汉书》一类典籍。她还能按照两个儿子不同的性格，施以教育。苏轼和苏辙兄弟俩虽然都很聪明，但苏轼性格好动，苏辙爱静，母亲因此就给两人安排了不一样功课。为了让苏轼安下心来，母亲命他抄写《史记》《汉书》，既练习书法，又能从古圣先贤那里学习做人的道理。苏轼后来与朋友聊天时说起母亲，也提过这一点：光是《汉书》，母亲前后就命他抄写过六遍之多。

对于两个儿子思想品德方面的教育，程氏也很重视，经常用古代名节操守高尚的人的事迹来教育他们。苏轼十岁时，和苏辙一起听母亲程氏读《范滂传》。范滂生于东汉末年，当时宦官专权，田野荒芜，百姓流离失所。范滂自幼好学，对母亲十分孝顺，皇帝命他查处贪官，他便仗义执言，一连弹劾了二十多名高官。后来汉灵帝登基，少年天子完全被宦官集团控制，大肆屠戮朝臣。范滂也被列入黑名单中，灵帝命人紧急逮捕范滂。督邮吴导奉命来到县中，抱着诏书，关闭驿馆，趴在床上哭泣。范滂听了说："一定是为了我啊！"立即去监狱投案。

县令郭揖是一个深明大义的好官，见范滂来投案，大吃一惊，解下官印绶带就要与范滂一同逃跑，他劝阻范滂，天下大得很啊！先生为什么来到这里？

范滂说："我死了，祸患就终结了，哪敢用自己的罪来连累您，又让老母流离失所呢？"

就这样，范滂被关进监狱，他的母亲来与儿子诀别，范滂对母亲哭诉："儿子不孝，不能再供养母亲，我死以后，希望母亲不要太过哀伤。"

范滂的母亲说："你现在能够与李膺、杜密齐名，死了又有什么遗憾！已经有了好名声，还想要长寿，世上的事情哪有十全十美的呢？你不要太难过。"

范滂跪下接受母亲教诲，然后叩头和母亲告别，又回过头对自己儿子说："我想让你作恶，但恶事不应该做；想要让你行善，但我就是不作恶的下场。"道路上的行人听到这句话，没有人不流泪的。范滂后来被处死，死时年仅三十三岁。

程氏给哥儿俩讲范滂的故事，三个人都很感动。这时候苏轼突然问程氏说：要是我也像范滂一样，做一番大事，却被奸臣所害，你能允许吗？程氏听了这话就笑了，给了苏轼一个很有气度的回答，说如果你能做范滂，我就一定能做范滂的母亲！

从这件事我们可以看出，程氏不是一个寻常女子，她对世事看得很透，胸怀和眼界都很宽广。苏轼的豁达，有一大半来自他母亲的影响。可惜后来苏洵带着两个儿子进京赶考，三父子名扬京城的时候，还没等消息传回眉山，程氏就病逝了。

苏轼这个不世出的天才，就是在这样明白事理、注重家教的双亲的教育下成长起来的。当然，除了父母，他的兄弟、朋友乃至成年以后的经历，都对他影响不小。其中最重要的，是他的弟弟苏辙。

苏轼这个人好开玩笑，跟谁都得逗两句，自然也不会放过弟弟。他有一首小诗《戏子由》："宛丘先生长如丘，宛丘学舍小如舟。常时低头诵经史，忽然欠伸屋打头。"

"宛丘先生"是苏轼对弟弟的戏称，这首诗的意思就是：子由同学，你个儿太高了，你的房子又小，平时在家里读书都得低着头，要是一抬头，脑袋就得撞房梁上。

当然，玩笑归玩笑，这两兄弟从小相知于心，有着同甘苦共患难的手足之情，一言半语说不清楚，我们后面专门讲一讲苏氏兄弟之间的逸事。

05

苏家那点儿事（三）：
深扒苏轼的朋友圈

在这些质朴坦诚的新朋友的支持下，苏轼很快就振作起来，他喜欢在村庄里散步，经常与村民坐在槟榔树下畅聊。有一天，他头顶一个大瓢，在田野上边走边唱，一个七十多岁的老妇人笑着问他："翰林大人，你过去在朝廷里当大官，现在想起来，像不像一场春梦？"苏轼认为她这话说得很有意思，以后见到她，就喊她"春梦婆"。

苏东坡仕途不顺，几乎半生都在颠沛流离中度过，但他始终抱持着一种十分超然的处世态度，面对人生的大起大落，总能保持豁达乐观的心态。

前面我们已经讲过，苏轼的博学多才、达观诙谐，与爹娘的培养是分不开的。要了解一个人，就得从多个维度观察他的成长历程，今天，咱们就来看看苏东坡成长过程中，对他产生过影响的小伙伴们。

我们前面提过，苏轼有个弟弟苏辙，两人从小一起玩耍，一起念书，一起长大，一起应试。这哥儿俩从小就是兄友弟恭，走到哪儿都形影不离，直到后来参加科举考试，被分配到不同地区做官，才各自走上了不同的生活轨道。尽管兄弟二人聚少离多，手足之情却没有因此变得淡薄，苏轼和苏辙经常鸿雁传书，几十年间，从未间断。

熙宁十年（1077），兄弟俩在徐州小聚了一百来天，此时距离两人上次见面，已经整整七年了。分别之后，苏轼想念自己的弟弟，就写下了《初别子由》："我少知子由，天资和而清……岂独为吾弟，要是贤友生。"

这几句诗足以说明，在苏轼眼中，苏辙不仅是与自己手足情深的弟弟，还是志同道合的知己好友。

"常恐坦率性，放纵不自程。"这一句写的是苏辙担心哥哥因言获罪，总劝他做人不要太耿直，写诗作文不要太坦诚、太放纵不羁，免得被仇家抓住小辫子。作为从小玩儿到大的兄弟，苏辙对哥哥的性格可以说是了如指掌，然而苏轼并没有在意弟弟的叮咛，元丰二年（1079），"乌台诗案"发，御史何正臣上表弹劾苏轼，说他讥刺朝政，御史李定曾也指出苏轼四大可废之罪。神宗大怒，命御史台严加审查。

这是苏轼一生中最煎熬的时刻，他身陷囹圄，自忖必死无疑，想来想去，只能写下两首绝命诗，托狱卒转交给弟弟苏辙，这就是著名的《狱中寄子由二首》。

其中几句，非常凄楚动人："是处青山可埋骨，他年夜雨独伤神。与君世世为兄弟，又结来生未了因。"意思是我苏东坡之死何足道哉，到处的青山都可以埋葬骨骸，只是当年与子由相约夜雨对床联诗的盟誓，是再也无法实现了，此后夜雨潇潇的时候，子由只能独自伤心。但愿我能够与子由世世代代都做兄弟，把未了的因缘付诸来生！

狱卒不敢私传信件，便将这两首诗上交，据说就连神宗皇帝看到这几句诗，也不禁为之动容。

而在牢狱之外，此刻为苏东坡奔走最苦的人，正是苏辙苏子由。

身为苏轼的亲弟弟，苏辙自然首当其冲被牵连，他被朝廷重重责罚，日子过得十分艰难，但苏辙没有一句怨言，还主动把苏轼的家小接到自己家里安置妥当。

常言道，患难见真情，自从大宋朝开国以来，因文字批评朝政而被系狱的，苏轼是第一人。苏轼的好友们更是人人自危，就算关心苏轼，也不敢出头为他说话。然而，一向深沉稳重的苏辙，这段时间开始频频向神宗皇帝上书，自诉得到苏轼下狱的消息后，"举家惊号，忧在不测"，"臣早失怙恃，惟兄轼一人，相须为命"，"乞纳在身官，以赎兄轼，非敢望未减其罪，但得免下狱死为幸……"什么意思呢？就是说：听说苏轼犯罪被打入监狱，我们全家都非常惊恐害怕，担心他会有什么不测。我父母早已离世，一直无依无靠，只有哥哥与我相依为命。我愿意免去一身官职，赎回我哥哥苏轼，不敢奢望皇上能减轻他的罪过，只求您不要让我哥哥死在牢狱里。

为了拯救苏轼的性命，吴充等元老重臣也冒着巨大的风险上书劝谏，就连苏轼的政敌王安石也劝神宗"圣朝不宜诛名士"，身患重病的太皇太后曹氏出面力保苏轼，她对神宗皇帝说："我想起仁宗皇帝在殿试中取中苏轼兄弟时，高兴地说：'我为子孙们找到两位宰相。'现在听说苏轼因为作诗而被关进监狱，该不会是受了仇人的诬蔑吧？从诗句中搜寻过错，即使有错也是小错。我的病已经很重了，不能再因为冤枉好人、滥加罪名而伤害天地的中正和平之气。对苏轼一案，还要仔细审查才好。"

祖母发了话，神宗皇帝不得不下令从轻发落，将苏轼贬为检校尚书水部员外郎黄州团练副使，在州中安置，不得签署公文，就是说他也没有什么实权。

尽管如此，苏轼死里逃生，还是很高兴。在黄州的两年，他领着弟弟一起去附近的赤壁游玩。两人对酒当歌，看江天辽阔，苏辙忍不住诗兴大发，赋诗一首：

> 新破荆州得水军，鼓行夏口气如云。
> 千艘已共长江崄，百胜安知赤壁焚。
> 觜距方强要一斗，君臣已定势三分。
> 古来伐国须观衅，意突成功所未闻。

苏辙吟完诗，便将目光投向苏轼，在旁人眼中，进士及第的苏辙已经是标准的"学霸"了，但在神一般的哥哥面前，苏辙还是难免有些不自信。

苏轼也非常高兴："子由，你这首诗不错，我也写了首词，跟你和一下。"

面对奔涌的大江，苏轼一气呵成，写出了平生最得意的一首词作：

大江东去，浪淘尽、千古风流人物。故垒西边，人道是、三国周郎赤壁。乱石穿空，惊涛拍岸，卷起千堆雪。江山如画，一时多少豪杰。

遥想公瑾当年，小乔初嫁了，雄姿英发。羽扇纶巾，谈笑间、强虏灰飞烟灭。故国神游，多情应笑我，早生华发。人间如梦，一尊还酹江月。

这首《念奴娇·赤壁怀古》借古抒怀，雄浑苍凉，将写景、咏史、抒情融为一体，格局广阔，气象磅礴。它不但是苏轼的代表词作，也是整个北宋豪放词派的代表作。

我们现在熟知的苏轼诗词，说起来，几乎都与苏辙有关。这两兄弟成年后聚少离多，苏轼每到新地，第一件事就是给弟弟写信。因为苏辙字"子由"，所以苏轼很多诗文题目中都有"子由"两字：《送子由使契丹》《和子由渑池怀旧》《颍州初别子由二首》《初别子由》《借前韵贺子由生第四孙斗老》《壬寅重九，不预会，独游普门寺僧阁，有怀子由》……送子由、别子由、和子由、贺子由、怀子由、子由简直就是他的灵感源泉。苏轼在写给好友李公择的诗中也说"嗟余寡兄弟，四海一子由"，可见手足之情的深厚！

就以《水调歌头·明月几时有》来说吧，"人有悲欢离合，月有阴晴圆缺。此事古难全。但愿人长久，千里共婵娟"，这几句饱含深情，千百年来众多中秋咏月之作没有能超越的。这么情真意切的词句，必定是词人有感而发，才写得出来啊。那苏轼这时候想念的人是谁呢？答案是：苏辙。

《水调歌头·明月几时有》词前附有小序："丙辰中秋，欢饮达旦，大醉。作此篇，兼怀子由。"说明苏轼在创作这首词时正在思念弟弟苏辙。一个人喝得酩酊大醉的时候，脑海里突然想念起另外一个人，这个人必定在他生命中占有极其重要的地位。苏轼写这首词的时候，他与苏辙已经六年没见面了，可想而知，他有多么想念弟弟。

《宋史·苏辙传》里这样评价苏辙与苏轼的关系："辙与兄进退出处，无不相同，患难之中，友爱弥笃，无少怨尤，近古罕见。"什么意思呢？就是说：苏辙与兄长苏轼在患难之中共同进退，互为知己，环境越是艰苦，两人的友爱越是深厚，这样的情况古今都是罕见的。

传说苏轼还有一个手足同胞，名气也很大，就是苏小妹。宋元以来，民间一直流传着苏东坡之妹苏小妹大展诗才的故事，据说此女不仅长相漂亮，而且诗词俱佳，惹得天下文艺青年广为仰慕。有一次苏东坡与苏小妹一起论诗，互相题试。小妹出了一题"轻风细柳，淡月梅花"，要哥哥从中各加一字，说出诗眼。

苏东坡颇为得意，饶是妹妹才高八斗，也有要向我求教的时候。他不假思索地回答说："前者可加'摇'，后句可加'映'，这样一来，这句诗就变成了'轻风摇细柳，淡月映梅花'，怎么样？"

苏小妹摇摇头，让他再想一想。

苏东坡认真思索一番，说："那换两个字，'轻风舞细柳，淡月隐梅花'，如何？"

小妹微笑道："好是好了，但仍不属上品。"

"轻风'吹'细柳，淡月'看'梅花。如何？"

苏小妹把眉一扬，说："太俗！"

苏东坡忍不住问："依你的高见呢？"

苏小妹说："轻风扶细柳，淡月失梅花。"

苏东坡反复吟诵玩味，不禁拊掌称妙。轻风像人一样，搀扶着纤细的柳枝，月色淡淡，映照在梅花上，似有还无。这是何其灵动的画面。苏东坡忍不住赞叹："贤妹才思敏捷，愚兄不及。"

那意思是你填的这俩字甚佳，而且来得真快呀，佩服佩服。哪儿知道苏小妹乐了："此乃宿构，聊以相试耳。"就是说，昨天晚上我就编好啦，今儿特地来憋憋你！

苏东坡心说：嘿！你早就想好词儿啦，成心来考我！抬头一看他妹妹这深眼窝儿……一琢磨，嗯，跟她开个玩笑，就说："小妹，我想作一首七言绝句，刚有两句，你给续上两句如何？"

苏小妹说："兄长请讲。"

苏东坡说："数次拭脸深难到，留却汪汪两道泉。"

苏小妹一听：讽刺我这深眼窝儿呀？你怎么不说说你那大连鬓胡子呀！好，我给你也来两句。就说："口角几回无觅处，忽闻须内有声传。"意思是：看看你自己吧，那大胡子长得都找不着嘴啦！

苏东坡又说了两句："迈出房门将半步，额头已然至庭前。"说苏小妹刚迈出房门半步，那奔儿头已经到了前院啦！这奔儿头是够大的啦！

苏小妹一听：嗬，又冲我这额头来劲儿啦。行，我再回你两句。

"去年一滴相思泪，今朝方流到腮边。"

就是说苏东坡呀，脸太长，去年从眼睛里流出一滴眼泪，整流了一年才到腮帮上！

当然这其实是开玩笑，不可能兄妹俩这么闹着玩儿。据说当年，苏小妹为了找到如意郎君，曾以文选婿。消息传开，来求婚的青年才俊不计其数。其中有一家豪门公子，名叫方若虚，他对苏小妹倾慕已久，知道这事之后连忙应选，呈上得意诗文若干篇。谁知道苏小妹根本没看上眼。看完他的诗文，写了两句评语："笔底才华少，胸中韬略无。"

苏东坡一看，不能就这么送回去呀，这还不把人方家的脸面伤了。于是提笔在小妹的两句评语下各添了一个字，变成"笔底才华少有，胸中韬略无穷"。方若虚一看这两句评语，欣喜若狂，当下就要打点礼物上苏家求亲。苏东坡知道小妹根本看不上他，生怕玩笑开大了不好收场，急忙托故阻止，说自己妹妹文才是有些，但其貌不扬，脸长，额突，不信自己念首诗便知。

他就把之前兄妹玩笑之作拿出来了："去年一滴相思泪，今朝方流到腮边。迈出房门将半步，额头已然至庭前。"

方若虚听完这首诗，琢磨半晌，脸这么长，额头这么凸，这哪是美女，这是个判官啊！他赶紧不言不语，打道回府了。

元代吴昌龄的杂剧《东坡梦》、明代冯梦龙的小说《醒世恒言》、清代李玉的传奇《眉山秀》、无名氏的随笔《东坡诗话》等，先后都讲述过这两个故事。但是，苏小妹是否真有其人，现代论者多持否定态度。主流观点认为苏小妹其实并不是真人，而是一个"想象共同体"，或者说是民间众人创造的、火了一千年的"虚拟明星"。

根据记载，苏洵和程氏一共生过六个孩子，三男三女，苏轼其实是老五，前面的长女、次女、长子都少年夭折，三女名为"苏八娘"，自幼博览群书，性格清雅，苏洵夫妇爱如掌上明珠，最后嫁给了舅父程睿的儿子程正辅。因为程家做事蛮横不拘礼法，八娘终日郁郁寡欢，婚后一年撒手人寰，令人痛惜。苏八娘是会吟诗作赋的，很有可能是苏小妹的原型，但是她比苏轼大一岁，实际上是苏轼的姐姐，所以严格来说不能叫她"苏小妹"。

另外，记载着苏小妹故事的资料，基本上都是小说，苏轼、苏辙两人之间往来书信不断，有上百封之多，但苏轼没有留下过一封写给苏小妹的信件。苏轼身边的好朋友很多，他们经常书信往来、诗歌唱和，但无论是信件还是诗歌作品，其中都没有任何关于苏小妹的记载，可以说，在苏轼留下的所有文字资料中，只字未提苏小妹这个人。所以不少史学家认为，苏小妹其实是因为人们爱戴智慧、风趣的苏轼，杜撰出来的一个人物。

苏轼实际上是个特别爱交朋友的人，可以说，很大程度上，苏轼就是为朋友而存在的，要是没有朋友陪他聊天，他能活活憋死。要是比朋友圈，古往今来恐怕没一个人比得过苏轼。我们可以将他的朋友大致分为三类。

首先是官场朋友。这里边不乏朝廷宰辅重臣、地方中高级公务员。"乌台诗案"闹得沸沸扬扬的时候，苏轼先是坐牢，又被贬谪，他的好朋友张方平和范镇等朝廷重臣为了救他，也被连带处罚了。

且不说这些与他政见一致的盟友，宰相王安石跟他一向政见不合，想尽办法整他，让他饱受折磨。尽管如此，后来王安石也被贬谪，隐居金陵，苏轼乘船路过的时候，仍不忘去看望王安石，两人谈诗论佛多日，居然推心置腹，交上了朋友。

苏轼的第二类朋友是文坛上的朋友。其中有他的恩师、文坛盟主欧阳修，还有他的徒弟"苏门四学士"黄庭坚、秦观、晁补之、张耒。跟他以诗文会友，往来唱和的文人朋友也是不胜枚举。苏轼天性诙谐，经常写文写诗"调戏"自己的好朋友们，以此为乐。宋朝曾敏行的《独醒杂志》中就记录了苏轼与黄庭坚"互黑"的一段对话：

东坡曰："鲁直（黄庭坚字）近字虽清劲，而笔势有时太瘦，几如树梢挂蛇。"山谷曰："公之字固不敢轻议，然间觉褊浅，亦甚似石压虾蟆。"二公大笑，以为深中其病。

什么意思呢？大致就是说，苏轼对黄庭坚说："庭坚啊，你近来写的字虽然清劲，但有时写得太瘦，简直就像挂在树梢上的蛇。"黄庭坚说："苏老师的字我当然不敢妄加评说，但有时也觉得又肥又扁，好像蛤蟆被压在石头底下。"二人大笑，认为对方说中了自己的缺点。

除了这些声名显赫的达官贵人，苏轼还有很多布衣之交，"上可陪玉皇大帝，下可以陪卑田院乞儿""吾眼前见天下无一个不好人"。不论是商贩、药师、农夫、渔夫、樵夫、村妇还是要饭的乞儿，苏轼都无所谓，他跟这些人都能交朋友。在黄州时，他每天穿着布衣草鞋出门，在庄稼地里和田夫野老们谈天说地，还把《归去来兮辞》的句子配上民歌的曲调，教大家唱，他自己也不时放下犁耙，捡起一根草棍，在牛角上给大家打拍子。

被贬到海南儋州的时候，苏轼已经六十一岁了，他给王古（敏仲）写信说："某垂老投荒，无复生还之望。春与长子迈诀，已处置后事矣。今到海南，首当做棺，次便做墓。仍留手疏与诸子，死即葬于海外……"可见，苏轼当时心中多么悲凉。

好在儋州当地的村民待他十分真挚热情，政府不准他在官舍居住，当地的十余名青年学子就自发组织起来，帮他建造新屋。偶尔，他的猎户朋友还会清早登门，给他送来新鲜鹿肉。在这些质朴坦诚的新朋友的支持下，苏轼很快就振作起来，他喜欢在村庄里散步，经常与村民坐在槟榔树下畅聊。有一天，他头顶一个大瓢，在田野上边走边唱，一个七十多岁的老妇人笑着问他："翰林大人，你过去在朝廷里当大官，现在想起来，像不像一场春梦？"苏轼认为她这话说得很有意思，以后见到她，就喊她"春梦婆"。

苏东坡这个人有一颗赤子之心，非常善良，尽管自己仕途不顺，也从来没有忘记帮助他人。从前他被贬鄂州时，看到当地有溺死女婴的风俗，"闻之辛酸，为食不下"，立刻写信给鄂州太守朱寿昌，请求他出面禁止溺死女婴。然后，苏轼又亲自组织了救婴会，在自己经济也很拮据的情况下，买米买布，救助女婴。后来他来到儋州，虽然年事已高，仍然很有热情地发挥余热，利用自己的影响力在当地兴办学堂，亲自指导学生，很多内地的读书人听说此事，不远千里赶到海南，以求能够跟随苏轼学习。大宋朝当时已经建立一百多年了，海南从没有人进士及第，但苏轼来到此地兴办教育后，海南省琼山县的姜唐佐就举乡贡。苏轼大喜，题诗祝贺姜唐佐："沧海何曾断地脉，朱崖从此破天荒。"

元符三年（1100），也就是苏轼六十四岁这一年，朝廷大赦天下，苏轼终于可以北归了。临行之前，有十九位苏轼的村民朋友前来饯行，大家流着眼泪与苏轼告别，说："这次与翰林告别，不知何时再得相见？"

苏轼也十分难过，写了一首诗，作别海南的父老乡亲：

我本海南民，寄生西蜀州。

忽然跨海去，譬如事远游。

平生生死梦，三者无劣优。

知君不再见，欲去且少留！

某种程度上说，苦难成就了苏轼，他和老百姓们一起劳作，一起吃饭，为他们担忧，也帮助他们排忧解难，他越是跟底层百姓亲近，写出来的诗文就越是温厚睿智。古往今来的大诗人很多，苏轼能够在今天还得到大家的纪念和喜爱，除了他无与伦比的才情，他的善良、他的温厚、他的赤子之心也是非常重要的。